导游服务质量提升精品图书系列

导游专业素养研培用书

金牌导游

是如何炼成的

主编　戴有山　朱晓珍

中国旅游出版社

前　言

　　在古代汉语字典中导游的"导"字可以解释为规律、道理。按照现代汉语的解释，可以理解为引导人们遵守一定的规则。金牌导游是"导亦有道"的优秀代表，其角色可以概括为：熟悉掌握导游工作的规律与技能技巧，具备高尚的道德情操，且在导游工作中擅于灵活处事、精于把握分寸的人。

　　导游的"游"字意为游走四方，标志着导游是一项实践性很强的工作。导游需要通过"行万里路"来向游客传播知识。而且随着社会的进步和发展，导游服务也随之发生变化。金牌导游"行万里路、说千年事，传递文化、传递爱心，传播文明、传播正能量"。不论面对荣誉、鲜花，还是艰难险阻，他们始终初心不改、情怀不变，砥砺前行，将复杂的、高智能、高技能的导游服务做出了口碑、做成了品牌。

　　据统计，全国持证导游人数已经超过 70 万。自 2017 年启动国家级金牌导游人才培养和评选活动起，全国仅有不到 800 名导游获此殊荣。金牌导游是优秀导游中的佼佼者：他们有的带团 40 年，走遍五大洲，团队零投诉；有的把游客当亲人，脚底磨穿只为游客不虚此行；有的自学成才，从小小的地陪做到明星领队；有的精益求精，掌握好几门外语，考取了博士学位；有的华丽转身，成为导游"传帮带"的领路人、培训师；有的有勇有谋、有大爱，正确处理旅游突发事件和危机，危难发生时，毅然投入救助工作中……金牌导游德才兼备，无愧于"民间大使"的称号。国家金牌导游，已经成为整个行业的骄傲和至高无上的荣誉！

　　"不想当将军的士兵不是一个好士兵"。每一名导游心中都应该有一个梦想，那就是成长为金牌导游。那么，如何才能成长为一名金牌导游？金牌导游之路又是如何走出的？

　　我们通过与这些金牌导游进行对话，用朴素的语言把他们的成长之路真实地记录下来，让更多的导游和准导游从中去体验、去理解、去实践。金牌导游和他们的故事就是一本很好的教科书。读懂了金牌导游的故事，也许就在不远的将来，你也可以成长为一名真正的金牌导游。当然，金牌导游的身份既是一种荣誉，更是一份责任，这里面既有社会对金牌导游的认可，也有游客对金牌导游的期待。这本书正是对这份"认可"和"期待"的印证。

　　最后，预祝期望成长为金牌导游的普通导游能够早日梦想成真，预祝所有的旅游者在优质的导游服务下能够享受到真正属于自己的"诗与远方"。

编　者

2021 年 3 月

目　录

主题六　情暖四海八方客

主题七　不辞长做文旅人

主题一

导游应怀导师志

百花齐放春满园

导游简介

　　陈云志，中共党员，高级双语导游，陈云志创新工作室主任，全国总工会劳模书屋（石家庄）负责人，全国优秀援藏导游，全国旅游系统劳动模范，全国旅游系统巾帼建功标兵，全国首批"中国好导游"典型代表，国家旅游局"名导进课堂"骨干讲师，国家旅游局"旅游诚信经营（服务）案例"二等奖获得者，全国最美导游提名奖获得者，省会"十大最美职工"，石家庄青年五四奖章提名奖获得者。

做文化使者，行专家服务

　　从业近二十年，陈云志以踏实的工作作风、乐于奉献的敬业精神、强烈的责任感、良好的职业道德，不断提高思想政治水平和综合业务素质，在长期的工作实践中用行业专家的服务，赢得了广大游客和行业同人的赞誉。她将自创的细微服务——五化服务法、管家式服务等服务方法，与心理学、管理学、色彩学等相互结合灵活运用在工作中。

　　有一次陈云志陪同一个朝拜团前往西班牙，在马德里参观西班牙皇宫时，游客们提出想在这里做一场弥撒。皇宫大教堂，地位相当于北京故宫，在这里做弥撒的条件十分苛刻，第一是神父必须在皇室有一定地位，第二是要提前预约，第三是还没有中国人在这里做弥撒的先例。地接导游也说，这是绝不可能的事。但陈云志想为游客争取一下。在游客参观皇宫时，她只身找到主教，非常诚恳地向其说明来意并展示团队每一场弥撒照片，开始主教并不同意，她不放弃，仍然微笑着跟在主教后面说，"圣经里讲：当困难来找你时，你去找神，主教您就是神的化身，我就来找您了"，主教听了变得柔和了，她接着讲述每张照片背后的故事，讲述圣经里的包容和接纳，讲述两国的友谊和文化，她在讲述中还不断地向主教表达，"圣经上说为神花时间是投资到永远，我非常愿意为我的团队不辞辛苦"，经过一个多小时的沟通，主教说，"你好像天使，你的执着、你的用心、你的乐观让我感动"。她用虔诚打动了主教，成就中国人做弥撒的先例。领队王德洁激动地对她说："我今年76岁了，在西班牙皇室教堂做弥撒，以前想都不敢想，今天你帮我圆了有生之年的一个梦啊！太谢谢你了！是你让我们体会到了导游的热情和诚信！"

在接待全国妇联主席和委员们的参访等的活动中，她以热情周到的服务、渊博的知识和灵活的应变能力受到全国妇联、文化和旅游部及台湾嘉宾团团长严隽泰先生和夫人的高度认可。从业以来，共接待国内外领导及贵宾上万人次，收到无数赞誉和表扬。

去援藏、援疆，为人生加油

到祖国最需要的地方去，导游援藏工作是原国家旅游局部署的一项重要政治任务。陈云志作为业务和政治素质过硬的青年外语导游成为其中的一员。援藏时的行动和任务，导游代表的是旅行社与国家，如何处理好国际事务是重中之重。有些事情，不是不害怕，而是来不及害怕，包括面对死亡。援藏期间她接待了一对70多岁的德国老夫妇，去珠峰的途中，老夫人突发高原反应，不幸去世。面对这种突发事件，她不断安慰着老先生，做了一件常人不敢尝试的事，决定背着老人的遗体下山，之后按程序办完各种手续。老先生对她的应急处理非常满意，要给重金酬谢，她婉言谢绝。生死与共，老先生和她成为忘年之交。每当遇到困难时，陈云志总是这样鼓励自己，连死人都背过，还有什么事值得害怕，还有什么坎跨不过去吗？通过援藏，她用执着与沉淀，锻造了坚毅的信念，丰富并积累了更多基层工作的知识和经验，为成为多面手打下良好的基础。十三年后，她又义无反顾排除一切困难，作为"柔性人才"引进入疆。援疆期间她下基层、进景区、写规划、做培训、创作导游词，为新疆的旅游带来新鲜血液。为了了解当地风土人情，掌握第一手资料，做好六星街的规划，她每天步行上下班 5 公里进行实地调研。做出的规划方案，在全市旅游规划汇报会上，受到市领导的好评。局长说："你们的方案是用脚丈量出来的。"在新疆写出的案例成为文化和旅游部专项整治中十大典型案例之一。援疆工作使陈云志有了更高的自我突破和飞跃，站在了更新的视角去思考和运筹。

不忘初心，传承工匠精神

行业的历练和自我修养的提升让陈云志有了更新的展望，从学生走向先生。一花独放不是春，百花争艳春满园。自 2007 年以来，在省市各大院校及旅行社担任导游实地、业务及导游年审培训指导。为全国多省市的各大院校做旅游相关专题讲座。受聘于全国多所大学客座教授。担任省、市导游大赛、"未来之星"评委及全国导游考试河北省导游人员资格考试面试考官，河北省、市旅发大会礼仪及政务培训。

不忘初心，传承工匠精神。为进一步发挥"技术技能大师工作室""劳模工作室""陈云志创新工作室"的平台优势，把她的技术创新成果和绝招绝技更快更广泛地传授。她通过校企合作和大咖进校园，使学生开阔了视野，对旅游业更有信心。进行新式教学——手机直播境外带团现场，完美实现课堂翻转。为学生步入行业发挥引领作用，引导学生进行职业和人生目标的规划。

为提升一线导游素质水平，她经常组织导游业务研讨沙龙，手把手教授每个要点，并根据每个导游的特点量身订制导游词，将每篇导游词写出多个版本。援疆期间，她深入那拉提景区走访当地百姓，体验生活，听取导游困惑。为了解决少数民族导游讲汉语的困难，她用自己学的舞蹈技能、乐理和心理学肢体语言的知识，结合当地少数民族的文化、歌舞，同当地导游一起实地演练示范，去感受哪些地方用歌声，哪些地方用舞蹈，哪里可以和游客用歌舞互动，哪里用导游词来弥补，逐字逐句反复揣摩、仔细研究每个动作和导游词的关联，创作出的音乐歌舞版的导游词生动活泼，使游客流连忘返。事后导游对她说："老师谢谢您，是您教我用歌舞来讲解我美丽的家乡，也提高了我的自信心。"

多年来，陈云志培养、指导省市级及全国导游大赛冠亚军多人，线上线下授课培训人数每年多达上万人次。她的学生常问，怎样才能成为像您一样的好导游？陈云志这样回答，聪明在于学习，天才在于积累。要执着，你服务别人的能力有多大，你的人生成就就有多大。要沉淀，日后你的成功都是靠沉淀累积得来的。沉淀的方法总结为三个"恋爱法"：一是与自己谈恋爱。导游作为一个群体，同时也是个体，当你处于孤军奋战时，要学会释怀，遇到不好的事情时要学会释放自己。二是与梦想谈恋爱。你的梦想有多大，舞台就有多大，即便一时半会实现不了目标，通过一点一滴的积累最终也能完成。三是与书本谈恋爱。书到用时方恨少，多看书，多学习，导游要用丰富的知识"武装"自己，才能给予游客更全面的服务。

各景区、旅行社的从业人员通过工作室的培训，取得了优异的成绩，得到了行业和社会的认可，使景区/点的好评率上升，良好的社会影响力也给从业人员所在旅行社带来了经济效益。

陈云志还发挥自己播音主持的特长，多次受约河北省电台旅游频道做嘉宾主持，通过多角度的宣传和探讨，让公众了解和体验旅游。借助"燕赵社区大讲堂"的平台，做旅游相关的社会公益服务，得到社会大众的好评。大家说："讲座内容很实在，老师讲的好多细节以前都不知道，真的挺有用。"她担任石家庄市委社情民意旅游局联络员，还负责对各大机关、企业进行礼仪及涉外礼仪的培训。

陈云志坚持与时俱进，不断自我提升，自学多国语言，考取了国家二级心理师和企业二级培训师等多项相关领域证书。及时研究旅游行业改革和发展中的新情况、新问题，根据旅游者的不同文化层次和不同审美情趣，开展技术技能攻关。参与编写大学旅游教材用书《旅行社运营实务》《石家庄红色导游词》《石家庄博物馆讲解词》以及河北沧州吴桥杂技大世界导游词、新疆导游词、那拉提景区导游词的编写，担任《保定旅游十座城》的编审。此外，她对伊宁市景区的规划设计得到了政府采纳等。在全国多种刊物发表《心理学在导游服务中的应用》《导游服务在带团中的应变技巧》等学术论文。

散开是星，凝聚是火。陈云志从原国家旅游局"名导进课堂"讲师到大师工作室和劳模工作室负责人，如今发挥金牌导游优势，发起成立了"国家金牌导游（河北）联合工作室"，为旅游业发展蓄力储能，为全国导游更上一层楼共同奋进！

心静如山，流动如水，清心如兰，风格即人。这就是她——陈云志！

不忘来时梦，愿做领路人

▶ 导游简介 ◀

郝滢屹，南宁市旅游协会导游分会副会长，国家金牌导游广西联合工作室创始人、总负责人，国家高级导游，广西导游大赛冠军，全国少数民族地区导游大赛冠军，广西青年岗位能手、巾帼建功标兵。

郝滢屹——一个怀揣中国梦·导游情的平凡导游。她的家乡在河北唐山，2008 年参加高考，填报志愿时她所有的专业选的都是旅游管理，冲着那句"桂林山水甲天下"，她考上广西大学，从幼时起广西就是她心里最美的旅游胜地，从来到广西读书的那天起，这个北方姑娘就与广西结下了不解之缘。从"导游"到"导师"，十多年的时间里郝滢屹付出了超出常人的努力，她的中国梦·导游情就从这里说起吧！

第一个梦——旅游梦

郝滢屹很小的时候在北京天安门拍了一张照片，这是她人生中的第一张旅游照，从那时起她的生命中就埋下了一颗旅游的种子；郝滢屹告诉我们，从她上小学三年级学会骑自行车开始，几乎每个周末父亲都会带着她在方圆100 里地的范围内骑行，寻找好玩的地方、寻找新鲜的事物。

初二那一年的暑假，13 岁的郝滢屹跟随父亲骑单车 2000 多公里，用了将近半个月的时间，环游内蒙古。她回忆到那是一辆 26 的带横梁的自行车，那个车的车座特别硬，把屁股都硌破了；那个时候没有防晒霜，她的脸被晒得很黑，根本就看不出来是男孩还是女孩；那个时候没有手机导航，于是每天晚上就拿着一张地图，研究第二天的路线。从那时起，旅游的种子便在她的心中生根发芽了。

第二个梦——导游梦

2008年郝滢屹被广西大学录取，成为旅游管理专业的一名学生，从此她走上了实现"导游梦"的道路，大二考取导游证后，就开始利用节假日带团，大学毕业时她已经带团走过了全国26个省、自治区和直辖市，走遍中国的梦想实现了大半，也更加坚定了她的导游梦。

如今，郝滢屹的导游职业生涯已经步入第十一个年头，这些年她从未停止过努力。成长的道路上，每个人都会遇到很多的选择，国企的稳定工作、高校的发展平台、私企的高薪聘请……这些都没能让她动摇过，十年如一日，全陪、地接、出境领队、景区讲解员，导游职业的各个工种她都做过，就像一颗小小的螺丝钉，哪里需要她，她就在哪里。这就是她的"导游情"。

郝滢屹告诉我们，在广西学习、工作的这十几年的时间里，她无时无刻在感受着广西人的博大胸怀，在学校时，老师、同学帮助她；工作后，很多导游前辈像亲人一样关心她，带她成长；大学毕业后她嫁给了相恋多年的男友，她的爱人是一个地地道道的广西人，郝滢屹也成为一个"新广西人"。她说："就像接纳我一样，广西人也以博大的胸怀吸引着全国和全世界的游客，而我也从一个小白，慢慢成为一个地道的广西人，慢慢变成一个'广西通'。"

广西是"天下民歌眷恋的地方"，作为北方人的郝滢屹苦练广西山歌，普通话的、壮话的、欢快的、抒情的样样都能来一小段，平时带团的时候，客人来了唱迎客歌、吃饭的时候唱敬酒歌，旅途疲劳了跟客人对唱山歌。郝滢屹说："我们广西人是把好日子天天都放在歌里过，我们广西导游也要把好风景天天都唱在歌里给游客朋友们听。"在郝滢屹的心里，声音不仅可以用语言表达，也可以用歌声表达。在从事导游工作的过程中，她曾经很多次走进靖西、三江、南丹等少数民族聚居区，郝滢屹无数次被广西壮美的风景、独特的文化所震撼，这更坚定了她的信心：作为广西导游，就是要用这种方式把广西文化传递给五湖四海的朋友。

第三个梦——导师梦

从业十余年的时间里，郝滢屹先后获得了南宁市导游大赛冠军、广西导游大赛冠军、全国少数民族地区导游大赛冠军，并被授予南宁市和广西壮族自治区青年岗位能手、巾帼建功标兵等荣誉称号。之后，郝滢屹开始慢慢沉淀下来，近年来主编和参编了多本旅游专业教材，主持和参与了广西多家景区的导游词撰写工作，2019年郝滢屹正式成为广西导游教材编写组成员。这些成果意味着郝滢屹的第三个"梦"——"导师梦"正在一步步实现。一个人的梦是小梦，一群人的梦是大梦，怎样才能把这些知识分享给更多的人呢？怎样才能把广西的美、把广西的故事讲给更多的人听呢？在郝滢屹看来，教书就是最好的一种途径。

自2014年起郝滢屹先后在广西的十几所院校担任旅游管理专业外聘教师，每周的平均课时超过20节。但是为了不放弃带团，她把每周的课都尽量集中排在2天的时间里，这样，在兼顾上课的同时，她每周都还有足够的时间可以带团，因为她始终坚信在实践的过程中教学，在教学的过程中实践，才能更好地把经验传授给同学们。从教6年的时间里，郝滢屹一天最高的上课纪录13节，教过的学生总超过5000人，这其中有很多人走上了导游工作岗位。

2017年，郝滢屹被国家旅游局评为第一批国家金牌导游，2018年，由郝滢屹发起、联合广西的8名国家金牌导游共同成立了"国家金牌导游广西联合工作室"，这是全国第一个跨市成立的省级金牌导游工作室，也是当时联合导游人数最多的金牌导游工作室。

从那时起，郝滢屹就把她的全部精力倾注在工作室的建设和导游培养上了。郝滢屹说："工作室培养的每一个导游都是我的骄傲，我可以自豪地说我有一个优秀的导游团队。张珊、杨立波、韦家敏、段新苹，他们都是广西优秀年轻导游的代表，他们每个人都是我的骄傲。他们刚刚带团的时候，遇到困难、遇到难缠的客人会打电话跟我哭诉；现在他们带团带得越来越好，受到旅行社和客人的表扬了，会跟我分享他们的喜悦；我看着他们成长，陪着他们长大，我和他们一起风雨兼程、同舟共济。"说到这里，郝滢屹不禁流下喜悦的眼泪。

这些年来除了上课、培训、写作、工作室管理，郝滢屹还为广西培养出了多名优秀的导游大赛选手，2017年第三届全国导游大赛、2018年全国红色故事讲解员大赛、2019年第四届全国导游大赛、2019年全国红色故事讲解员大赛，郝滢屹都作为指导老师或领队跟进大赛，给予选手们生活上的照顾和技术上的指导，选手们也都取得了优异的成绩，为广西导游增添了光彩。

在郝滢屹看来：小家和大家都是她的家，女儿和学生都是她的孩子。她的女儿北北，5岁了，每个月她能陪在女儿身边的时间很少，2019年11月30日，是北北人生中第一次参加比赛，那时郝滢屹正在上海，带着广西的优秀选手们参加第二届全国红色故事讲解员大赛。女儿舞蹈比赛获奖的那一天，广西的三位专业组讲解员都晋级了，我想这对郝滢屹来讲就是最大的骄傲，为她的选手们骄傲，也为她的女儿自豪。

广西导游的中国梦

不忘来时梦，愿做领路人。在实现这三个梦想的过程中，郝滢屹意识到：每个人都有自己的"中国梦"，国家的"中国梦"正是由我们每个人的"中国梦"组成的。

目前广西一共有2万多名导游，每位导游都有自己的"中国梦，导游情"。像郝滢屹一样，热爱导游工作，始终坚守岗位，并用自己的实际行动为广西旅游发展默默奉献的导游，在广西还有很多，他们都在实现着他们自己的"中国梦"！

习近平总书记在广西壮族自治区成立60周年时曾题词：建设壮美广西，共圆复兴梦想。"中国梦"不是空谈，它需要行动和实干，青春谱华章，奋斗正当时。各位导游朋友们，让我们共同努力，用青春热血为广西旅游书写新的华章！共筑美好中国梦！

永不止步的拓荒者

······ **导游简介** ······

　　黄若雄，上海东方中旅创建人之一，曾任上海中妇旅国旅总经理助理、高级顾问，国家特级导游，高级旅行咨询师，C&G 高级国际培训师，国家级导游师资库专家讲师，第二届全国导游大赛评委，全国优秀导游，获全国春花杯导游大赛金质奖及才艺第一名，获首届进口博览会教育培训突出贡献奖，国家金牌导游上海联合工作室顾问。

化腐朽为神奇

> 黄桃红李竞枝头，
>
> 若喧似闹争上游。
>
> 雄才功绩闻业界，
>
> 师望高足遍九州。
>
> 生龙活虎羡西母，
>
> 日歌月舞轻王侯。
>
> 快马得遇阳伯诲，
>
> 乐祝恩师年永寿。

　　这是黄若雄老师的一名学生，用饱含深情的笔墨，在她生日之际为她写下的藏头祝福。这名学生，父亲早亡，孤身来到上海后，凭借着自身努力，取得了导游证，只身在旅游行业中闯荡。一个偶然的机会，遇见了黄若雄老师。之后，惜才的黄老师，对她百般呵护，从日常生活关怀，到长远职业规划，都言传身教、悉心地引导着她，并为她提供更适合的岗位。如今，这个女孩不但能自信、从容地将中国的青山绿水介绍给世界，同时，还成为原国家旅游局驻中国代表处多个旅业的代表及首席讲师，担负起了中外民间大使的重任，实现了自己多年来的梦想。而她，仅仅是无数被黄若雄老师关怀、提携的学生之一。

黄若雄老师似乎拥有一种化腐朽为神奇的魔力，可以指导一个普通人变为优秀的从业者，可以引导基层员工成为精英的管理者，可以激励打工人员成功地转型为创业者。类似的事例真是不胜枚举。

现在还在许多旅游专业学校和各种机构讲课的黄老师，不仅仅教授学生们行业知识，还尽可能以年轻人喜爱的方式呈现，与年轻人打成一片，以自身的成长经历及不懈的学习精神，激励着他们在这个行业中坚守前行。她辅导过的学生中，有在导游大赛中的获奖者、有在教学领域小有名气的培训讲师，有成为劳动模范或技能大师的行业精英，更有一批服务优异的一线导游人才。即便有这样的成就，黄若雄老师仍谦逊亲和，许多年轻导游及她的学生和曾经的下属，但凡遇到工作或生活上的问题，都会想到向黄老师倾诉请教，她也总是不厌其烦、从心理到务实都不求回报地竭力相助，难怪大家都亲切地叫她"黄妈"。

度岁月成峥嵘

虽然黄若雄老师如今已站在了行业金字塔的顶端，然而对年轻时的她来说，成功并不是一蹴而就的。

1978 年正值改革开放初期，中国旅游业进入一个全新的发展阶段。许多不会说普通话的华侨回到祖国，就为了亲眼看一看梦中的故乡。为适应语言环境，市政府开始寻找方言导游。当时年仅 20 岁的黄若雄因为略懂闽南语，而被从工厂调到了上海市中国旅行社，当起了入境导游。

提起当年，她笑着说："当时连旅行社是什么机构都不清楚，第一天就被赶鸭子上架，去医院给一位生病的老华侨当翻译，糊里糊涂地开始了一无所知的导游接待工作。"

从工人转型到导游，当年的懵懂少女感受到极大的压力，但她的字典里，从来没有知难而退四个字。她刻苦打磨各种方言表达：闽南语、粤语和潮州语，又自学英语和上海话。在她看来，多学一种语言是快乐的也是必需的。不同的语言让她在接待工作中游刃有余，为与不同行业的人打交道提供了便利，也给她之后的事业发展带来了极大的帮助。

受时代的影响，黄若雄当年没有办法参加高考。但是受家庭的熏陶，她非常好学。为了实现大学梦，29 岁那年，已有了两岁孩子的她，在家人的支持下，终于有机会考入暨南大学学习。

在学校，她是个学霸，回归岗位后，她更是无时无刻不抓紧日常点滴时间，如饥似渴地学习各种知识。再加上家人的支持和付出，得以让黄若雄在导游岗位上不仅做到了四十年零投诉，还于 1998 年，凭借多年的带团经验及专业知识，以优异的论文答辩成绩，通过了专业评审，获得了国家特级导游称号。之后，她仍不满足，年近五十时成为硕士研究生，退休后又通过自费学习，取得了国际高级培训师的资质。

20 世纪 80 年代，国家开始了出境探亲旅游试点，黄若雄提前结束了产假，服从领导安排，去了当时大多数人不看好的海外部，成了中国出境游业务第一批吃螃蟹的人。从无到有，从有到优，她摸着石头过河，开发出一个又一个出境游产品。为走出业务垄断，跨入市场竞争机制的新环境，她还率先做到将出境产品计划公示、明码标价。

从入境旅游到出境旅游，从一线导游到公司高管，她早已成为导游中的大师、业务上的干将、管理中的精英。而黄若雄总不满足眼前的成绩，她把眼光放得更为长远，希望能以老带新，传承下去，于是，她又走上了培训讲台。就是这样，一次次的华丽转身，一次次交出了各个阶段的完美答卷。

几十年不断学习的刻苦，几十年带团实践的艰辛，几十年培养新人的心血，都已经渗透在黄若雄过往的点滴当中，写出人生的笔墨，活出岁月的峥嵘。

虽花甲胜花信

岁月的峥嵘没有让花甲之年的黄若雄老师消沉下去，反而更显出了青春活力。

不熄的热情，旺盛的精力，对父母的至孝，对学生的至暖，对公益的至诚,对生活的至爱,让已经退休十年的她,像歌词里唱的一样,"还是从前那个少年,没有一丝丝改变。时间只不过是考验,种在心中,信念丝毫未减"。她的日程反而排得更满了。在侍候陪伴两位耄耋老人的同时,还积极奔忙于各大院校和旅游企业。校企合作、导游提升、景区培训及公益活动,到处都有她不知疲倦的身影。

为了更好地培养年轻导游,黄若雄协同上海市文明办和旅游局,在2018年组织了一支以高级导游为主的文明旅游宣讲队伍。在提高游客文明旅游意识的同时,也锻炼了导游的宣讲能力。

与此同时成立的金牌导游联合工作室,邀请黄老师为顾问,定期举办公益讲座和实地培训。即使在疫情期间,黄老师每天都会花大量时间在公益活动及牵线搭桥上,竭尽所能去帮助那些陷入困境的年轻导游和企业。她只希望,能有更多热爱旅游事业的年轻人,全身心地投入到这个行业中来并能坚守下去,发展壮大。面对各地学生们纷纷发来请求她点评指教的课件或听讲邀约,黄老师都是来者不拒,常常要忙到深更半夜,可她依然不厌其烦。不仅如此,她还会化身为知心姐姐,给那些对旅游业灰心或迷茫的年轻人,做心理辅导,成为许多后辈所信赖的人生导师。

黄若雄老师有着很高的艺术天分,书法、绘画、歌舞、戏曲,几乎都是手到擒来。所以,她也会常常辅导一些有艺术细胞的导游们如何更好地发挥他们的特长。在各种文艺晚会上、电视荧幕上,也常常会见到她引吭高歌、粉墨登场的身影。从《天仙配》到《沙家浜》,从《青藏高原》到《逆行的人》,黄若雄老师总能以她动人嘹亮的歌喉,紧跟潮流的脚步,向游客诉说中国故事,唱响时代强音,传递青春心态。让人难以置信这个完胜许多花信之龄的"少年",如今已是年过花甲。

共师生证未来

"花甲少年"黄若雄,对旅游行业的未来发展和新导游、好导游的培养,充满了乐观。

"我们这一代人是看着中国旅游业成长的,虽说现在导游的生存现状不甚理想,但我敢说,高素质导游的春天即将到来。从疫情中走出来的文旅人将更加坚韧！"黄若雄老师坚信，随着改革升级、行业发展，品质优良、匠心独具的高素质导游一定会供不应求。

在她看来，特级导游是导游群体的标杆，应发挥好自身作用，引领或推动整个行业的发展。她是这么说的，也是这么做的。退休后她从未停止学习和思考。在《旅游法》颁布之前，就在《旅游时报》上刊发了导游发展趋势的分析文章，她还对《旅游法》及实施细则进行了详尽的解读，并到一些旅行社，对计调、导游、销售及高管进行有针对性的政策解析及规避风险的业务实操指导，身体力行唱响导游行业的"好声音"。

黄若雄老师认为，一个好的导游，首先心态要好，要自信更要自律，还要热爱生活，善于学习。此外，为了适应现代旅游的发展趋势，掌握跨界知识也是优秀导游必备的素质。她告诫团队要学会自我迭代，及时更新。尤其是随着全域旅游时代的到来，不适时进取，就会被时代所淘汰。导游员作为旅游文化的传播者和倡导者，是文旅事业发展的核心要素之一，佼佼者必定能在时代的浪潮中脱颖而出。

黄若雄是导游行业从未止步的引路人，无畏而又热情；管理岗位迎难而上的拓荒者，坚定而又可靠。坚守40年的特级导游黄若雄，已成为中国旅游事业不可磨灭的印记。

我自豪，我为文旅献青春

导游简介

惠畅，国家高级导游，全国优秀导游，全国最美导游，全国旅游系统劳动模范，国家级导游师资库成员，导游技术技能大师工作室项目负责人，国家研学旅行指导师，全域旅游联盟副会长，上海惠知行研学创始人。

爱岗敬业——"千磨万击还坚韧"

惠畅于 2003 开始投身旅游事业，在导游、领队和培训岗位已经坚守了近20 个年头，累计服务游客近两万人，行程加起来相当于绕地球走了 9 圈，在平凡的工作中取得了骄人的成就，在服务创新、业务提升、人才培养、社会责任等方面均起到标杆榜样的作用。

从业多年来，惠畅从未有过因自身责任造成的重大旅游投诉，获得游客和用人单位的书面表扬信数十封。一直以来惠畅都是所属公司的形象代言人和金字招牌，是上海市指定的政务贵宾团接待人员，出色完成了国务院巡视专员、原国家旅游局、北京市旅游局、台湾观光协会、光明日报社、中国青年报社、上海市国资委、上海市委党校、云南省财政厅、湖北省总工会、柳州市政府等十几个重点政务接待工作，获得用人单位的一致好评。

惠畅在工作实践中特别注重服务的细节，用他自己的话说，"服务的最高境界就是提供别人额外的服务"。为了能更好地服务来自全国的游客，惠畅自学了全国多地的方言和民间小调，可以演唱十余种地方戏曲，创作了大量的原创旅行诗歌，改编了多首带团适用歌曲，充分体现了个人的带团风格，极大地丰富了游客的旅行体验。惠畅还创新了"互谅服务法则""增值服务法则""递升服务法则""个性服务法则"等特色服务体系。

十余年来，惠畅几乎没有在家度过几次完整的节假日，甚至连孩子出生和父亲病危都依然坚守在带团的一线。多年的导游生涯也让惠畅亲历了太多感人的瞬间，在接待台湾贵宾时为祖国代言、在接待灾区游客时感动全场、在接待寻亲孤儿时尽心尽力。在西湖旁拾金不昧交还过银行卡、在医院里通宵照顾过台湾学生、在世博园无私帮助过陌生老人。为游客全程推过残疾椅、为游客千里寻过特效药、为游客半夜送过急救室，在平凡的岗位上做出了不平凡的成绩和贡献。

多年来感人的经历在带团生涯中比比皆是。有一次在上海世博园，惠畅正在陪同台湾贵宾参观，突然一位陌生的老人上前向他焦急地求助。老人操着一口浓重且含混不清的乡音，这时惠畅的方言特长就有了用处，原来老人是湖北鄂西人，和团队走散身边也没有手机，眼看着集合的时间就要到了，迷失方向的老人在人山人海的世博园十分焦虑。当时惠畅正带着一个重要的台湾参访团，于是向自己的客人请示希望用几分钟去送这位老人到集合地点。台湾宾客看到自己的导游对陌生的游客都这样热心，纷纷表示很支持。惠畅很快把走失的老人安全地送回到亲友身旁，得到老人随行的湖北团队和导游的高度赞扬，同时也受到台湾贵宾的高度评价。

惠畅一次接公司重要安排带一个非常特殊的寻亲团队，此团中随行的有中央电视台、湖南卫视、江苏卫视、山东卫视、青岛电视台等多家媒体的记者，是一个从青岛到无锡寻亲的特殊团队。由于游客情绪非常低落，所以服务非常难切入，惠畅全程悉心地讲解和服务，把自己当作寻亲团友的第一个亲人，全程帮助他们的认亲活动，为他们舒缓情绪和出谋划策，此行和很多游客结下了深刻的友谊，全国多家的新闻媒体进行了报道。

四川"5·12"大地震后，惠畅接待了旅行社震后的第一个四川团队，客人是来自灾区一所中学的老师。平时这样的团队对他来说驾轻就熟，但特殊时期就得倍加用心，一路上惠畅细心服务，认真讲解，尽力带给客人轻松的心情。不巧的是，其间因为旅游车司机一句无意的牢骚话，造成全团客人的大发雷霆甚至执意要罢游。面对这样的场面惠畅悉心安抚解释，主动把责任揽在自己身上，赢得了客人的初步谅解。为了让客人开心满意，团队从黄山下来到乌镇全程近 4 小时的路程中，惠畅站了 4 小时，讲解了 4 小时，精彩的讲解和热情的服务赢得全体游客一致的赞誉和掌声，校长拉着惠畅的手说："你是我至今遇到的最好的导游。"

优异的工作成就使得惠畅多年来获奖无数，先后取得国家级、省部级、市区级的各种荣誉奖项多达 40 余项。还多次受邀参与录制上海电视台、上海教育电视台、上海人民广播电台、四川人民广播电台等媒体的旅游访谈节目，个人事迹也被《中国旅游报》《旅游时报》《新民晚报》《小主人报》等平面媒体及互联网站、微信平台、微博信息平台刊发数十次。

传道授业——"腹有诗书气自华"

由于工作业绩突出，实践经验丰富，早在十年前惠畅就走上了旅游培训的舞台。在培训实践中不断地总结和提升，并两次前往清华大学进行进修深造。多年来惠畅结合实践经验，开发设计了一系列在业界反映良好的优质课程。

在培训工作中，惠畅原创了旅游事故的处理方法和案例分析、出境旅游全攻略和领队提示范本、旅游突发事件的处理口诀等大量的实用业务课程。在培训中创新编写了导游讲解的深化与创新、华东导游讲解精点、优质的讲解是怎样炼成的、导游词创作的要素、导游大赛的备赛攻略、专家型导游的成长规划、游客性格分析法则、旅行诗歌的创作、导游带团文艺手册等大量特色实用课程。近年来，惠畅潜心研究了研学旅行实操课程体系，创作的研学旅行的课程开发和设计、研学旅行机构的品牌策略和人才战略、研学旅行指导师的关键能力和服务法则、研学旅行的业务实操和安全管控等精品课程成为业界的参考宝典，在全国巡讲研学课程二十余场，创作了 30 万字的研学规划方案，被业界誉为最接地气的研学旅行全案培训专家。

人才培养——"新竹高于旧竹枝"

广博的知识、出众的才华和良好的形象使得惠畅成为全国多所旅游院校和培训机构的座上嘉宾。多年来为全国各地的旅游从业人员、院校学生授课达 80 余场次，成为上海、吉林、安徽、山东、甘肃、广东、河北等多地旅游院校的特聘讲师和客座教授。在 2016 年"巽震杯"全国中职旅游院校导游大赛中，惠畅辅导的两所学校的三名选手全部获得中文组的一等奖。为江西省导游大赛辅导的上饶参赛选手，获得中英文两项全省一等奖。

近年来还一直以"惠畅技术技能大师工作室"和"国家金牌导游（上海）联合工作室"为载体，一直在文旅人才的梯队培养上努力践行，多年来累计培养、帮带文旅新人千余名。为上海市及全国多地的校企合作、师徒帮带、人才梯队建设方面做出了突出的贡献。

践行公益——"青鸟殷勤为探看"

工作之余惠畅还一直致力于公益事业的推广和宣传，多次担任自然保护、文明旅游等方面的公益大使，积极投身相关公益活动的宣传服务工作。常年参与"多背一公斤""红苹果公益行""光明行"等社会公益帮扶活动。数次为大病和遇难导游人员组织捐款和抚恤活动。在多家旅游平台和研学机构担任公益顾问；连续三年做了 50 余场文明旅游公益宣讲活动，是上海文旅界开展文明旅游讲座场次最多的人。在 2020 年新冠疫情期间，惠畅义务为上海、黑龙江、吉林、陕西等多地进行了 10 余场网络公益课程。多年来在工作之余还一直坚持为一线从业人员提供公益指导和义务解答等服务。

十几年的执业历练成就了一个优秀的文旅人，现在的惠畅已是全国知名的文旅培训专家，在导游领队培养、文旅赛事评审、研学课程设计、景区规划运营等方面均有颇高的建树，在全国文旅界已被广泛认可，得到较高的评价。为文旅产业发展培养人才已经成为惠畅现在工作的重心，在全域旅游、文旅融合和旅教助力的大文旅发展趋势下，惠畅将继续成长、继续努力，力争成为一名全面发展的新时期文旅人。"导游应怀导师志"，在今后的工作中，惠畅还将继续矢志培养更多的文旅人才，助力中国文旅事业的更好发展！

若有光芒，必有远方

◆◆◆◆◆◆◆◆ 导游简介 ◆◆◆◆◆◆◆◆

　　解启成，国家高级导游，陕西旅游形象大使，全国导游资格考试口试考官，陕西省旅游协会导游分会理事、培训部部长，甘肃省旅游行业发展协会顾问，宁夏旅游行业协会培训导师，广东聚星旅游商学院客座教授，陕西青年职业学院旅游管理专业职业辅导师，陕西麦稻禾田旅游文化传播公司总经理，西安他山书院创始人。

　　解启成，入选 2015 年国家旅游局"名导进课堂"师资库；2016 年荣获国家旅游局"中国好导游"称号，同年，入选国家旅游局"导游大师工作室"项目；2018 年经选拔荣获"陕西旅游形象大使"称号；2019 年荣获陕西旅游协会导游行业"最佳服务奖"。

　　笑容爽朗、声音浑厚、微胖的他总是自嘲"我是大唐帅哥"。进入旅游这个行业以来，风风雨雨经历了 15 载，从最初的"解导"到如今的"解老师"，这位"大唐帅哥"让更多的游客爱上旅游、爱上博大精深的中华文明，让更多的旅游从业者明白旅游的真谛、坚定了阳光旅游的信念。"旅游需要导游、人生需要导师"，他就是这样一位导游出身的导师。

勿忘初心

　　从初级证到高级证，从普通证到电子证，导游证已经换了好几拨，但是最初的那张导游证依然安静地躺在抽屉最显眼的位置上。据说在陕西导游圈，有人结婚的时候把导游证都挂在脖子上，他倒是没这样做，但他爱旅游，爱着这片生他养他的三秦大地，他偶尔也会和我们聊起当年的酸甜苦辣，他经常说"为什么我的眼里常含泪水，因为我对这土地爱得深沉"。

那时候，热爱旅游的他怀揣着刚刚考取的导游证，准备在旅游行业中大干一场。然而，没有旅行社愿意轻易聘用一个新导游的现实，让他屡屡碰壁。两个多月都没有收入，生活日渐窘迫，就在他即将放弃的时候，一位朋友给他介绍了一个40人的云台山周边团。西安到云台山车程5小时，爬山6小时，解启成全程精彩的讲解让游客们掌声不断、笑声不断。晚上回到酒店，将最后一名游客送上电梯后，他一屁股坐在酒店大堂的沙发上，捏捏僵硬的腿，辛苦是辛苦了些，回想到游客们听自己讲解时闪着光的眼睛，顿时成就感满满。

这时，一只大手拍在他的肩膀上，回头一看，解启成心里咯噔一下，是全程坐在车的最后排或跟在团队的最后面、一脸严肃、不怎么说话的孔先生。

来人在旁边的沙发上坐下，问道："以前带过团？"解启成不敢看他的眼睛，怯懦地说"不怎么带过"。"小伙子，还不错嘛。"听到这话解启成才敢抬头来，孔先生的微笑映入眼帘，他松了一口气。那一晚，关于旅游、关于人生，他们聊了很久。

第二天，解启成依然满脸笑容地带着客人游玩。这一切都被孔先生看在眼里。行程结束时，孔先生把自己的名片给了解启成，并告诉他，自己在办公室等他。解启成一看：西安某某旅行社孔某某。

职业导游的生涯就这样开始了，乘车9小时的延安红色之旅，最多的时候他给游客讲解了7小时；40℃高温下参观兵马俑后，衣服可以拧下水；华山之上长满痱子的双腿；壶口瀑布边嘶哑着喉咙指挥游客唱《黄河大合唱》。

品正匠心

2007年3月，在旅行社上班的解启成代表公司参加山东潍坊风筝节，他对着周围的人不断地介绍陕西的特色美食、历史故事。一位山东的同行非常感兴趣。对他说："你讲得这么好，我们组团去陕西，到时候你当导游。"解启成一口应承下来。"五一"黄金周时，对方组了一个团，40个学生、5个教授。黄金周期间，导游奇缺。公司领导说："你谈的业务，你去接待。"

参观陕西历史博物馆时，早上8点进馆，解启成一件一件文物精彩细致地解说，由于太过投入，手机响了很多次，他都没注意到，最终还是在游客的提醒下他才接听了电话，电话那头是司机师傅的质问："十二点半了，怎么还不出来？客人什么时间吃饭？"解启成呆立原地，几秒后，他诚实地给客人说："实在抱歉，现在十二点半了，到了用午餐的时间，但是博物馆我只讲了二分之一。"

这时白发苍苍的老教授说："小解，你讲得非常精彩。我们商量决定午饭不吃了，他们都是学历史的，精神食粮更加重要！继续参观。"解启成点点头，继续讲解。从博物馆出去时，已经是下午四点钟了。送团时，老教授对解启成说："我一直在准备挑刺，你的讲解堪称完美！你比我们有些老师讲得都好！真不错！"解启成笑了笑，只有自己知道，这是他每年阅读100多本书，每晚看书几乎到深夜一两点的结果。第二天清晨，开启新一天旅程的时候，老师和学生们对他的称呼悄悄发生了变化，由昨天的"解导"变成了"解老师"。

后来，解启成保持每年上班230天左右，每一次都认真对待，他经常说的那句话"对于你来说是无数次中的一次，对于游客来说可能一生就来这一次"。从业15年零投诉，表扬信无数，好多游客成了他的朋友。那是2009年，接待结束后，北大光华管理学院的一位教授曾撰联表扬。上联：启元明曦秦汉唐；下联：成词骚曲长安乐。横批：一解千年。他发现自己的名字"解启成"竟然暗含其中。

2010年8月，解启成接待了一个云南旅行团。行程第三天去参观兵马俑，刚进入大门，一位大爷脚上的解放鞋鞋底掉了。兵马俑里边没有卖鞋的，但是让这位大爷光着脚，解启成心里又过意不去。解启成思索后决定去附近寻找，大雨滂沱中给大爷买了一双雨胶鞋。大叔接过鞋，说太谢谢你了，但是没有钱给你，解启成说你穿就行了，不要钱。三个月后，解启成接到一个陌生电话，原来是当时那位云南的大爷打来的。大爷说自己采集了一点菌子，步行十几里山路才到邮局，解启成只得答应收下。

2018年的时候，一个8岁的上海小朋友，把解启成6天陕西之行讲解内容图文并茂地画了下来，还带有拼音的稚嫩笔迹整整十几页，孩子的妈妈说孩子用了整整15天的时间才完成，收到这份礼物的时候解启成热泪盈眶。

授业解惑

2013 年，八项规定出台，《旅游法》颁布。旅游市场重新洗牌，传统模式改变，很多人适应不了，选择离开。这一年，解启成也受到很多邀请，有无数次改行的机会，但他还是选择坚守，因为他喜欢这个行业。他认为，做事就像打井，深挖总会出水。坚守不代表守旧，解启成开始尝试走出舒适圈，突破自我。

2015 年的 4 月，解启成收到安康市旅游局邀请，15 天后为安康市导游培训。收到邀请后，解启成辗转难眠，内心忐忑。以前都是对游客讲，对导游怎么讲呢？自己又如何从导游变成讲师？内容又如何让人耳目一新、简单实用呢？

距离培训倒数 5 天时，解启成突然想放弃。这时做拼图游戏的女儿说："爸爸，帮帮我，这个有点难，但是我想把它做好。"这句话，就像一个火花迸进了解启成的心里，燃起了熊熊烈火，也由此开启了他的讲师之路。

经过多方请教，虚心学习，深夜查资料，反复改课件，对着家人不断模拟。现场两百人培训时，三尺讲台，两个小时，掌声雷动，反响空前。课后很多人提问：比如，新导游如何不紧张，新导游带团应该注意什么，如何面对客人的不信任等。解启成一一做了解答，这也让他想起了自己做新人时的困况。

2015 年，解启成荣获"中国好导游"称号，成为"名导进课堂"师资库讲师。解启成感觉应该为这个行业做点什么。

2016 年，陕西导管中心邀请解启成为一线导游实训，结识陕中旅西关分公司老总付总。从业超过十几年的两人一拍即合，觉得培训是很好的方法。同年，两人组织"远方的光芒"导游岗前培训第一期，共 40 人，完美收班。

2017 年，获得"全国导游技术技能大师工作室"称号。

2016—2020 年，为了消除社会对行业的偏见，解决导游人才青黄不接，解启成陆续组织十三期培训，超过 1300 人，提出"若有光芒，必有远方"的口号。

2018 年，为了让更多导游持续学习，西安他山书院成立。在这里，学员广泛交流，互相学习，相互温暖。

2018 年，"远方的光芒"培训班有一名河南籍的女大学生小张，肢体有残疾，性格自卑。解启成发现后，多次进行心理疏导，现在小张已经为行业佼佼者。

2019 年，"远方的光芒"培训班有一名和恐怖分子战斗过的退役武警小王。小王沉默寡言，考取导游证后，张不开嘴。后来经过解启成多次鼓励和帮助，最终走出心理阴影，现在非常自信，工作很优秀。

2018 年，在经过层层角逐，解启成荣获"陕西旅游形象大使"称号，解启成感到责任在肩，使命在前。机缘巧合认识了西安尚友秦腔的负责人，深入了解后发现中国最古老的戏剧——秦腔正在濒临灭绝。于是解启成多方宣传，大力弘扬，并在公众号发表《秦腔绝迹，你会难过吗？》等文章。

2020 年，新冠疫情严重，各行各业受到影响，旅游业尤为严重。解启成先后对吉林、黑龙江、辽宁、宁夏、云南、新疆等地导游举行线上公益讲座。黑龙江导游协会李会长给他发信息称"解老师，你在黑龙江有 500 名弟子"。同时他还组织、邀请全国各地 26 位行业大咖对陕西导游进行为期一个月的线上公益讲座，人数超过 1500 人。

这几年，解启成授课的脚步几乎走遍了大半个中国，甘肃、宁夏、四川、安徽、吉林、浙江、福建、山西、河南、新疆等。走遍了陕西各地，商洛、榆林、延安、宝鸡、渭南、安康等。看着培训过的导游一步步成长，看到学生们从一张白板到行业翘楚，他十分欣慰。

每一年教师节是他最快乐的日子，因为有无数条祝福的短信。

每次别人叫他"解老师"时，解启成总会想起自己的恩师李刚经常告诫他的那句话："师者，所以传道授业解惑也，三尺讲台是神圣的！"

在他工作室最显眼的地方挂着学生送的一幅锦旗"名师携手，共创辉煌"，工作之余，捧一杯茶，静静地看着锦旗，那是他最享受的时刻。

从追梦人到寻梦路上的撑篙人

导游简介

赵芳鋆，河南师范大学新联学院副教授，高级导游，国家金牌导游，高级茶艺师，"双师型"教师，河南省青年骨干教师，河南省全国导游资格证现场考试评委、师资库师资，河南省旅游协会导游分会、教育分会理事。现就职于河南太和国旅。

"阴阳五行相生相克，万事万物相关相连"，提起与旅游的故事，常常忍不住一边畅想回忆一边感叹机缘之妙。

旅游之花梦想初绽

2004 年，赵芳鋆因鼓励表妹坚持第三次考导游证一定会过却被"将军"成了陪考，当时她计划考研，但是答应了陪考亦无退路。于是，与时间的赛跑拉开了序幕，每天早上醒来、晚上睡去前倚在床头看导游证考试教材，早8 点至晚 10 点则备研。那是一段争分夺秒的日子，是一段无比充实的日子，是一段最磨炼心性的日子。最后考研首次失利，导游证考试竟然顺利通过了，就此开始了"寻梦"之旅。虽然如今已想不起当初是如何从文史专业的教室一有空就钻到旅游管理专业的课堂上去的，是为什么要下决心拿旅管专业的第二学位的，却记得第二年的考研在同学还纠结报考哪个学校哪个专业时，她早就瞄好了历史文化学院的世界遗产保护与开发专业了，那年她考了同专业全省第一名。收到通知书，一直感叹必须给当年决定陪考的那个自己一份功劳，因陪考竟无意间梦想成真。犹记得当时被河南大学特聘的陈蔚德老师说"旅游，能让人插上理想的翅膀"，在陈老旅游诗歌的朗诵里，她发觉那个导游证对于当时的自己似乎有着某种魔力，促使她走进了开封杨蕴杰老师的旅行社，并在那里学会了旅游办公的一套流程，却又不得不在开学前离开。再后来，郑州、洛阳多家旅行社的一次又一次派团，一次又一次收到表扬信，一次又一次被带过的客人点名，一次又一次收到奖励，在室友和同学认为的"读万卷书、行万里路"的羡慕里，她在心底默默地说：你们哪里知道，凌晨四五点要赶到火车站广场接人；为了给散拼团凝聚力，在西藏高原上需忍着痛带着笑；大巴团为照顾哭闹的小朋友，要让出卧铺在地板上坐一夜；旺季第一次地接且自驾，拿着地图先自己跑一遍行程至深夜，梦里都在背导游词资料……哪一种成功是随随便便的？唯有让干一行爱一行的种子在心底生根发芽，才会开出绚丽的花。旅游活动中突发情况随时会有，导游的反应与做法则关系着整个活动的质量。

2008年从延安返豫途中，客人要求调整行程错过了饭点，又要求吃饭，最终决定在山西国道旁的一家家常餐馆用餐，由于不是旅游餐厅，没有经验和人手用同样的餐品同时招待3桌客人，此时的赵芳鋬是手藏"七色花"的，既是传菜员，又是服务员，还是餐馆老板的助理，等结完账拎着一份打包的刀削面坐到大巴门口座位上时，副团长说："赵导今天真是辛苦了，大家都得感谢你！"接着又对邻座说："这要是我闺女，我一定舍不得让她吃这苦"！不得不说的是躬行付出终会有报，但人们在乐于享受优质旅游服务时，仍对处于发展阶段的旅游行业存在一定的偏见。这种偏见需要一代又一代的旅游人不断地努力，全方位联动，促进行业优良发展。

舟行学海无怨无悔

这是一条具有魔力的路，游名山大川，看世间百态，让人乐此不疲，如果可以，她想她会一直走下去。可是当云南大学的经济学教授指着大相国寺西墙的楹联和谒语问什么朝代写的时，时空似乎停滞了一般，一脸懑然中的她决定继续学习考中级导游证。由此也养成了习惯，所到之处，见到的景点诗联不由自主记下来，十年过去，她主讲的"旅游景点诗文鉴赏"课程成为品牌专业的精品课程，并获省级和国家级教育教学一等奖与三等奖，编著的

《中国旅游景点诗文鉴赏》一书即将出版发行。身为导游，会遇到不同阶层的各路游客，讲解能力和知识水平是衡量一个导游综合素质的重要因素。如果满足于入行初期的成绩，成长与进步则会很慢。学海无涯，唯放低姿态，努力好学才是通往优秀的捷径。当你看山仍是山、看水仍是水的时候，已是万水千山走遍、千万繁华过眼、云淡风轻了。2017年备考高级导游，处理完一天的工作，唯夜深人静时，才能梳理各种考试资料，也常常一边侧身照顾孩子一边拿着册子看要点。由此喜欢上了堵车，治愈了路怒情绪，因为堵车的空隙可以看个案例或刷几道题。身边一些同事会说"太拼了"，只有自己知道，心底的"梦想之光"从未曾湮灭过。2019年入选国家金牌导游，行业的最高荣誉，让曾经所有的努力和艰辛顷刻间光芒万丈，原来，古人所说的春播秋收只有亲身经历才能体会其含义与分量。

旅游教育任重道远

深入了解一个行业，才能发现问题所在，促使她从旅游一线向旅游教育转岗源于与计调的"一场吵架"。因为带团过程中与客人为数不多的几次争执基本上是因为行程单，比如从洛阳城到白云山至少要4小时，可是行程单上却写2.5小时，客人的焦躁与愤怒最终会转化为对带团导游的不满，后来计调的解释是网上说的是2.5小时。没有调研过的景点直接做成线路，太多的乱象与非专业给带团导游带来更多困扰，对旅游从业人员的培训与管理同样存在问题。最可怕的是对问题的认知，既不谦逊，亦不自省。因此，做过一个简单的从业人员相关问题调查后，她决定从事旅游教育工作，继续"寻梦"。那时的她深深觉得人才是促进一个行业良好发展的最核心因素。她说她愿做撑篙人，"向青草更青处漫溯，满载一船清辉，在星辉斑斓里放歌"，因为在"寻梦"的过程中能够找到心灵的归宿，能够指引和影响一位又一位渡河的学子。

2009年至今，从专科班到本科班，她珍惜上过的每节课，从讲师到副教授，从不以分数对学生定性优差级，对岗位的敬畏感即是使命感，在旅游管理教研室主任的位置上一干就是8年。如今，在大家的共同努力下，她负责的旅游管理专业是学校的骨干专业、省级品牌专业、省级一流专业。培养的学生足迹遍布全球，最欣慰的是时常接到工作中遇到问题来咨询和听老师意见的学生电话，叫不上名字的毕业生逢年过节悄悄寄来的心意与各种祝福。她也从校内的课堂站到了省级的课堂，站到了全国研学旅行的课堂上。一路走来，与时俱进，善于学习，终身受益。

　　草木知春不久归，万般红紫斗芳菲。您要问金牌导游是怎样炼成的？她说："旅行在路上，那得先会做梦！相信一切皆有可能！"

导游应怀导师志，九州华章壮游踪

导游简介

朱孟麟，国家首批高级导游，全国优秀导游，山西省十佳导游，大同市级文明导游，大同市旅游协会导游分会名誉会长。2015年入选第四批国家旅游局"名导进课堂"师资库。2017年，入选国家旅游局万名旅游英才计划——"金牌导游"培养项目。2016年11月，山西省旅游发展委员会授予其"终身荣誉奖"。《中国旅游报》《中华英才（半月刊）》《大同日报》等多家媒体对其先后做过报道。著有行旅诗集《诗韵轩吟抄》，主编《我说大同——一个高级导游对大同的解读》一书，《永远仰止的云冈石窟》被国家旅游局评选为优秀导游词出版。

古人云，"仁者乐山，智者乐水"，在山水间徜徉必定是一件乐事，而导游正是这样一份职业。在山西，有这样一位导游，从1985年进入导游行业，一干就是35年，他见证着中国旅游事业的发展历程，也幸运地凭借脚踏实地的努力从成千上万的导游中脱颖而出，他就是至今仍在带团，三十多年"零投诉"的一线导游朱孟麟。

1985年，朱孟麟调入大同国旅工作，35年间，他带团的足迹已经踏访了五大洲，走遍了华夏的山山水水，迎来送往了成千上万的八方游客，仅泰国一地就达300余次。三十多年来，朱孟麟坚持用"纯情"和"爱心"真诚相待每一位客人，用"老吾老以及人之老，幼吾幼以及人之幼"的古训告诉自己要照顾好每一位客人，用"我见青山多妩媚，料青山见我应如是"的感悟来启迪每一位客人，更用"万人丛中一握手，使我衣袖三年香"的情怀感染着每一位客人。这是朱孟麟做到了三十多年带团"零投诉"的制胜法宝。

　　因为先前就职于云冈石窟的原因，所以总向朱孟麟先生请教有关云冈石窟讲解方面的问题，有时在解惑之余，也会听先生讲起他为客人讲解云冈石窟的亲身经历。那是1987年的隆冬时节，朱孟麟第一次作为导游接待的客人是来自台湾的著名雕塑家李再钤先生。祖籍福建、求学并成名于台湾的李再钤先生是台湾当局解禁后第一批回归大陆并前往大同参观云冈石窟的著名学者。朱孟麟说："我接到接待计划时内心的紧张之情难以言状，但仍做足了一切的准备。从见到李再钤先生那一刻的口吃到后来慢慢平复心态，接下来导游服务，我做到了热情周到、倾心讲解、竭诚服务，使得李再钤先生在大同度过了愉快的三天，也赢得了李再钤先生对我服务的赞许。"回到台湾后不久，台湾《中国时报》头版头条刊发了李再钤先生的署名文章《云冈石窟，不见你死不瞑目》。文章的开头语是："盼了四十年，终于回来了。作为一个中国人，一个中国的艺术家，如果此生看不见云冈石窟，死了也不会闭眼的。""李再钤先生对云冈石窟石雕艺术的一片深情也使我深受感动和激励，因此，我与李再钤先生成为一生的忘年之交。作为年轻一代，能选择走进世界文化遗产云冈石窟去了解并讲解石窟艺术，幸事也。"朱孟麟如是说。

　　1998年6月8日，美国南加州法印寺大陆佛教朝圣团一行33人来到山西进行"大同、五台山"为期五天的朝圣观光活动。该朝圣团的团长是南加州法印寺的开山长老、印顺导师的法徒印海老法师。为了做好该团的接待工作，朱孟麟早早地就为客人们的大同、五台山行程做好了周详的安排。在五台山整整三天，他有序而合理地安排了五台山普寿寺尼众隆重感人的迎接仪式；大螺顶三步一拜的1080级小朝台朝礼五方文殊；大塔院寺供午斋拜谒大德寂度上人并恭请开示以及十方堂藏僧哈达供养欢送仪式。在太原，还安排拜见了山西省佛教协会会长，使得该团山西段朝圣功德圆满。6月12日下午，在去机场的路上，他以一名导游的名义写了一首诗，以纪念这次"我们永远永远记在心里、永远不会忘记"的朝山之旅：

　　　　　　悲愿宏深好自在，
　　　　　　凭虚御风彼岸来。
　　　　　　巍巍白塔迎佛子，
　　　　　　潺潺清水接印海。
　　　　　　难忘普寿演妙音，

更记千拜小朝台。

祈愿慧光遍十方，

众生般若会莲台。

是日下午，当全团在武宿机场办理妥登机手续，朱孟麟将与印海老和尚一行告别时，老和尚召集全团列队，亲自敲磬，诵经祈福。每当讲起这个场景，朱孟麟都感动万分。

也曾听朱孟麟说起，台湾国民党刘仲康老将军以93岁高龄结束大同之行，登上火车时后退三步，向他一个普普通通的导游致以一个深情的军礼！台湾国防部办公厅主任詹翰英将军返回台湾后给他来信："您真了不起！山西之行印象最深莫过于大同，大同之行中感动最深的莫过于云冈石窟之法相庄严历历在目，相印于心，加之您精辟的专业解说，倍增感动。盼有机会能再次造访大同，并能聆听您诉说千年历史文化之美。"台湾逢甲大学董事长、著名学者张仲年先生在即将结束山西行程时在车上的一段致辞："我一生走过很多地方，也到过很多国家，见过无数的导游，而令我难忘的只有两位，一位是以色列希伯来大学的退休历史学教授，另一位就是我所敬重的孟麟兄，他们两人都对故土怀有一种深厚的感情！""导游应怀导师志，位卑未敢忘忧国，三晋连着天下事，点评之中见吾师。"这是浙江省委统战部一位领导率团来山西考察之后书赠朱孟麟先生的一首诗，这首诗他总在不同场合提及，是因为在他看来，此诗正应该是真正导游的人生写照。

2018年夏天，朱孟麟陪同"第三届著名作家看山西"的十位作家在大同采风，他连日来因人而异的讲解服务得到了作家们的一致肯定和赞许。《天下无贼》的作者赵本夫先生评价朱孟麟说："大同因您而更美。"而著名作家黄亚洲先生则是这样评价他"大同传声筒，云冈扩音器，山西吹鼓手，中国好导游！"

"三十多年的导游生涯成就了我，我所接待过的客人们造就了我。"朱孟麟总是这么说，"我深深地知道，一个满腹经纶、学贯中西的学者型导游对客人是多么的重要，一个具有独特的人格魅力、儒雅温润的魅力型导游对客人是多么的重要。多读书！唯有书可以使你儒雅起来。"

2016年11月3日，山西省旅游发展委员会为朱孟麟颁发了导游"终身荣誉奖"，面对这个沉甸甸的荣誉，朱孟麟说："我热爱导游这个职业，如果工作需要，大家不嫌弃，身体尚可，就算到了 80 岁，我仍要带团当导游！Nothing，but，my heart！"

　　朱孟麟总说是导游这个职业成就了他，其实，朱孟麟也成就了导游这个职业，正是因为有像朱孟麟这样优秀的导游前辈作为榜样，才让我们这些后生晚辈对导游这份职业更加向往。要成为一名优秀的导游，要主动学习，充实自己，正如朱孟麟所言"唯有读书才能使自己儒雅起来"。以"导游要怀导师志"的主动性来严格要求自己，方才能让"点评之中见吾师"成为自己导游生涯的真实写照。

主题二

民间大使有担当

讲好敦煌故事，传播中国好声音

导游简介

康锦新，2005 年从事旅行社及英语导游等工作至今。2016 年被评为酒泉市优秀导游。2018 年 2 月，被授予甘肃省"金牌导游"荣誉称号。2019 年 9 月，被国家文化和旅游部授予全国"金牌导游"荣誉称号。

从业十六年以来，康锦新一直活跃在敦煌外语导游工作的第一线。

自 2005 年以来，康锦新接待了来自世界 60 多个国家和地区的游客。在从事英文导游和翻译工作期间，受到政府和国际友人的一致认可，收到了大量来自海外的表扬信，工作能力得到认可的同时还为提升敦煌的国际知名度和美誉度做出了自己的一份贡献。

今天这份沉甸甸的荣誉来之不易，俗话说十年磨一剑，在康锦新这里得到了充分的验证。他接待的第一位客人，是一位美国作家，康锦新做了大量的准备工作。凌晨 4 点去火车站接客人，安排客人入住酒店，在敦煌游玩得很顺利，第三天就有问题出现了，因为这是他第一次带客人去嘉峪关。一路上，美国客人对沿途的风景很感兴趣，每经过一个村子，都会问很多的问题，第一次接团，也是第一次去嘉峪关，康锦新对沿途经过的地方不熟悉，客人问他，他问司机，司机回答他，他再给客人介绍，就这样磕磕绊绊地把客人带到了嘉峪关，客人脸上露出了不高兴的样子。午餐之后，就要安排参观著名的嘉峪关关城了，这里是万里长城的最西端。更糟糕的事发生了，因为这是康锦新第一次来嘉峪关关城这个景区，提前准备的路线图，自己也没有搞明白，原计划是要带客人在城墙上走一圈，再出城楼，现在可好了，直接把客人带到了结束的地方。几经波折后，才成功带着客人上了城墙。客人看到了壮美的祁连雪山和戈壁风光，忘却了对这个不称职的导游的抱怨。行程结束，在火车站与客人告别的时候，客人告诉他说，我知道我是你的第一位客人，你是一个很好的学生，将来会成为一个优秀的导游。听完客人的话，康锦新很受鼓舞，决定要在导游这个岗位上做下去，并且将来做一名优秀的导游，要把敦煌的文化介绍给国际游客。

　　欧美客人来敦煌参观结束，有部分客人会继续参观河西走廊其他的城市，好多景点是第一次带客人去，景点的售票处、卫生间的位置，每到一个新的地方，康锦新都会第一时间了解和掌握，给客人提供准确的信息。平时只要有时间就会查阅资料，了解丝绸之路的历史和文化及景点的讲解方法。直到现在，康锦新依然保持着学习的好习惯。

　　有一年接待了两位英国的语言老师，在康锦新的热情接待之后，对他印象非常好，此后，连续3年来中国旅行，都要找康锦新来安排他们的行程。刚开始，康锦新对客人说，他会帮客人设计好线路，安排好当地的导游来接待他们，但是，客人说，他们愿意让康锦新来陪同他们一起旅游，尽管他们知道康锦新对当地的风土人情和景点讲解并不熟悉。康锦新利用一个多月的时间，查阅了大量的有关山西和河南的景点知识，打印出来的资料足足有一本书那么厚。在22天的旅行中，每到一个景点，出于职业的敏锐眼光，康锦新能及时地找到下一步要看到的点，并且能做相关的背景知识的讲解，客人很佩服在中国能有这样敬业的英文导游，说以后会有很多的外国人来中国旅行，相信中国的入境旅游会越来越好。

　　2018年夏天，康锦新接待了一个美国学生团，9天的时间，接待线路是张掖、嘉峪关和敦煌，参观三地的景点后，还有空出来的时间让学生自己安排，目的是了解每个城市的风土人情。康锦新带团队到张掖的中心广场，当地人在中心广场跳广场舞，让团队的成员加入当地人的活动，美国客人很开心，可以与中国人一起跳舞；当地人也很开心，有外国人加入他们的舞蹈，他们跳得更起劲了。中国的音乐、国外的音乐，让双方沉浸在欢乐的海洋，尽管双方都不会对方的语言，但是，音乐和舞蹈是没有国界的，这是一场两国人民友谊的见证。

　　近年来，脱贫攻坚是国家的头等大事，农村也发生了很大的变化，一位加拿大领队多年前来过丝路，当时是康锦新接待的。2019年9月再次带客人来丝路，见到康锦新后，加拿大领队对他说，甘肃的农村变化真大啊！上次来甘肃是 6 年前，这次到甘肃，坐在车上就可以看到两边的农村发生了很大的变化。在行程中的一个午餐之后有一点多余的时间，旅游车经过农村，康锦新安排客人在这个村子里走一走，看一看中国的新农村。村民见到有外国人来参观他们的新家园，可是乐坏了，与外国人一起拍照，还邀请外国友人去他们家里做客，村民住的房子是现代化的楼房，和城市里的房子没有区别，小区绿化也做得非常好。村民有很多问题想问加拿大的客人，康锦新当然是义不容辞地给他们当起了翻译，加拿大客人也问了村民们平时生产生活的问题。短短一次农村家访，让加拿大客人对中国的新农村有了全新的认识，人民生活安康，看到了中国是一个负责任的国家，伟大的中国共产党正在带领着中国人民走向富裕的道路，外国友人纷纷竖起大拇指为中国点赞。

丝绸之路自古以来就是中国与西方国家交流的纽带，河西走廊是这条通道的必经之路，千百年来，这里留下了丰富的文化遗产，康锦新从第一天踏上导游这个岗位，就认定要在这个岗位上把家乡的文化介绍给来自世界各地的游客，十几年时间过去了，他依然坚持着这份信念，让更多人了解中国的文化。他说他要在这个岗位上继续做下去，让更多的国外游客来中国、来丝路旅行。

架起海峡两岸友谊之桥

┣━━━━━━━━━━━━━━━━━━ **导游简介** ━━━━━━━━━━━━━┫

杨亭，高级导游，就职于陕旅集团海外旅游公司。曾荣获第四届全国导游大赛铜奖、中国好导游、陕西省技术能手等荣誉，蝉联第三、第四届全国导游大赛陕西选拔赛冠军。

他叫杨亭，是一名年轻有为的好导游。2012年大学毕业后，他就开始从事入境旅游接待工作，到今天已经接待累计上万名中外来宾。"游客为本，服务至诚"是他所秉承的工作理念，至今仍然保持着从业"零投诉"的纪录。他长期从事涉台旅游接待工作，其高度的政治站位和精湛的业务服务水平赢得了海峡两岸旅业的高度赞扬，曾被陕西省旅游局授予优秀导游员，海峡两岸旅游交流协会赠予"友谊新青年"的光荣称号！他用真心，获得了台湾旅客的赞扬；他用细心，赢得台商的认可；他用爱心，筑起了海峡两岸的友谊之桥。

清明公祭轩辕黄帝，是海内外中华儿女心中的盛事，也是他接待工作中的重要一部分。杨亭已经连续6年负责台湾同胞清明祭祖的接待工作，6年的接待中他的"零误差、高质量、优服务"赢得了台湾同胞的一致表扬。虽然接待工作程序重复不变，但是每次接待的嘉宾不同，他都会根据到访嘉宾的情况，准备接待工作，对于他来说，这不仅是旅游接待任务、政治任务，更是他对伟大祖国热爱情怀的表达。

2018年4月，清明公祭轩辕黄帝接待工作接近尾声的时候，团队中的一位嘉宾对杨亭说："虽然我来自台湾，但我的父亲就是陕西西安人，20世纪40年代由于历史原因，父亲移居台湾，虽然我出生于台北，但我的根是在大陆，是在陕西这片黄土地上，时间过去半个多世纪了，父亲已经离世，当时父亲最大的遗愿是能魂归故里，现在也不知道当年陕西西安老家的家亲是否都还健在、是否都还能联络上？"当这位团友诉说完后，他意识到这对于这位团友来说可能是毕生的愿望，杨亭便立即把自己的联系电话和邮箱留给团友，待这位团友回到台北后，她把父亲当年与陕西西安老家早期来往的书信资料发给杨亭。收到这些书信资料后，他利用工作之余，走访了陕西省台办、西安市外事工作委员会、西安市临潼区民政局等单位，在寻求相关政府单位帮助的同时，他还多次实地寻访。由于时间原因，现在地址与当时信件上的地址发生了很大变化，这给寻找带来了很大的困难。后来，杨亭与这位团友沟通时，在一封信函封面的落款处，发现了一个特殊的地址"西安市振华路学校"，经查阅，这所学校是现在"西安市第十中学"的前身，他按照这个地址找到第十中学，学校老师最后在校档案馆中找到信件中的名字、家庭住址等信息，他按照学校提供的信息，寻找到信件中的家亲。因为这么多年失去了联系，一开始西安的家亲难以置信，最后把书信资料一一核对之后，西安的家亲才相信这就是他们远在宝岛台湾的亲人。一个家庭，海峡两岸，时隔四十余载，再聚重逢！

在我们国际旅游接待服务的初创期，导游被称为"五大员"，即宣传员、调研员、讲解员、安全员和翻译员。自西部大开发战略实施以来，中西部地区快速发展，陕西西安地处中国地理版图的中心位置，依托众多高校资源以及人力资源优势成为投资商在西北投资的热土。他在接待台胞旅行之余，经常把改革开放以来西安经济腾飞发展变化的故事讲给团友们。他还认真研究陕西省关于引进台商投资的优惠政策和西安高新技术开发区对于台商投资高新技术产业的配套支持等政策。2014年6月，他负责台湾联华神通集团商务团在西安的考察接待工作，联华神通集团是宝岛台湾第四大企业集团，旗下拥有105家公司。当时联华神通集团准备在中西部地区投资高新IT产业，而且已经考察过武汉、郑州、成都等城市，来西安考察已经是最后一站。在了解了接待工作背景后，他及时调整思路，在讲述西安城市的发展中，重点介绍近期国家"一带一路"倡议、陕西的营商环境及西安高校林立、人才辈出、科研实力雄厚等优势，同时也详细介绍了西安高新产业技术开发区完整的产业链和配套支持，以及之前外商投资的案例，使得考察团对在西安投资有了更加全面深入的了解。两个月后，杨亭收到来自联华神通集团的一封邀请函，邀请他一起见证联华神通集团高新IT产业落户西安高新产业技术开发区。导游，亦是宣传员、讲解员，他虽然只是导游，却在自己最普通的岗位上，助力海峡两岸企业共同发展！

　　导游，亦师亦友，杨亭还是台湾东海大学同学们心中"最有爱的辅导员"。为促进两岸青年文化交流，搭建校际合作新平台，台湾东海大学每年5月，组织优秀学生来陕西科技大学交流访学。经陕西省台办、省文化和旅游厅、共青团陕西省委共同选拔，杨亭已经连任5届台湾青年访问团辅导员工作。在正常接待之外，最重要就是学生管理工作，访问的青年学生大部分是第一次来到大陆，会提出各种各样的问题，他从自身的大学求学经历，一一解答学生的困惑，他用自己的成长故事，讲述新时代新青年的责任与担当。他把每一位到访的青年学生，视为自己的朋友，除了在学习生活上无微不至的照顾外，他还与同学们共同探究创新科学发展的课题。对于到访的青年学生来说，他既是辅导老师又是好朋友，每当在离别之际，他都会用心书写赠予每位同学的贺卡，上面满载着他对每一位同学的期望和祝福。当然他也收到许多来自宝岛台湾青年学生的祝福贺卡。也许，正是这一张小小的祝福贺卡，连接着海峡两岸青年人最深的友谊！

　　从事涉台工作的这些年以来，他一直坚信"创新是文旅工作的灵魂"。他率先成立"陕西省导游创新工作室"，把创新的理念运用到文化旅游市场中，实现导游职业的可持续发展。他积极学习先进经验，创新自我发展，形成"常讲常新"的讲解方法。他是全国导游员资格考试的评审官，还是西安财经大学旅游管理专业课外指导老师、西外商学院旅游管理专业行业导师、陕西职业技术学院客座讲师等，他把自身的工作实践经验与理论知识相结合，并积极创新教学方法，专门设立课外实践主题课程——金牌导游带您走进世界遗产，深受师生们的欢迎，他正在为成为双师型人才而不懈努力。

　　他，既仰望星空，又脚踏实地，一直践行着新时期文旅人的初心。关于他的故事很多，但他却说：这些都是自己工作中应该做的。他从事文化旅游行业的八年，也是三秦青年成长的八年，八年中用自己的真心、细心和爱心，筑起了海峡两岸的友谊之桥！

　　他是我们学习的榜样！让我们一起为"讲好中国故事，弘扬中华文化"而加油！

"三好"同行、至诚服务

导游简介

周颖霞，苏州原创读行学堂文化旅游发展股份有限公司英语高级导游，荣获 2003 年苏州市"导游之星"大赛外语组第一名、2006 年苏州市十佳导游、2010 年苏州市金牌导游、2013 年全国文明导游、2014 年苏州市文明市民标兵、2015 年苏州市劳动模范、2019 年国家金牌导游等荣誉。

她是江苏苏州的周颖霞，从业二十多年，作为一名英语导游，她接待了无数来自世界各地的游客；作为出境领队，她带着中国游客走过了七大洲、四大洋；作为旅游教育老师，她培训了一批又一批有志于从事旅游行业的年轻人。

一路走来，她认为，作为导游、领队，应以游客为本，至诚服务，不断提升自我的综合素养。通过多年来的讲解和服务，她和广大游客朋友们结下了善缘，让她受益匪浅的三点分别是口说好话、心想好意、身行好事。

口说好话

首先，她把口说好话归纳为友善的问候、有效的沟通和善的循环。

例如，作为导游的她，在车上向游客们致完欢迎词后，接着通常会用苏州方言来向大家道一声"您好"，她会向游客们示范苏州话"您好"的发音，并让游客朋友们一起来学着说苏州方言。让大家感受到发音的同时会带动嘴角微微向上扬起，像是彼此在微笑着问候，并带动游客们互相把美好的问候送给身边的游客朋友，这份友善的问候一下拉近了彼此之间的距离，让她更加坚信，巧妙地运用好方言，可以增加游客的体验度和满意度。

她体会到，讲好方言能活跃气氛，而讲好外语，善用外语技巧则能让她在国外出领队遇到问题时，能成为快速解决问题的重要沟通工具。

通过近几年多次带团去南极的经历，她让大家了解到，坐船到南极洲需要穿越世界上最危险海峡之一的德雷克海峡，这个过程被称为"地狱 48 小时"。船行驶在德雷克海峡中常常伴有十级以上的狂风和十几米以上的巨浪，船身倾斜度甚至会到 45°，大多数游客会有不同程度的晕船症状，有些严重到脱水的程度，需要医生来治疗。船上的服务人员和医生等工作人员基本都需要用英语来沟通，小到去服务台帮客人拿晕船药，大到带客人看医生，都需要用英语准确、清晰地回答医生的询问。同时她善于用积极正向的语言来引导、安抚和陪伴游客，让这段从地狱到天堂的经历成为精彩的南极之旅不可分割的一部分。

又如，当遇到国际航班延误，在抵达国外机场中转时，她需要处理改签机票，开具延误证明，安排游客入住等一系列问题。她采用简洁明了、突出重点的沟通方式，尽快解决客人入住的问题，她认为让游客休息好，是对游客最好的情绪安抚，可以达到事半功倍的效果。

每每听到游客们对她说："有你在，我们就放心了。"被得到肯定，让她感受到口说好话带来的善的循环。

心想好意

她认为，口说好话带来的善的循环不仅仅是事事如意，更是需要把遇到不顺的事情转化为好的念头，让游客们安心，她时时注意提醒自己要心想好意。

她有一次带一个出境团，准备乘坐空客 A380 飞往法兰克福。在候机时，突然听到广播传来航班延误的消息，她当时第一时间赶到登机口询问工作人员延误的原因，了解了情况后，正想回来和团友们说明时，看到团长正急匆匆大步地向她走来，紧锁着眉头向她抱怨道："我们的行程还没开始就遇到航班延误，真是太倒霉了。"当听到团长说倒霉两个字时，她马上调动起自己的情绪，用诚恳的态度说道："团长，我们真的是太庆幸了，因为刚了解到航班延误的重要原因是我们飞机的引擎出了故障，好在发现及时，如果在空中出现故障的话，那后果将不堪设想啊！"话音刚落，她发现团长的愁容顿时散去，说道："哦！原来是这样啊，还好没起飞。"接着她积极协助团长把整团游客的情绪安抚好，耐心等待登机的信息。

这个案例让她收获到的是遇事心想好意，可以起到大事化小、小事化了的积极作用。

身行好事

她认为，口说好话和心想好意，不仅仅是说到和想到，更需要影响大家一起来做到。所谓说到不如做到，感动更要行动。她努力做到以行动带动绿色旅游和文明旅游。

带动绿色旅游，她从这 3 个"R"开始做起，分别是 Refuse、Reduce、Reuse。第一个 R 是 Refuse（不用）。不用一次性的制品，还有塑料袋、塑料瓶等，就拿一个塑料瓶来说，要用五百年的时间才能从地球上分解掉，宣导游客做到自己携带环保杯、环保袋、环保筷等，做到对环境的保护。第二个 R 是 Reduce（少用）。如购物时，买需要的，不买想要的；用水时，开水龙头的水流量如一根筷子粗细以节约用水；用自助餐时，吃八分饱对身体好，做到珍惜资源。第三个 R 是 Reuse（再用）。延长物品使用的寿命，如收纳袋、浴帽、拖鞋等物品的再使用。

她让游客了解到绿色旅游需要人人从自身做起，同样文明旅游体现了导游和领队是什么，中国就是什么，有些注意点她总是不厌其烦地提醒游客：一是维护环境卫生；二是保护生态环境，保护文物古迹；三是爱护公共设施；四是尊重各民族宗教习俗；五是以礼待人，衣着整洁得体，和外宾合影需征得同意；六是公共场所讲话低声细语。中国是礼仪之邦，给为大家服务的人一个微笑，道一声谢谢，入乡随俗，让文明旅游成为一道独特的风景线。

曾经有游客问她，什么是爱国？她的回答是，做到口说好话、心想好意、身行好事、言行一致，这就是用实际行动在爱国。同时她认为，更需要肩负起这份工作赋予的责任和使命，因为导游、领队是国家和地方的形象，是真善美的载体，是文化的代言人，愿人人从自身做起。她引导游客将"三好"转化为情感的认同和行为习惯，让中华文化展现出永久的魅力和时代风采。工作之余，她还会善用时间在慈善、环保等公益事业上。

旅游从业者，不管以何种方式，她一直在路上。

讲好民族故事　讲对中国故事

导游简介

卓泽潮，高级导游，国家金牌导游，丽江市金牌导游，云南世博旅游集团服务先锋。

习近平总书记说过"旅游是不同国家，不同文化交流互鉴的重要渠道"。作为导游，主要工作其实就是向国外游客介绍我们的文化，而最好的传播方式就是讲好我们自己亲身经历的故事，让老外更加直接地理解我们的文化。记得在大学课堂上，老师们经常提及，导游是文化大使。很多情况下，同学们都是以笑容回应，因为当时的我们并不了解导游岗位真正的含义。现如今，在从事接待入境旅客八年多之后，卓泽潮深深地感受到了导游的使命——讲好我们的故事，告诉国外游客一个真实的中国。这不仅能赢得对方的尊重，也是对我们文化最好的宣传。

很多国外游客初来中国，是带着新鲜与好奇的心态来了解我们的文化的，但是他们对我们原来固有的认识并没有改变，在旅途中他们可能会去寻觅并印证他们认为真实的事情，而我们的工作就是要引导与告知他们哪些观念是错误的。毕竟国外游客与我们身处的文化背景、政治体系都是不一样的，这种文化和观念的摩擦也是不可避免的。

作为一名外语导游，最大的乐趣其实并不在于得多少小费、赚多少钱。最大的乐趣是向老外介绍我们的文化的同时也得到他们的肯定与尊敬。特别是作为一名身处少数民族地区的外语导游，卓泽潮更加感到责任重大。出生于 20 世纪 80 年代的他，年少时生活的艰辛历历在目，他特别感谢他的爷爷，一名老共产党员。小时候爷爷向他讲述新中国还未成立之前艰辛的生活，现在爷爷时时感谢这个新时代，这个让他不用再重复他小时候饥寒与被压迫的时代。而这些正是老外所感兴趣的。在他们的思想里，我们生活在一个充满压迫以及没有自由的国度，少数民族的语言、文化、宗教都是被禁止以及抹杀的。但卓泽潮却用他爷爷和他自己的例子告诉老外，我们的国家很好，我们的国家很美丽。作为少数民族，国家鼓励他们保留自己的语言、节假日以及文化传统。就如他在的云南丽江，纳西族人说着纳西话，欢快地在属于他们的传统节日三朵节、火把节唱起纳西三部曲、跳起纳西勒巴舞，在玉龙雪山用东巴教的仪式祈福着美好的未来。还有隔壁的大理州白族在风花雪月之下跳着霸王鞭舞，藏族在云贵高原唱着藏族歌、跳着锅庄舞，还有大小凉山的彝族和西双版纳的傣族等。这一切的一切都在说明我们的生活很快乐，我们的民族很和谐，我们的国家很美好。

每次接待外宾，有两个地方他最喜欢带老外去游览。第一个地方就是他们当地的农贸市场。他认为农贸市场是一个地区最能体现当地生活状况，最能反映当地文化的地方。因为充足的食物供应说明当地的经济水平高，老百姓有吃的，而不是几十年前他父亲那个需要各种供应票才能购买到的时代。熙熙攘攘的人们脸上都洋溢着满足与幸福，因为大家得到了自己想要的东西，大家也知道自己的努力能够得到回报。第二个地方就是早晨或者傍晚，无论男女老少，都喜欢跳广场舞的地方。老外特别喜欢也特别惊讶看到那么多人一起随音乐起舞，毕竟在他们的国家并不能看到这样的情景。他也和他们介绍，广场舞之所以能够流行于全国各地，那是因为我们的生活变好了、治安变好了。就如中国人现在喜欢旅游、购物一样，这一切都是在我们能保证衣食、教育、医疗的前提下才能实现的。试想一下，世界有哪个政府能够让14亿人口的大国过上如此和平、幸福的生活，而这所有的一切都是我们国家给我们带来的。

导游的工作真的很重要，因为你个人的观点不仅仅代表自己，也代表着国家。刚做导游那会儿卓泽潮最怕遇到先游玩西藏后再到云南旅游的外国游客。因为当时的西藏没有很多正规的导游，很多是在印度、尼泊尔自学英语的人接待国外游客，他们给予老外很多不正确的信息，老外来到云南就问他很多稀奇古怪、很多不正确的问题，他都一一驳斥并解释。感激我们的国家，如今我们有很多援藏外语导游，他们的努力工作改变了以前那种虚假以及不可理喻的情况。比如 2019 年他收到导游生涯的第一次投诉，来自一对在香港工作的夫妻，丈夫是印度裔，妻子是法国裔，投诉的理由是说他诋毁印度以及说欧洲国家的坏话。而究其原因是他们在聊天时谈论了一些政治问题。本来在涉外接待时不应该讨论政治问题，这是每个外语导游都清楚明了的。但是他为什么要去反驳这两位客人呢？那是因为在旅途中，他们老是说西藏、香港、澳门、台湾是独立国家，并且不断诽谤我们国家去非洲掠夺资源等，说他们印度人帮助藏族、他们欧洲人帮助非洲等。最后他实在不能容忍并且向他们多次强调香港、澳门、台湾和西藏都是我们国家的一部分，我们在世界各地都坚持互利共赢。最后这个竟成了投诉他的理由，北京组团社也直接到云南和他了解情况，最终也支持他。毕竟个人利益与国家利益是捆绑在一起的。人生而平等，没有高低贵贱之分，无论什么人、哪个国家的人，我们都必须互相尊重，但是如果触及我们的底线，我们就要站出来维护，而不是为了部分利益去谄媚。

导游是一份工作，更是一份职责，做好自己的工作，也要履行自己的职责。我们常说外交无小事，其实我们在接待外宾游览的时候也是一种民间外交。我们的言行举止、我们的各种介绍都在向外宾传递着我们的文化，代表着我们的立场。向游客讲好、讲对我们的故事、我们民族的故事，就是最好的讲好、讲对中国故事。

如何优雅地解答客人的某些疑问

导游简介

宋钰，高级英文导游，2018 年入选万名旅游英才计划——"金牌导游"培养项目，获蜂优学院网络培训的"赠人玫瑰奖"等。

2018 年获得金牌导游的宋钰，第一眼给人的感觉她不是导游，更像是戴着一副眼镜温文尔雅的老师。但到了景区或者车上看到她与客人侃侃而谈，互动交流，还是感受到了导游的特色：活泼的人文地理讲解，高情商地应付客人的提问，耐心细致的服务，让客人宾至如归。

提到当导游的心得，她认为：一个是心态，另一个还是心态。

理性、平和地看待客人的误解

中国拥有悠久的文明与历史，因为近代工商业与经济的一度式微，所以不排除一些闪光点不为外宾所知道、理解和接受、认可。当我们遇到客人提问不够友好的时候，要保持冷静、理智和平和。表述与回答不卑不亢，既不过于谦虚，也不过于骄傲。如果对有些事情我们相对幽默地去表达，客人会很开心，也就更容易接受我们所宣讲的内容。当客人指出我们的不足之处时，也不用刻意隐瞒与一味找理由辩护，而是要根据客人的初衷有针对性地交流。

优雅的回答与客人的三笑

比如，提到民主与女人的地位的时候，他们有些人还是表示疑惑，怀疑我们的妇女地位，这样的客人都是心地善良之人，所以会大约介绍之：上海作为一个国际大都市，妇女地位相对高。如何解说这一条，每个导游有每个导游的说法。宋钰选择了一种优雅而幽默的说法。

她提到上海的人文，最有名的就是上海的家庭关系原则，有两条"key rules"。Rule one：the wife is always right；Rule two：In case of wife is wrong，please refer to the rule one. 这是从西方几家有名的服务业公司的口号复制改编的，显得非常有趣。在美国芝加哥的百年老百货公司——马歇尔菲尔德百货公司（Marshall Field's）和伦敦的塞尔弗里奇百货公司（Selfridges Store）有一句口号：The customer is always right；而沃尔玛，在它的墙上可以醒目地看到有一条标语：顾客永远是对的；顾客如果有错误，请参看第一条。可以说这样的广告语在西方是家喻户晓的，所以当宋钰用类似的广告语解说上海女人在家中的地位时，外宾立马就能感受到，不由得哈哈一笑。

再如，上海的古典园林——豫园是外宾经典上海游常去的景点，它显示出与英式园林显著不同的东方园林特色。尤其是豫园里有几对不同的狮子造型，包括历经波折的有 700 多年历史的铁对狮，憨态可掬的石对狮以及口中滚珠对狮等，外宾也很喜欢。这些狮子都融合了中国道教文化，也就是强调阴阳平衡。虽然两只狮子的发型都是雄狮，但实际上一只是母狮，另一只是雄狮。当客人了解到情况后，宋钰会顺带多问一句："请猜猜母狮为何蹲在右边？雄狮蹲在左边？"当客人给出不同的答案之后，宋钰会引导："You know the wife is always right"（right 既有对的含义，也有右边的意思）。客人回想起之前的介绍，不由得再次大笑而兴奋起来。如果有客人给出了一样的答案，宋钰就会赞美客人，同时再补充一句："in case of anything wrong happened，the husband must be left"（left 既有左边的意思，也有离开的意思，言下之意，一旦有错误，丈夫就要被甩了，意味着丈夫需要为整个家庭负责）。在这样的解说下，客人纷纷表态，一些保守的先生们往往会假装沮丧，而太太们则找到了知音，心里很开心，对上海的文化也充满了认同感。有的女士甚至表示希望以后到上海来定居，先生们则开玩笑说"不要啦，我恨上海"。

再比如，外宾经常会看到在南方一带居民将衣服晾晒阳台上，无论是城中心，还是景区附近，只要有居民区，总能看到，这是回避不了的问题。宋钰则在解释的时候，先自嘲再引导提升下。她表示：第一，江南的空气很干净，没有大风沙，晾晒在阳台上衣服还是很干净，并且会有一股太阳的味道，很好闻；第二，说明中国人不是一直很保守，我们有开放的成分，好比某些海边沙滩的裸体日光浴一般；第三，衣服花花绿绿，不时随风而动，我们称之为"万国旗在飘扬"（客人经过前两句的解释，会觉得导游似乎感到了压力，没想到导游画风一转，变为自黑，客人往往也就会大笑）；第四，不用甩干机，是想节约用电，同时保护环境。这里话锋再一转，客人嘲笑的心态又变了，似乎有惊讶的成分，没想到我们这么重视环保，但他们也似乎没法反对。毕竟来自发达国家的人基本上有环保的概念，知道少用电力当然有助于环保。所以将湿衣服晒到阳台上有这个光环一般的理由，西方人既惊讶又不好反对，还颇有启发。

作为全职英文地接导游，宋钰经历过很多有挑战而有趣的故事。平时为了当好一名地接导游，她关注了不少英文或者双语公众号等，带团之余一直在持续充电中。比如，对于看起来不太友善的客人，她会主动上前寒暄，除去自我报名（虽然是多余的），同时请教对方名字："How to address you？"这是一句优雅而带有敬意地请教对方姓名的句式。包括随性的美国客人，在被问了之后，基本都会面露喜色。轻松一句问候就能化解客人的不友善。

同时她也一直关注江南一带的衣食住行以及各种新科技的变化，以便及时将日新月异变化的信息传递给客人。西方人相比较而言更追求事实与真相，对于真实发生的好事情，他们是乐于接受的。

所谓种瓜得瓜、种豆得豆，带团至今，宋钰也收获了客人不少好评与赞扬。没有轰轰烈烈的举动，没有激情的网红言辞，更没有灿如流星的华彩，只是一名平平无奇的一线导游。很多同行与旅行社同人都知道如果将入境团交给她带，基本不用担心带团质量和客人反馈。这也许才是对她最佳的嘉许吧！

做好中国导游，讲好中国故事

导游简介

胡晓莹，高级导游，复旦大学旅游管理硕士，全国研学旅行指导师培训讲师，旅游院校专业课程客座讲师，上海市文明旅游宣讲员，博物馆、文化展览资深文化讲者，曾获上海市青年导游员大赛优胜奖。

文化交流

胡晓莹是一名上海的入境导游，无论春夏秋冬，时常带领着客人穿梭于老城厢和城市天际线之间，欣赏并理解这座城市的"海纳百川，兼容并蓄"，年复一年，日复一日。因为上海是一座国际性大都市，近年来，随着国力的增强，国际会议和国际型赛事越来越多，工作角色使然，她自然而然地担当起民间交流的使者、国家形象的窗口、东西方文化的桥梁。若是要问金牌导游是如何炼成的？她的答案是：提升自己，苦练内功，做一名出色的文化传播者。

作为一名一线旅游工作者，她深知，自己的每一个小细节都会影响外国友人对祖国的印象，并且会通过各种渠道把这种印象传播出去。所以在接待外国友人时，她始终重视向国际友人展示我们国家的良好形象及社会的发展，向他们讲述他们感兴趣的中国地理、历史、文化、国粹、社会热点等，以及仁、义、礼、智、信的古典故事，从她嘴里讲出来，娓娓动听，生动有趣。有时候她还会教他们如何做中国结，如何做中华料理，甚至是跳广场舞。

她会利用自己的业余时间，钻研中国文化的精髓，遇到自己不明白时，就去请教身边的大师、行业领头羊。这样在跟外国人交流时就会更加得心应手。同时，她也明白，文化是双向的。要了解对方的文化，首先要掌握对方的语言。她对自己外语方面始终要求严格，一是要会用外语跟对方交流，二是要会用外语进行书面上的来往。我们知道，语言学习是一件不断重复的事情，经过她的不懈努力，取得了满意的雅思成绩。西班牙语也是工作后才学的，利用淡季不断学习新的东西，利用旺季不断练习学过的知识，如今已经能用西语流畅地与人交流了。

她尽自己的绵薄之力，担任起中外文化及社会发展沟通的桥梁。丰富的文化知识、扎实的语言功底，使文化交流变得流畅、深入。好多客人在离别的时候，会竖起大拇指对她说，"我去过很多城市，你跟其他导游不同！你让我对上海这座城市有了全新的认识，我看到了她的飞速发展，贵方政府的管理水平，也让我喜欢上了这座城市，你是个了不起的导游！"

教学相长

为了使自己对旅游业有更深刻的认识和理解、更高远的视野，她报考了复旦大学旅游管理硕士，并顺利取得硕士学位。在校期间的研究成果《基于游客感知的导游服务质量实证研究》，运用 SERVQUAL 理论模型，从五个维度测量了游客感知，用专业数据软件测量、分析了导游服务质量与游客感知之间的关系。

授之以鱼不如授之以渔，作为导游行业的先锋者，传授自己的经验，会让更多从业者少走捷径，成长更快，何乐而不为呢？鉴于丰富的行业经验和扎实的理论基础，她被知名旅游院校聘为全国研学旅行指导师班培训讲师，讲授研学课程；同时被旅游院校聘为客座讲师，讲授旅游类专业课程。她的课经常结合自己的案例，满满的干货，生动有趣、不枯燥。学生们都说："胡老师，你的课让我受益匪浅，平时觉得晦涩难懂的知识，听了你的课，一下子就明白了！"

教和学是师生双方相互深入、相互促进的过程，老师在实践中获得自己的知识或经验，然后将这些知识或经验通过整理转化为文字、故事、图片、影像或视频等各种形式，以口头、书面或多媒体等各种方式传达给学生，为学生创造情境，让学生能身处情境之中，从中明白所述道理，通过对素材的深入学习和不断练习，习得专门的技能。这样能使理论和实践紧密结合，使学习和工作不脱节，校园生活和社会竞争不脱钩。

她相信，教而不研则浅，研而不教则空。"教"和"学"本身就是相互促进的共生事物。

社会责任

除了在学校教授课程，她还时常在同业群里进行公益讲座，分享自己的心得体会，内容涉及专业知识、带团技巧、工作心得、职业道德等各个方面。为了帮助同行更快消化新的内容，她还会制作小视频，对教授内容进行强化，配上生动有趣的文字、精美的图片、精心设计的转场和应景的音乐，使知识活起来，学习不再枯燥，记忆更加容易。

除此之外，她还定期忙里抽闲，辗转于上海各大文化类博物馆、国际文化展览，担任资深文化讲者，为前来观看的中外游客介绍各类文化知识。还会经常看到她在某个周末的下午，在展馆内向游客介绍一些具有东方元素的展品，如中国的古代陶俑、玉文化、青花瓷、佛教造像；抑或是在一些高端音乐、美术沙龙，她也能对中西方音乐、美术侃侃而谈。她像是一个文化的传播者，向世间传播知识和美。

如今，生活在这样一个多元社会中，毋庸置疑，每个人既享受着社会的福利，又承担着社会责任。在一系列公益讲座和志愿活动中，她的表现，既提升了导游的形象，又展示了导游丰富的知识、娴熟的技能及热忱的态度，改善了部分群体长期以来对导游的固有印象，拉近了导游群体和社会群众的距离，使导游群体在社会中更有接纳度。

胡晓莹认为，优秀的导游员应该在传播文化、塑造美好心灵、弘扬社会正气、宣传社会主义精神文明方面起到积极而有益的作用。通过积极热心地参与公益活动和志愿活动，帮助他人，使自身价值在奉献中提升，可以让文明之花开遍大地。

做好中国导游，讲好中国故事，是每一位新时代导游员的使命。他们就像是社会中的一颗螺丝钉，用自己的能力为社会发光发热。在这个群体当中，胡晓莹只是其中之一。散是满天星，聚是一团火，相信他们会用他们的努力和真诚让周围变得更美好。

民间大使的担当和使命

┌─ **导游简介** ─┐

　　黄韵文，现任教于福建华南女子职业学院，全国高级英语导游；曾担任全国职业院校导游服务赛项中、英文评委；入选全国"名导进课堂"师资库；获得"中国好导游""清新福建十佳导游员""福州文明旅游大使"等称号。

　　黄韵文出生于一个旅游人的家庭，与父辈不同的是，她是个外语导游员。她上高一的时候在福州的江滨公园听父亲讲两岸历史文化长廊，当时有几个外国游客也来围观，可是他们却无法交流。如果我能用英文把这一切都娓娓道来，那该多好，黄韵文心里这么想着，于是她在大二时考取了英文导游资格证。

　　福建是闻名的侨乡，她导游工作的前三年中大部分游客是海外华侨还有他们的后代。每年福建省侨务办公室都会举办"寻根之旅"夏令营，而这些小营员们都是典型的"America born Chinese"，他们中的很多人由于自小生长于国外，中文完全听不懂。如果问及他们是哪里人，黄韵文听到最多的答案是"我的爸爸、妈妈是中国人，我是美国人"。每一次黄韵文跟他们接触的时间都只有短短一周左右，而她给自己的目标却很远大，她希望从这一次旅程之后，他们会说"我是中国人"。

　　她需要给这些华裔青少年定制详细的福州地区寻根之旅。在福州，要领略士大夫的风流，体会学子金榜题名前的十年寒窗，必须在三坊七巷的南后街上走一走。她跟他们说这条街就好比波士顿的大学城，住在里头的人全是精英阶层，波士顿的孩子大多去了常春藤，而三坊七巷走出来的人，很多写进了中国的历史书。比如你们上历史课时候学的鸦片战争，那个虎门销烟的林则徐就在这里。而很多民国时期住过这里的人，也毕业于美国的名校，比如在宾夕法尼亚大学上过学的女建筑师林徽因，在威尔斯利读过书的冰心……在这里男孩、女孩都一样出色。讲到这儿，他们也会给这里的学霸纷纷点赞，一口一个awesome、wonderful！可我却告诉他们说，在中国，你们要说"棒棒哒"。于是那几天，团里时常会有"Bang！Bang！"的叫好声。

这么多年的寻根之旅，黄韵文收获过很多的感动，最令她难忘的是2016年接待的朱子寻根夏令营，当时由于这些孩子的长辈几乎都来自福建，她给他们的行程中安排了福州的马尾船政博物馆。

"一个学堂，引领一个时代。"这所学堂是晚清的最后一抹霞光，是中国海军人才的摇篮，它见证了中国船入海，也见证了马江海战的血雨腥风。这些生长在异国他乡的孩子，在父母的指引下回乡来寻根，在她看来，这个根，在灿烂的历史文化中，也在荣辱与共的血液里。

这个团队的孩子年龄从8岁到16岁不等，但是他们在美国的历史课中却很少涉及中法马江海战、中日甲午战争这些在中国近代非常重要的篇章。她曾经给一些外国大使讲解展馆，由于他们本身的知识储备，交流相对多一些。而面对这些等着她寻根的孩子，她在接团前半个月就开始反复思考，要如何讲得通俗易懂，在让他们知道自己祖国曾经创伤的同时，面对那些曾经为祖国浴血奋战，为祖国远赴西方寻求真理与技术，为祖国放弃国外的优渥条件毅然回家的同胞，从心底生出由衷的认同与敬佩。

那一天终于到来了，夏日炎炎，她从船政学堂第一年的招生开始，讲解翻译出"物竞天择，适者生存"的严复，如何从当年13岁入学，经历英国格林尼茨皇家海军学院的求学，回国的失意，到最后成为一代译者。融入当时的历史，一段讲解、一段提问，一个又一个的"What do you think of it？"他们居然也开始了思维碰撞，看得出来他们在努力地把历史课中的时间与事件对应到她所讲述的历史中。

船政博物馆依山而建一共五层，从船政概览开始拾级而上：宏开学府—学堂育英才—船政成功、人才辈出（萨镇冰、魏瀚、方伯谦、詹天佑等都是毕业于此）—血雨腥风、船政之殇（马江海战宣告福建水师覆没、甲午战争宣告洋务运动失败）。这一条路不远，但是船政人从1866年走了半个世纪，而她要带着这些孩子把故乡的过往一点一点地刻进记忆。

当他们听到马江海战是因为清王朝的懦弱而贻误战机，致使当时已具规模的福建水师在短短36分钟内血染江面，大败无归，他们不少人握紧了拳头，目光灼灼。走到将近尾声时，黄韵文告诉他们中日甲午之战，是我们输了，还是因为和马江类似的原因。但是我们虽败犹荣，我们用了马尾船政一个班的学生，在奋力对抗日本一个国。她说到邓世昌"人谁不死，但愿死得其所尔"，说到他看着舰毁、战友牺牲，阻止了奋力想救自己的大黄狗，一起以身殉国……

她告诉他们这是中国的魂，"天下兴亡、匹夫有责"，我们生而为人，不论在哪里，都要记着自己的责任。馆内寂静无声，只有她一个人的慷慨激昂和他们的目光闪闪。

一周后，夏令营的闭营典礼上，一个8岁的孩子表演的节目是诗朗诵《船政千秋》。他的普通话还是有些生硬，黄韵文看了他的稿子，密密麻麻地注上了音标。没想到上台的时候，他居然脱稿了！没有音乐，她在舞台的一边看着、听着，这个稚嫩的声音铿锵有力地诉说：

十八里马江十八里山，养大多少英杰好汉；

水兵的故乡，造船的摇篮，

起锚的中国在这里扬帆，啊……

一代代强国梦悠悠，一辈辈船政路漫漫；

太平洋，大西洋，难忘当年中国船；

海蓝蓝，天蓝蓝，昨夜星光多么灿烂。

十八里马江十八里船，烽烟滚滚涛声不断；

燃烧的水师，不沉的甲板，

悲壮的故事在这里流传，啊……

多少回中秋月弯弯，多少年榴花血斑斑；

罗星塔，马限山，难忘当年好儿郎；

海蓝蓝，天蓝蓝，昨夜星光多么灿烂！

那一刻，黄韵文第一次在他们面前热泪盈眶，感动而震撼。她以为她给他们的只是一次历史讲解，这一刻，她终于明白为什么导游员被称为"民间的外交官"。她相信那个下午，他们在祖国的土地上悄悄地长大。

　　四年过去了，2020 年的春节遇到了严重的疫情，当她宅在家中看手机时，无意中看到当年的领队和美国好多个州的华人、华侨一起给国内捐款捐物，照片中有好几个忙碌的身影是那么熟悉。他们举着红布条，喊着"祖国，加油"！

　　这么多年她陪着回来的孩子开始寻根之旅，每一次接到他们，她会迎上去说"Welcome to China，Here is Fuzhou！"而当她送走他们的时候，直到他们进了证件查验处，她再也无法向前时，她会一直在闸口对他们挥手，她冲他们说，"Welcome back home soon！"她坚信，根在中国，他们一定还会再回来！

"中南美洲 32 天" 旅途中的精彩

◆━━━━━━━━━━ **导游简介** ━━━━━━━━━━◆

　　胡惠萍，现就职于安徽省中国旅行社有限责任公司黄山分社，高级导游、出境领队。曾荣获黄山市十佳金牌导游、安徽省优秀导游荣誉称号。2017 年入选万名旅游英才计划——"金牌导游"培养项目。

　　一位名副其实的金牌导游是经得起风雨的，而那风雨正是检验"金牌"含金量的试金石。作为一名从业二十多年来，至今依然奋战在第一线的出境领队胡惠萍，其所经历的"中南美洲 32 天"旅途的几场风雨，又一次让"金牌"映衬出了那绚丽多彩的耀眼光芒！俗话说，风雨中方显英雄本色！以下是胡惠萍作为领队在"中南美洲 32 天游" 6 个突发事件场景中的出色表现。

【场景 1】——2019 年 1 月 27 日：突发达拉斯的入境意外

　　2019 年 1 月 27 日是行程的第一天，然而这第一天就出师不利！——从上海飞美国达拉斯机场转机迈阿密，团队在达拉斯办理入境手续时，不知何故，团里一位客人的美国签证竟然在自助打印机器上没有任何信息显示！这就意味着必须单独前往有着漫长特殊通道的队伍，去排队等候一系列的调查问询。而此时，距离团队下一程航班登机只有 30 分钟！而且进入美国移民局窗口后，还需重新托运行李，排队过安检以及搭乘机场内的小火车去到另一个航站楼的登机口。如此短促而紧张的时间让人陷入了两难境地：如果全团等她，则有可能大家都赶不上下一个航班；如果全团不等，这位不会外语也鲜少出门的客人将会因无法有效沟通而应对不了机场安检的调查问询。

这是胡惠萍从来没有遇到过的困境！胡惠萍与美国移民局工作人员反复沟通无果后，内心非常着急。

怎么办？

她知道领队是一个旅游团队的主心骨，这时候一定要冷静，不能自己先乱了阵脚，更不能把这种紧张情绪传染给其他客人群体。深呼吸几秒后，胡惠萍立即挑选了一位团队里略懂英文的客人当临时团长，并且详细告诉他机场的地形以及去往转机登机口等诸多细节，让这位临时团长带着其他客人先走，而她则留下来陪这位暂时无法入境的客人见机行事。然而，一直等到还有10分钟就到下一程航班登机了，这位客人还在漫长的排队等待中。

高明的旗手，应该运筹帷幄，协调各方，不能是看一步走一步，而应当是走一步想几步。胡惠萍知道作为领队必须要考虑大局。由于第二天的行程去往法属圭亚那，共需换乘四趟飞机，途中还会经停两个国家的三个不同机场。团队若是没有了领队则不堪设想。于是她告诉那位客人联系方式后，便快速去往转机的登机口。

作为航班的最后一位登机乘客，胡惠萍上气不接下气地与航班工作人员尽心沟通取得谅解，最后航空公司同意为这位客人推迟10分钟关舱门。然而，又一次遗憾的是大家依旧没有等到这位客人的到来。

由于飞机马上就要起飞，此时这位客人电话却因一直没有信号而联系不上。此时，如果用"心急如焚"来形容一点也不为过。

好在不是一个人在战斗，必须紧紧依靠团队，紧紧依靠祖国大后方。

胡惠萍在给这位客人短信留言之后，马上联系国内旅行社，让国内旅行社工作人员继续和这位客人取得联系。

飞抵迈阿密机场后，胡惠萍才得知：这位客人在达拉斯移民局窗口居然经历了约两个多小时等待之后，才终于准许入境美国！

由于当天已经没有可以飞往迈阿密的飞机，旅行社帮客人改签了后面几天的一系列航班。客人只能在达拉斯机场待上一个晚上，第二天还得在迈阿密机场再待一个晚上，第三天独自换乘4次飞机才能与团队会合。

将心比心，步步为营。胡惠萍把接下来这位客人必须单独出行的转机行程中的所有的细节以及需要注意的情况编写成详细的文字发给这位客人，力争充分估计、精准施策，并且随时提供远程电话翻译的领队服务，保证万无一失。

三天之后，终于在法属圭亚那机场迎来这位客人的归队。

回想起这牵动着领队、全团游客及国内旅行社全体工作人员心的三天：难以想象一位不会外语，没怎么出过国门的中国大妈，居然也能够跨越几个国家与团队会合。

对于领队胡惠萍来说，这一直是揪心的三天，也是此生难忘的三天。此次事件告诉我们，领队遇事一定要冷静，要充分调动各种积极因素，向着最好的方向和目标做尽心尽力的努力。其中足够硬的外语水平是必需的，否则不可能在境外的旅途中帮助客人及时解决可能出现的各种突发事件。

【场景2】——2019 年 11 月 28 日：遭遇圭亚那的行李遗失

在境外的旅途中，尤其是飞机转机时，游客的行李遗失是时有发生的事情。不过，这次是胡惠萍自己的行李不见了。从美国迈阿密飞往法属圭亚那，9 小时内转 4 次飞机。飞机到达法属圭亚那机场后，领队胡惠萍发现自己托运的行李箱始终没有在行李传输带上出现。

怎么办?

如何处理好自己寻找行李与不耽误带队的关系呢? 胡惠萍是如此冷静地处置的：要始终把游客放在第一位，首先安置好团队群体。胡惠萍立即电话联系当地的地陪在机场出口处接应客人，安排客人先上车休息；然后，自己再去机场行李遗失处理办公室办理相应的一系列行李遗失手续，并且在第一时间用电话向保险公司报案，并按要求保存好保险公司所需要的相关证明材料。幸运的是：两天后，在团队入住的酒店，胡惠萍取到了机场送达的延误行李，回国后也顺利得到了保险公司的赔偿金，可算是画了一个完整的句号。

【场景3】——2019 年 12 月 3 日：面对相互矛盾的登机信息

一般讲，在旅行途中何时登机，这是出团计划中基本确定了的事情。但是，有时也会在看似的"确定性"中，出现"不确定性"! 正所谓计划赶不上变化。

2019 年 12 月 3 日，原计划这一天团队应该早上 5：30 分在大厅集合退房出发，经 2 小时车程到机场，上午 9：00 乘坐苏里南航空公司 PY421 航班从苏里南飞往圭亚那。

不料，约在凌晨 3 点，睡梦中的领队胡惠萍被酒店总台的电话惊醒了，总台转告：当日的 PY421 航班延迟。由于苏里南的官方语言是荷兰语而非英语，总台电话中传来的英语表达并不清晰准确。事关重大，不能有误。胡惠萍特地起床又到总台进一步核实航班变更的准确信息。终于在酒店总台的电脑上查看到了航空公司此趟航班延误的英文邮件，即苏里南航空公司邮件通知各相关酒店，当日的 PY421 航班延误 10 个小时至晚上 19：15 起飞。

胡惠萍马上将航班延误邮件拍照发回国内旅行社。然而得到的反馈却是，国内旅行社没有接到相关航空公司的任何延误通知，也就是说国内旅行社的通知却还是按照原定行程全团凌晨出发去机场。

胡惠萍又将航班延误邮件通知苏里南地陪，希望地陪能够帮助核实，但是由于地接社及地陪在非工作时间无法联系上机场或航空公司，网站上也查询不到飞机延误的信息。最后得到地陪的电话反馈是：他也是第一次遇见这样的情况，无法判断此信息的真假。

然而，酒店大堂经理却一直用蹩脚的英语不断地向胡惠萍保证他们信息的准确性。在如此相互矛盾的登机信息面前，此时的胡惠萍真是左右为难：如果按照旅行社原定计划的通知，凌晨赶往机场，万一飞机延误的信息属实的话，那就意味着这些老年团的客人们将在机场待上整整 10 小时，他们的身心是否承受得了？可是，如果不按照原定行程出发去往机场，万一航班并没有延误而起飞了，那么领队将承担所有后果，而且这个小机场几天才有一个飞往圭亚那的航班！

怎么办？

把握准确信息应该是一切行动的先导。思考片刻后，领队胡惠萍决定亲自到实地核实信息。她把客人们身体所能承受的实际情况以及当地的客观条件向国内旅行社领导做了详尽的汇报，并提议由她自己先打车 2 小时去机场实地了解情况，而让地陪及大巴车在酒店待命。这样，虽然自己辛苦，然而却是十分必要和值得的。

胡惠萍到达机场后得知：PY421 航班确定延误至晚上 19：15 才起飞，而且当天机场也无其他航班可以到达圭亚那。她让机场工作人员出具了航空延误证明为日后保险公司的后续理赔做了必要的准备。然后，把航班延误情况用电话告知客人及地陪，并向国内旅行社及时汇报了航班的落实情况。

根据核实后的情况，客人们当天上午被安排在酒店自由活动或休息，午餐后乘车直赴机场。

由于机场工作人员并不熟悉中国护照可以办理落地签证进入圭亚那的规定，该航班晚上办理值机时，大家又被耽搁了两个多小时。

在此过程中，胡惠萍不断跟航空公司和机场沟通交涉，把团队行程中所有航班的机票、行程单以及网上能查到的圭亚那海关入境规定交给他们审核。虽然机场工作人员或许也从来没遇过类似的情况，但是他们非常认真，终于在漫长的等待之后给大家办妥了值机手续。

与此同时，胡惠萍十分注意妥善安排客人们的休息并且及时做好相关的安抚工作。事后，胡惠萍的表现得到客人们的一致点赞：他们说从未遇见过领队遇事能如此冷静、果断和干练。这恐怕是常年工作的积累，已经把领队的内心磨炼得越来越强大了吧。

的确，作为一名专业领队，一定要有强烈的责任心和担当。要努力在"不确定性"中寻找"确定性"，要在貌似的"确定性"中，预见可能的"不确定性"，力求做好相关的预案。在发生突发的意外事情时，领队不能回避问题、惊慌失措、怨天尤人，而应该根据相应的问题情境，在第一时间积极提出有效的对策方略，并且充分调动各种可能的、可利用的积极因素妥善实施，事后还应该从实践的感悟提升到理性认知的深化，不断丰富自己，为下一次的一流服务做好各方面的充分准备。

【场景4】——2019年12月15—17日：处置群岛游的一分为二

2019年12月15—17日，团队在厄瓜多尔的加拉帕戈斯群岛游览，由于每个小岛上游览人数的限制，团队只能临时一分为二：地陪带一队，领队带一队。两队人员每天乘坐的是不同的游船，分别游览不同的岛屿。三天游览的行程中，大家需要换乘不同的客运中巴、快艇及游船。问题还在于：游船内及岛上手机几乎没有信号，无法及时联系沟通。这对于同样也是第一次到达这个国家的胡惠萍来说，工作压力的确很大。

怎么办？

好在每次出团前，胡惠萍早已习惯"做足功课"，即仔细了解目的地国家的一般概况、风俗习惯、人文信仰、景点介绍以及其他一些需要特别注意的事项。有了这些足够的"课前预习"的打底，在临时需要时才不会太慌张。从脑海里搜索出相关景点介绍以及旅游攻略的方方面面，并提前仔细与地陪沟通交流细节，然后就可以从容应对。

旅游是一个"大学校"，旅游也是一本"百科全书"。为了成为一名更优秀的领队，胡惠萍会利用工作之余的闲暇时间，大量阅读各方面的书籍，不断翻阅着有形或无形的书卷，在孜孜不倦的学习中丰富自己，积累知识，厚积而薄发。以色列有一句格言"在没有充分的知识作为前提的情况下，即使行了万里路，也不过是邮差而已"，此话不无道理。那些带团前认真准备的知识在现实中一一得到对照、验证，必然会更加灵动、丰满，这便是带团行万里路给她的回报。

自然，好的领队，应该首先是一位好的先学者、好的思考者。

【场景5】——2019年12月19—23日：应对银发族的高原反应

此次的团队行程在玻利维亚高原连续住4晚5天。从2019年12月19日到达海拔4061米的拉巴斯机场起，便陆续有一些客人开始出现高原反应，在机场排队办理落地签证时甚至有个别客人已经无法站立。

怎么办？

领队胡惠萍及时与海关工作人员沟通，让团里几位特别需要照顾的老年客人优先办理相关事宜，以便及早安排他们找到位置休息等候。

此时的高原需要强者，面对这些"银发族"旅行团员，尤其需要强者。胡惠萍知道，自己应该体现出强者的风范。利用排队时间，胡惠萍帮大家把所有的托运行李从传输带上搬运下来放在行李车上，以尽量减少"银发族"客人的运动量。由于事先已经给每一位客人的行李箱挂上了带有各自姓名的行李牌，所以就能很快将团队内各家庭的行李箱分组摆放在相应的行李车上。接下来的几天游览时间，胡惠萍深感责任重大，每天都会格外关注客人的身体情况变化，利用自己学的关于高原生态的相关知识及时提醒高原上需要特别注意的相关细节。

高原上入住的这四晚，领队胡惠萍几乎每天晚上都无法合眼，因为不断会有"银发族"客人来电求助，或者希望半夜去租赁氧气罐，或者要求带他们去就诊，还有一些客人也许因为心理原因觉得特别害怕，这时则需要领队不断地去安抚进行心理疏导。

几天下来，虽是强者的胡惠萍却也几乎虚脱，然而她深切地知晓，身处异国他乡，每一位客人尤其是"银发族"的平安康健都是她的一份牵挂和责任。只有当所有客人都安然无恙地离开高原之际，胡惠萍的内心才终于吐出一口舒坦的气，露出一张会心的笑脸。

行走在世界的路上，出境领队需要像老师那样知识渊博，还应该能像对待家人那样照顾好我们的游客。特别是由于退休老人有更多的闲暇时间，于是"银发族"也就成了如今出境游的主力军。在接待老年团队过程中，更要能够做到"急游客之所急，想游客之所想"，对所接待的每一个团队都全力以赴，全心全意、热情负责地对待。

【场景6】——2019年12月25日：面临小房间的离奇安检

随着国际反恐斗争的深入，各国机场的安检也越来越严，这是大家都有思想准备的。然而，2019年12月25日在团队即将从乌拉圭首都乘飞机赴美国南部海滨城市迈阿密的蒙得维的亚机场的离奇安检，却是走过将近80个国家的胡惠萍闻所未闻的。在蒙得维的亚机场办理值机时，航空公司工作人员会逐个英语对话考核。客人若是不会英语或者西班牙语则无法在柜台办理行李托运手续，而且不允许领队在一旁帮助翻译沟通。胡惠萍找到海关负责人询问缘由，得到的解释是：这是近期美国海关方面的特殊要求，不会英语或西班牙语的乘客必须严格检查。

怎么办？

胡惠萍决定，整个团队除了她与另一位客人通过英语会话顺利办理值机，其余客人全部按要求带着托运行李箱去海关小房间面临特别安检。

事后，听团队客人描述，里面的特别安检非常严格，人身检查从头到脚、从前到后、从左到右都要仔细查摸。行李箱里的物品要逐件拿出来抖、摸、盒子、瓶子里的东西要倒出来看，腾空的行李箱还要放到安检传送带上过一遍。团员们逐个在海关小房间检查好之后，由海关工作人员护送至登机口，途中不能与其他人接触。临值机时，这些客人还需在登机口再进行一次全身非常仔细的安检，而会英语或西班牙语的乘客则可以直接登机无须安检。也就说，如果客人们不会英语或者西班牙语就都要经过特殊安检两次！

对于这种离奇的甚至可以说表现出某种歧视的规定和行为，中国客人们的不解和愤怒是自然的。有个别的客人会忍不住在机场大发雷霆，甚至对着海关工作人员破口大骂。

胡惠萍当然能够理解和体会中国游客的这种非常情绪。但是，跟着旅客一起质疑和评价这种离奇安检规定，却不应该是领队此刻要做的事情。只要不涉及国家和国人的尊严，出境旅游的游客应该遵守当地的相关法律，包括哪怕是苛刻的安检规定。领队适时做好安抚和解释工作，努力调节缓和现场气氛，以便顺利通过相关安检，平安出境，这才是领队此时工作的主要目标或任务。为此，领队除了身体力行外，有时还需要替客人的不当言行向相关海关工作人员道歉，以便协调关系获得谅解。

同时，由于文化背景、生活习惯乃至文明标准的不同，会有一些游客把一些不良习性带到国外，让本来可以提高中国软实力的机会可能变成外媒的负面新闻。

就一个出境团队文明氛围的建设而言，虽然关乎每一个旅客自身的素养，但是领队无疑起着至关重要的核心作用。领队应该是一面旗帜，要以自己积极向上的阳光形象影响和引领团队，因为领队良好的人格魅力或公信力，能在游客的灵魂深处留下美好的记忆，起到潜移默化的作用。要营造正能量的团队氛围，诸如在行程安排中注重培养团队真善美的精气神，尊老爱幼助弱、互帮互学互爱，除负责游客安全出行外，还需要引导客人文明出行，努力树立中国游客在境外的良好形象。

如果说每一次出境带团对领队都是一场考试的话，那么胡惠萍在"中南美洲32天"的这场"多元考试"中，可以说给出的是一份精彩而亮丽的答卷。而她之所以能够获得那么好的成绩，就在于胡惠萍酷爱这份工作并品尝着它所酿造出的甘甜。对她来说，领队不仅是一种职业，更是她怀揣一颗热忱且感恩的心来精心经营的一项真善美的事业。在不断的领队工作中，她会走得越来越远，看得越来越广，她的眼界也将会越来越宽，她灵魂的重量也就会越来越重。

择一事，终一生。二十多年来，胡惠萍带团行在旅途，故事太多，让人难以忘怀的记忆太多，茅塞顿开的启迪也太多。

胡惠萍说，很多事情，当你经历以后，就和它建立了一种永恒的联系，这个国家就不再是一个毫无生气的名字，也不再是百度里给你介绍的文字，而是你的回忆，你的人生的一部分。

是这样吗？

经历者知道。

主题三
梅花香自苦寒来

一名英语导游的执着与匠心

❖❖❖❖❖❖❖❖❖❖❖❖❖❖❖❖❖❖❖ 导游简介 ❖❖❖❖❖❖❖❖❖❖❖❖❖❖❖❖❖❖❖

陈健，资深中英文导游（中级）、欧洲领队，从事旅游迄今三十五年。2010 年四川省导游大赛英语组冠军、全国导游大赛英语组季军，2015 年获"中国好导游"称号，并被授予四川省"五一劳动奖章"；2017 年入选万名旅游英才计划——"金牌导游"培养项目，2019 年入选"中国百佳导游员"。

2019 年"中国工匠人物"和"中国百名好导游"的评选中，一位来自四川的英语导游"老兵"荣幸地入选了。他就是陈健——一位从业三十五年，已入"知命之年"但仍然活跃在导游和领队工作第一线。从业至今，陈健一直坚守在第一线，也获得了很多荣誉，这也是对他三十几年的辛勤深耕的最好回报！

由于家境贫寒，陈健没有上过大学。他的英文口语都是靠着自学，慢慢苦学和积累起来的。陈健小时候住在成都市的一所中学隔壁，每当有学生们朗读英语单词和课文的时候，他都会跟着喃喃学语。从小就对外语充满好奇的他曾对父母说："我一定把英语学好，等我长大了我一定要当翻译，用小汽车来接你们。"

1982 年高中毕业后，陈健没有条件继续自己的学业。数年间，他当过服务员、站过柜台、做过代课老师，甚至踩过三轮车、烧过锅炉，可是他一直没有放弃学习英语。

除了每天坚持收听、收看各种英文节目、阅读大量的英文书籍外，陈健还经常跑去成都锦江大桥边的"英语角"，与外国朋友会话，甚至在外国人经常出入的锦江宾馆门口"蹲守",想方设法地创造与他们对话的机会。

陈健的姐姐在成都某医院工作,一次内部培训请到了国内知名的翻译专家来授课。得知这一消息,陈健缠着姐姐找来了白大褂,冒充医生走进了教室。不料刚上了两次课,陈健的冒牌身份就被识破。了解了他的情况后,这位祥和的老教授感动地说:"以后你不用穿白大褂了,我的课向你开放。"而这位老教授后来成为陈健步入旅游行业的"伯乐"。

还有一次,陈健遇到一对瑞典夫妇,交流后得知他们想买两张火车票。他立即骑上自行车,往火车北站赶去。回来的时候遇上瓢泼大雨,把票交到外国朋友手上再回家的时候,他已经淋成了"落汤鸡"。得知儿子如此辛苦却只是为了练习英语,陈健妈妈噙着眼泪,一声不吭地为儿子擦着满头的雨水。

不论是烧锅炉或踩三轮的时候,陈健口袋里一定会有一本牛津词典,只要一有空就抓紧时间背英语单词。在一所中学担任英语代课老师时,每天早上第一个到达办公室的一定是陈健。他首先拖地、擦桌子、烧开水,接着就是朗读英语课文。

直到今天,他一直保持着良好的英语学习习惯:每天一看、一听、一读、一说。这就是他保持良好的英语水平的原因所在。

通过坚韧和不懈的努力,陈健在 1986 年 3 月正式成为一名英语导游员,他立愿要尽自己的全部力量,把自己家乡和祖国的美景、文化推向全世界。在当时学习条件匮乏的情况下,陈健也坚持刻苦学习各方面的知识。他一直告诫自己:我没上过大学,就一定要在学习上付出比别人更多的努力!陈健认为,导游是形象和窗口,尤其对境外游客而言,导游员是他们了解当地文化最重要的途径。为此,他总是在接到团队之后、正式带团之前,认真研究游客们的背景和需求,做足准备工作,以便有针对性地向他们推介中国的历史文化。

虽然得到了游客们的一致肯定和褒扬,但是陈健始终认为自己做得还不够好。他说:"作为历史名城和千年古都,成都的名胜古迹太多,文化底蕴异常深厚。而我只是一名小小的导游,怎样才能让更多人感受到成都的魅力呢?"

机会终于来了!在美国极有影响力的 People To People(民间大使)组织在北京举办成立 50 周年大庆之际。陈健所在的旅行社得到了在庆典上推介成都和四川的 15 分钟的宝贵机会。为此,陈健自筹资金 5 万多元,约上一位外籍朋友，以一个土生土长的成都人和外国友人看成都的角度，拍摄了一部中文13分钟、英文17分钟的成都旅游形象宣传片——《品味成都》。庆典上，当严重超时的宣传片播放完毕后，全场国内外嘉宾集体起立，热烈鼓掌。看着所有的辛勤努力得到了回报，那一刻，陈健的泪水夺眶而出！

从此以后，该组织与陈健建立起良好的合作关系，每年都向他输送数百名游客，而陈健尽善尽美的服务也让游客们非常满意！

陈健认为，导游除了应该有强烈的责任感和使命感，也应该充分享受服务过程中的成就感。"每当看到游客们把我围在核心，津津有味地听我讲解各种历史小故事，或是一段讲解引来他们开心的笑声和掌声，看到他们对中国的'折服'，我的成就感就会油然而生。"陈健说："这种成就感是发自内心的高兴，每一位导游员都应该学会享受。"

经过不断的努力奋斗，陈健在业内的口碑越来越好，名气也越来越大，不少团队，包括重大的政商务接待还指名要他服务。从事英语导游工作的同时，他也从事了十几年的欧洲领队工作，带领了无数中国游客游览神奇的欧洲大地，也把欧洲深厚的历史文化介绍给了中国游客。他说："在国内，我给老外讲解中国，在欧洲，我为同胞介绍这里的文化，只有在带团的过程中，我才能感受到快乐。我感觉自己真的充当了民间大使的角色。这是最最开心的事！"

从1986年至今，陈健已经足足当了35年的导游以及20多年的出境领队，各地游客写来的表扬信和感谢信已经积满满整整一大箱。陈健说，他还会继续保存好每一封信件，将来老了不仅能随时翻阅，还可以分享给孩子们。他说："这不是炫耀，而是一种回忆，更是一种传承。"

多年来，陈健在旅游行业取得了不少成绩：省赛冠军、国赛季军、五一劳动奖章获得者、全国百佳导游。曾为英国安德鲁王子和Engine公主、摩根大通集团副总裁、世界旅游组织（UNWTO）秘书长、美国硅谷市长代表团、世界大体联主席等要人担任口译翻译。为"财富论坛"、世界旅游组织大会及考察团接待工作撰写英文解说词、培训接待人员；和Discovery频道著名主持人Samantha Brown共同主持节目，被众多欧美、东南亚媒体采访和报道。但是，陈健一直保持着清醒的头脑，他说这些所谓的"荣誉"永远只是激励他不断反省、继续前行的动力。

目前，陈健仍然坚守在一线：地接中英文导游、英语全陪、出境领队、境外地接导游。除了恶补欠缺的知识外，陈健正在学习意大利语。他说："大量补习各方面知识，是为了能更好地为游客服务，让他们更加了解四川、认知中国，在旅途中获得更大的快乐；而我，是一名把自己的快乐建立在游客的快乐之上的导游员，看到他们快乐，我也就快乐。"

目前陈健也专注于英语导游和出境领队英语技能培训，积极发掘和培养优秀导游、领队人才、传承和弘扬工匠精神。秉承美德、严于律己，是他对自己的"苛求"。这使他始终能保持努力进取、积极向上的精神和态度！他有太多的接团经历，接触认识了无数的游客，但不论是中国游客还是国外、海外游客，也不论工作的地点是在国内还是境外，他都能严格要求自己用同等的服务、相同的标准去对待客人。不管是陪他们去医院治疗、帮他们找到失散多年的亲人；不论是背游客上山，还是积极抢救生病或受伤客人。都是发自内心去帮他们，他说，因为他义不容辞的责任，同时也是对他自己的升华！

对贫困儿童，尤其是藏区的孤儿，他积极发起并参与了很多活动，比如为甘孜县孤儿学校捐资助学等。另外，还积极投身于环保的宣传和实际工作，经常组织欧美客人为大熊猫和其他珍稀动物的繁殖、保护献策献力。

在 2008 年"5·12"大地震，特别是 2020 年的新型冠状肺炎期间，他积极捐款捐物，并不畏艰险积极投身于抗震救灾和抗疫最前线，为广大导游朋友做出了很好的表率。

谈到将来，陈健说"我只想做一个为中外游客带来快乐的导游员。若干年后，在成都的主要景点，一定会有一个没有头发、没有牙齿的老头，用中英文为游客讲解，这个人一定是我"！

从保家卫国的军人到中国文化的讲述者

╼ 导游简介 ╾

赵东勋，北京旅游行业协会导游分会会员，赵东勋国家金牌工作室负责人，国家金牌导游，北京导游大赛金奖获得者，故宫博物院特约讲者，北京市园林学院特聘教师，北京青年政治学院外聘教师，北京国家金牌导游工作室讲师，中国研学旅行指导师评估员，中国研学旅行辅导师培训讲师。

从军人转为文旅人，梅花香自苦寒来

作为文旅行业的一名导游员，平时赵东勋带团的时候，背包里会总装着两样东西：针灸盒与鲁班锁。

27年前，青春年少的赵东勋，他一心想成为"对祖国有用的人"，就像一首歌词里说的那样，"曾经年少爱追梦，一心只想往前飞"。怀揣着当兵的梦想，1992年，他入伍来到了北京卫戍区警卫一师某警卫团，抱着"报效祖国"的决心，刻苦训练，经历了三个月的普通训练及三个月的魔鬼训练，赵东勋终于成为一名光荣的警卫战士；因为各方面成绩优异，部队选他入学，系统学习了临床医学及针灸技能，学成后负责部队新兵训练、日常训练的安全保障及训练伤防治工作，由于科学施训处置有效，使得其所在部队训练伤防治处于最好的状态，也因此经常得到部队各级领导对他工作的肯定和表扬。在部队的十几年里，他不仅强健了体魄，增长了知识，锤炼了意志，还用针灸技能减轻了很多战友的病痛，战友们还亲切地送了他一个外号"赵一针"。

在部队的十几年里，赵东勋连续多年被评为优秀士兵、优秀班长、优秀共产党员，并荣立个人三等功。原本他打算当一辈子的兵，做一个"不教胡马度阴山"的将军，然而，2005年，因工作需要，他从警卫部队转业到北京旅游行业，虽然他满心的不舍得，但也服从大局，于是他带上自己心爱的针灸盒，来到了北京导游领队的一线。

赵东勋还记得十几年前刚到旅行社做导游时，有一天他自己带着一个旅游团进故宫，讲到太和殿的榫卯结构的时候，他充满自信、兴高采烈地把导游词背诵了一遍，可是游客却面面相觑。等到送团后，回到旅行时经理让赵东勋看团队游客的意见反馈单，竟然给他的讲解一栏打了个"差评"。他说："在那一刻我突然觉得特别难受，从来没想到一个曾经屡获殊荣的老兵，却成了旅游行业被打了个差评的新兵，这种反差也太大了。"当时他对自己未来能不能胜任导游这个工作产生了怀疑。经过几天的犹豫，他终于想通了，这次的差评足以证明他虽已入行但还没有入门。他告诉自己，当兵时要当优秀士兵，既然做旅游，那就要做最出色的旅游人！

从此，赵东勋对自己也下了狠心，就像他们入伍时新兵训练那样，利用点点滴滴的业余时间，在北京得天独厚的国家博物馆、首都博物馆、国家图书馆等各大类别的博物馆及历史档案馆，查找阅读大量的资料，孜孜不倦地汲取着祖国优秀传统文化，如遇到不明白的问题，更是虚心地请教前辈，坚持读书学习，至今他还保持着每天阅读的好习惯。

后来他带团再讲到太和殿或者古建筑榫卯结构及斗拱的时候，就会从包里拿出鲁班锁，边演示边讲解，游客们听得津津有味，意犹未尽，之后很多游客给他写好评，赵东勋特别开心！发现游客们喜欢这种讲解方式后，他在带团讲解的路上越走越带劲，越来越有他自己的讲解特色。在赵东勋看来，针灸与鲁班锁不仅是祖国传统文化的瑰宝，也是他展现自身特色的最好助力。

危难之中显身手，发挥优势巧讲解

2010年4月底，赵东勋从北京组团带队去长江沿线游览，其间在武汉码头靠岸后，他带着十几个全陪导游去逛街。作为我国三大火炉城市之一的武汉，此时4月底的天气已经很热了。他们往前走着，突然听见路边有人喊有人晕倒了，他走近后，看到一个女孩躺在路边，她的伙伴在向路人求助，在询问女孩晕倒时的具体情况后，赵东勋根据自己所积累的医学知识，迅速判断这是轻度中暑，此时女孩昏倒已有近十分钟了，面色不太好。于是，他一边让人打电话叫救护车，一边按着经络穴位对病人进行了针灸治疗，不到一分钟，病人就缓过来了，救护车到了之后就将其接走了。之后，同团的游客对赵东勋说："幸好她们遇见你，跟着赵领队我们很踏实、很安心。"

经历此事后，他基本上每次带团或出领队都随身携带上针灸针，以备不时之需，这些年平均下来，每年平均能遇到 1~2 个需要紧急救治的游客，一个小小的针灸为身边很多得急症的病人赢得了急救车到来前的宝贵时间，使得他在团队中很受游客们的尊重。

当他带着中学生研学团来到中国科技馆，走到针灸铜人面前时，他心里就想怎么才能给学生讲解清楚这些深奥难懂的传统医学文化。因为我们国家的医学是世界医学的重要组成部分，而中医针灸则是我们祖国传统医学的主要治疗技术。于是他灵机一动，拿出随身携带的针灸，利用自身所学、所用的医学知识，用互动讲解、实物演示的方法，清晰地讲解人体的十二正经（手三阴、手三阳、足三阴、足三阳）及任督二脉，然后再结合师生对金庸老先生写的武侠电影、电视剧的兴趣，生动直观地把针灸技能和中医知识相结合，寓教于乐，极大地激发了学生对祖国医学的学习热情，赵东勋获得了带队老师、学生以及研学主办单位的一致好评。

做好一线导游传帮带，不辞长做文旅人

2017 年春，为了做好北京导游传帮带，赵东勋在有关旅游部门领导和导游协会的支持下，成立了赵东勋北京导游工作室，每年举办三个专题讲解活动。

2018 年的仲夏，带着鲁班锁和针灸盒给他的勇气，赵东勋参加了北京导游大赛，他以"斗拱的启示"为题，层层胜出，最终摘得了导游大赛的金牌。

2018 年秋，为了发挥示范带动作用，打造北京旅游金名片，赵东勋成立了"盉罍博研精讲团"。俗话说，一枝独秀不是春、百花齐放春满园！为了培养出更多优秀的精讲导游，让每个导游发挥自身讲解优势，都成为中国优秀

文化的传播者、讲述者，打造出最优秀的导游团队，赵东勋提出了以下标准，作为团队准则。（1）精准的内容——大量的知识储备，深度挖掘景区及文物的史料。（2）精彩的语言——做有温度的讲者，适当进行互动交流，讲解要有文气、讲格调、讲品位。（3）精深的寓意——景点及文物背后的故事带给我们的启示，既要有意思，更要有意义。（4）精致的服务——重承诺，注重服务细节，让游客体验到家人般的幸福感。他说，作为学习型的导游团队，他们团队珍惜每一次学习的机会，努力做到学有所思、学有所得、学有所用；为游客提供精致的服务，增强他们团队导游的核心竞争力。

2019年夏，赵东勋同志荣幸地被北京市文旅局选派到中国延安干部学院，参加"文旅领域高层次专家国情研修班"学习。

2019年秋，经文旅部批准，赵东勋入选了国家金牌导游培养项目，并成立了赵东勋国家金牌导游工作室。

他常说，作为新时代中国导游，他骄傲与自豪，他愿风雨兼程，披荆斩棘，不断成长！他牢记初心使命，永保军人本色！

他立志：为天地立心，为游客立命，为往圣继绝学，为中国旅游开太平！

张开双臂，等你"珊珊"到来

━━━━━━━━━━◆ **导游简介** ◆━━━━━━━━━━

张珊，广西导游大赛冠军，广西金牌导游，全国导游大赛优秀奖获得者，中国好导游，首届全国红色故事讲解员大赛志愿组"金牌讲解员"。

张珊是来自广西南宁的一名"95后"导游，他活泼开朗，爱说爱笑，是游客们心中的开心果、小太阳，大家都喜欢叫他"珊珊"。导游工作对于张珊来说，不单是走过了多少地方，更重要的是他非常享受导游过程中遇到的人、经历的事，带给他的感动、惊喜与震撼。张珊觉得导游工作是单纯而又多变的，每次带团对他来说就像是看了一本书或者听了一堂课，给他带来如沐春风的感觉。面对着导游从业道路上的困难和选择，张珊凭借着他的坚持和刻苦，从一个"旅游小白"逆袭成如今的"金牌导游"。

2014年，张珊从老家河北来到广西南宁上大学，至今已经在南宁生活了七个年头。"其实我最想读的专业是播音主持，因为我喜欢用声音和人们交流，旅游管理专业并不是我的第一志愿，如今我反而觉得读了这个专业我很幸运。"张珊笑着说。

刚来到大学校园的张珊一度很迷茫，整天面对着管理学、统计学、数学这些他不喜欢也不擅长的课程，无非就两条路，要么放弃，要么坚持。这样的情况持续了一个学期。一次偶然的机会，张珊看到了一则大学生导游大赛的通知，立刻就填写了报名表。张珊很用心地准备比赛，撰写讲解词、背稿子、准备才艺……终于，在比赛中，张珊凭借着精彩的表现，一举夺下了这次比赛的冠军。赛后一个评委跟他说："你很适合做导游，而且你会成为一个非常优秀的导游！"听了这些话，张珊似乎有了新的想法。于是他开始认真听课、做笔记、去图书馆查阅资料，同学们在课余时间打游戏，而他却在仔细研究景区的特色，撰写导游词。

随着对专业的学习、实践和了解，张珊逐渐激发出对旅游行业的虔诚和炙热之心，也更有目标去努力提升和锻炼自己，在大二时便考取了导游资格证，开始了他的导游生涯。在节假日期间，他不仅会去做兼职导游，也会去南宁各个景区、展览场馆和校内外课堂当志愿者和义务讲解员，给来自四面八方的游客介绍南宁、介绍广西，传递大美广西的风景、风俗和风情。而志愿讲解工作也成了张珊的习惯，一直坚持到了现在。

作为一名北方人，在南宁生活与工作之初，张珊也有诸多不适应，从气候、饮食到语言，都让他碰到过不少的困难，而出于对导游工作的热忱和对自身的严格要求，也为了在带团时能够和游客们有更多的互动，让大家拥有更好的旅游体验感，张珊努力融入壮乡，认真研习广西各地的风俗、民族文化，收集具有民族特色的物件，并利用业余时间学习广西本地方言。张珊深深地喜欢上了南宁这座城市。带领八方游客徜徉五彩八桂、探寻壮乡之美是张珊的心愿。如今，张珊已经能够说得一口标准的"南普"（南宁普通话），并且会说不少的壮话，对本地风土人情的讲解也早已是信手拈来，他的业务能力得到极大的提升。

毕业后，他选择留在南宁，继续坚守在旅游第一线。从事导游工作不久，张珊就陷入了瓶颈期，这段时间他没有了刚进入这个行业时候的细心和热情，他不知道该如何做一名更出色的导游，甚至开始怀疑自己是否真的适合导游这个工作。慢慢地，他逐渐没有了信心，变得消沉、懒惰、安于现状。就在这个时候，南宁市导游服务技能大赛开始了。为了重拾信心，张珊毅然地选择了参加比赛。经过了充分的准备，张珊在大赛中脱颖而出，获得的这次比赛的亚军。这是张珊从业以来第一次参加导游职业大赛，获得了这个成绩是对他的肯定，也更加激发了他进步的热情。在这之后，张珊还被选拔出来，代表南宁市参加广西导游大赛，与全区的优秀导游同场竞技，这种无形的压力让他觉得不能再安于现状了。于是，他更加努力地学习专业知识，从书本到实践，从口语表达到应变能力，张珊每天都在坚持着。终于，所有的努力都没有白费，张珊站到了最高领奖台上！此时此刻，面对着困扰着他很久的问题，他终于找到了答案：他是一个优秀的导游！此后，张珊还积极参加各类比赛，先后获得"南宁市十佳导游员""广西金牌导游""全国金牌讲解员"等荣誉称号。

通过比赛的历练，张珊不断地成长，知识丰富了、技能提高了、服务到位了，成了一名真正的"中国好导游"！荣誉面前，张珊告诫自己：成绩只能代表过去，导游的真谛是诚信，而导游服务的源泉则是不断学习和创新，给游客带来美好的享受。

每次带团，张珊都会以热情好客为理念，以用心服务为宗旨，用他的歌声带领游客探寻壮乡之美，用生动的讲解和优质的服务把广西最美的一面展现给游客，让他们在最短的时间里了解广西、爱上广西。

有一次，张珊接到了一批来自广东的游客。这次的团队参加的是桂西南5日游，行程安排得比较密集，景点之间的车程相对比较久，又都是极其耗费体力的景点，而且团队中大多是老年人。这样的情况意味着张珊这次的导游工作将要面临非常大的挑战。

接到游客时，大家刚下动车都很疲惫，再加上早上起得早，中午在动车上也没好好吃饭，很多人的心情不是很好。于是有一个阿姨就开始向张珊抱怨，说要快点上车，赶紧回酒店。但是从动车站到达酒店至少需要2小时。这时候，张珊赶快带领游客上车。把客人和行李安排妥当以后，张珊上车的第一件事就是给游客们分发矿泉水并且挨个问候游客。这一温暖的举动，让游客不满的情绪逐渐平复了下来。当张珊拿起话筒时，一首嘹亮的壮族山歌回响在整个车厢，游客们纷纷放下手中的食物和饮料，腾出双手为张珊打节拍。歌声停止了，响起的是游客们满意的掌声！张珊心想，这一次算是首战告捷，但是接下来的行程还不知道会发生什么样的事情。

行程第四天的时候，问题又来了！这一天的行程是游览大峡谷，需要徒步2小时，而且到处都是湿滑的台阶。那么多老年人怎么办呢？于是张珊在车上反复地跟游客强调安全须知，并且建议腿脚不好的叔叔、阿姨根据自己的身体情况游览。其中有一个70多岁、身材肥胖的大爷，腿脚不是很好，还没走到一半就累得不行了。张珊再三劝说他回到车上休息，但是他依然坚持走完全程，张珊也只好同意了。这一路，张珊又是背又是扶，直到游览结束。这一切游客都看在眼里，满意在心里。张珊说，那一晚是他睡得最舒服的一晚。行程结束的时候，好多阿姨要给张珊介绍女朋友，她们说，张珊是她们见过最真诚、最用心、最体贴、最专业的导游，这样的小伙子不会错的！从此以后，"国民女婿"成了张珊的标签。但是面对游客的认可，张珊表示，自己做得还远远不够……

　　努力和奋斗，是青春永恒的底色，张珊之所以成功不仅是因为他的善良和真诚，更是因为他的努力和上进。当我们想到广西旅游的时候，除了广西秀甲天下的风景之外，还要知道，有一个阳光开朗的导游正在等你"珊珊"到来！

我叫顾问，是您的旅游顾问

导游简介

顾问，高级导游、全国金牌导游、江苏省金牌导游、江苏省首届导游大赛银奖获得者。

1999年，顾问与同学结伴报名考导游证，到了考场才发现同学都没来，前期的认真备考让他顺利拿到了导游证。大学毕业后，他考取了一份事业单位的工作，但是，对旅游的热爱，让他想做一名：走在路上的阅读者，行在书上的旅游人。于是在2003年，他辞去了机关工作，从家乡盐城到南京，成为一名专职导游。

世界那么大，有梦就出发。看自己眼中最美的风景，感悟不同的人生，了解多样的文化，听闻丰富的经历，体验无限的可能，并以此为生——这应该是最有魅力的职业，也是辛苦的职业，更是最鲜活的职业。

他说，在我准备辞掉机关工作犹豫不决要不要做全职导游的时候，父亲跟我说了这样一句话：面子是别人给的，脸是自己丢的。这么多年，这句话一直激励着他。在遇见困难时，会告诫自己，不要丢脸；在获得赞扬时，会告诫自己天外有天，做任何事情都不会一帆风顺，不是在希望中坚持，而是在坚持中才能看见希望。

凭着这份热爱，他参加了江苏省首届电视导游大赛，初出茅庐却沉着冷静，最终获得了大赛银奖。在颁奖仪式上，他说："选择做导游，也许是命中注定，就像父母给我的名字一般，做一名游客的旅游顾问。带领游客走遍万水千山，说尽千言万语，吃透千辛万苦，我希望能把美好的回忆送进千家万户。"

转眼间，顾问已经在这一行做了二十年，开始战战兢兢，现在依旧是小心翼翼。不是不熟练，而是对旅游市场与时俱进的责任，对游客的尊重。只有热情去服务，精心去讲解，将心比心换位思考，才能获得游客的认可。

有人问他，做了这么多年导游，有没有厌倦过，他说，他十分感谢这份职业，让他看到很多人间美景，可以看到整个世界。在形形色色的游客身上，看到各个阶层的生存百态，各种职业的喜怒哀乐，各个地区的林林总总，各种年龄的习惯喜好，他们与美好的风景交融在一起，都将成为他人生中一笔财富。所以，他没有厌倦过，只有庆幸——在自己比较年轻的岁月中选择了做导游，让他有了开阔的眼界和冷静的思考。

还有朋友问，导游是青春饭，有没有动摇过？可顾问不这么认为。知之不如乐之，乐之不如好之。既然喜欢，就认真去做。既然选择了，就不要动摇。只要路还在，只要心还在，何惧什么岁月流逝青春不再？一生很短，做不了几件事情；一生很长，一定要丰富自己，让人生更有厚度和宽度。

从全陪导游、南京地接导游、宁镇扬导游、华东线导游、导游培训师到导游证面试评审、旅游讲解培训师、高校兼职老师，角色不同，初心不改。从南京优秀导游、江苏金牌导游到全国金牌导游，顾问获得了认可和好评，阶段不同，本色不变。

有了积累，有了思考。顾问觉得，他更多了一份责任。他积极组建导游民间团体，举办导游读书征文、在线学习、公益慈善等活动，为弘扬行业正能量出力，为导游群体发声。同时，他坚持学习，从不懈怠。2017 年他参加江苏省优秀导游词征集比赛，两篇稿件都获得二等奖，后来受到了当地多家景区邀请，撰写导游词、培训讲解员，成为一名有经验、有知识、有思考、有文化的旅游撰稿人与培训师。

有人问他，在你二十年的导游生涯中，你印象最深的是哪一次讲解？他说，其实每一次讲解都印象深刻。我有一个原创自媒体公众号，坚持用文字记录自己的职业故事和讲解文案。最让我感动的，是我为家乡盐城讲解。2019 年，盐城黄海湿地入选世界自然遗产，要在省会南京举行旅游推介会。我接到家乡旅游主管部门的电话，要我去讲解，我义不容辞。于是我调整好时间，调整好思绪，调整好提纲。想起 2003 年我代表盐城市参加江苏省第一届电视导游大赛，一眨眼就到了 2019 年，这一眨眼就是 16 年。发际线后退了，但是人生在进步。能为家乡做一点事情，担任讲解，是我的荣幸。其实我不是在讲解，是在叙述，是在抒情，更是在赞美。是在舞台上向全世界描绘那一片生我、养我、教我、育我、暖我、爱我、记得我、牵挂我、保护我、批评我的深情的土地……

　　未来的路上，希望与更多的朋友互相学习，结伴同行，就像那句歌词，"越是憧憬越要风雨兼程"。

张娟的导游之路

·导游简介·

张娟，首批全国优秀导游，首批国家金牌导游，文旅部"名导进课堂"师资库讲师，山东十大金牌导游。

提到张娟，山东导游们首先就会想到在培训讲台上那个思维敏捷、妙语连珠、引经据典、滔滔不绝的张老师，的确，十七年的导游工作，她一路走来，用踏实的工作态度踩出了一串闪光的脚印。

走进导游行业，张娟最初纯属偶然。2003年山东泰安百货站宣告破产，张娟成了一名下岗职工，刚好当年她参加的导游资格考试成绩合格，就这样，她开始了自己的导游之路。

回想下岗时的茫然和落魄，张娟对很多人说："感激当时自己的选择，走进导游行业让我的生活走进了最为绚丽多彩的世界。"

不断的坚持才能遇见最好的自己

2003年，张娟考取导游证后，来到泰山春秋旅行社成了一名导游，她接的第一个团是来自石家庄平安保险公司的一个40人团队。"不认路、讲解不好、没爬过泰山、体力不支……"这是团队领队在签意见单时给张娟的评语。

遭受了打击，张娟当时的感觉就是不想做导游了，她很委屈，做导游真的好难，可是小时候爸爸经常说的一句话点醒了她"带着下坡的心去爬坡，永远到不了山顶"。是啊，如果遇到一点困难，就说放弃，怎么可能登上最高峰去感受最美的风景呢？就这样，张娟继续从事导游工作。很多年之后，她在给学生讲课的时候，总是语重心长地说，"很多人在刚刚走进导游工作的时候，都会遇到这样那样的挫折，这样那样的不顺利，可是作为你们的前辈，请你们相信我，坚持最重要的"。她喜欢在课堂上讲一个例子给学生听，一群人在爬泰山，很多人到了山顶的时候，总会高呼"我征服了泰山"可是一位老者却说，山是强大的，人是渺小的，人怎么征服山呢？我们要感恩山，因为当我们站在山顶，是山把我们托举了。那么同样，在导游工作中，大家会遇到一些不顺利的团队，导游们要感恩这些团队的到来，每个团队所发生的事情，是为了更好地托举大家，成就和历练导游人。

不断积累提升自身业务水平

有了第一次带团的失败经历，张娟开始恶补导游知识。为了讲好泰山，她带着面包、火腿肠一遍遍地走红门，遇上导游讲解就停下来全神贯注地听、一丝不苟地记；为了锻炼体力，泰山全程 7000 多级台阶，她坚持全程走着来回，一边在登山途中了解碑刻，一边把省下来的车费全部买了讲解资料；为了讲好济南，她把《济南的秋天》《济南的冬天》《大明湖之春》背了个滚瓜烂熟；走路的时候嘴里念念叨叨的全是讲解词，有空就对着镜子练习导游词；就连曲阜三孔的讲解词都是从家里到旅行社的路上背下来的。

直到现在，很多熟识张娟的人知道她有个习惯，每天晚上背诵一首唐诗宋词。正是点点滴滴的积累，让张娟在以后的带团过程中得以引经据典、滔滔不绝。

张娟常说，人们最基本的需求是物质需求，当温饱问题解决以后，就开始上升到精神需求。人们就会读很多的书，博览群书之后就想去验证书中所描写的实景，从而走出家门，外出旅游，而把一个城市的内涵之美传达给游客的那个人，就是导游。所以，在张娟看来，导游并不是仅仅靠三寸不烂之舌夸夸其谈的凡夫俗子，而应该是人类高尚追求的引领者！这也坚定了她在导游这条路上走下去的决心。

用心付出，专心研究创新导游词

2015 年，国家级导游师资库选拔的考场，张娟的题目是"导游词创新技巧之不一样的开场白"，获得了在场考官们的一致认可。她说，当游客出行次数越来越多，当游客见到的导游越来越多，常规的司空见惯的导游词已经不能满足游客的需求了，我们应该怎么做？一定是创新！

就这样，她不断地琢磨导游词的创新技巧，比如将韩剧运用到讲解中适应年轻游客的需求，将旅游文学运用到讲解中适应高层次游客的需求，用谈感受、提意境的方式让游客产生共鸣等，同时她也把这些讲解技巧带入到导游培训课堂，受到了导游们的广泛赞誉。

作为山东知名导游，又有多年的带团经验，张娟的导游职业生涯宽度得到了大幅度拓展。受邀去高校和各地旅游局导游培训班讲课渐渐成了她的家常便饭。讲课内容实用、上课气氛融洽、语言引人入胜让张娟受到高校学生、旅游企业和导游们的热捧。

从 2010 年起，她积极参与高等职业教育教学和研究工作，被山东省旅游职业技术学院导游系聘为专业带头人，被青岛职业学院旅游管理专业聘为团队核心成员，参与重点专业——旅游管理专业的人才能力解析、人才培养方案制定，并连续七年为该专业学生开设入学、入职第一讲——《给游客怎样的行程就给自己怎样的人生》《树立坚定信心，收获导游人生》等，深受学生欢迎，同时还连续七年在教育部国家培训项目、山东省省培项目上为全国旅游院校的教师授课《旅游文学与带团艺术的融合》《如何提升学生导游讲解水平》，为提升旅游专业教师行业技能技巧贡献了一份力量。

一位新手导游在听过张娟的课后这样评价道，"以前就听说过张老师的课讲得非常好，很实用，语言也很优美，作为一名刚从业的新导游，一直就想听听她的课，现在终于如愿以偿，果然名不虚传啊"。这位导游说："本来怕课堂秩序不好自己故意往前排坐了坐，实际是我多虑了，由于张老师讲的内容太吸引大家，课堂秩序出奇的好，除了阵阵掌声和笑声，还有满满的收获，这是我所没有想到的。张老师的博闻强记和见多识广让我们觉得导游需要学习的东西还有很多，已经是孩子妈妈的她居然还能把《岳阳楼记》这样的长篇文言文背得滚瓜烂熟，太让导游们折服了！"

　　张娟表示，听过自己课的很多导游都会种下"导游梦"，她现在受邀在山东农业大学为旅游系讲授《导游实务》这门课程，在课堂上，她把枯燥的专业课变成了一场场文化讲座，讲论语的智慧、讲泰山文化、讲齐鲁文化，同学们都非常喜欢，并且纷纷表示张娟老师让他们感受到了导游职业和传统文化的无限魅力。

　　对张娟来说，导游工作是责任，传承优秀传统文化是导游该负的责任，改变游客对导游的偏见也是导游的责任。"看似微小的力量，如果每个导游都能从细节做起，就能改变更多游客对导游的看法。"

　　张娟喜欢导游们和学生们上过她的课以后兴奋地跟她说，"张老师，我决心做个好导游！做个像您一样的好导游"！她也喜欢游客在结束行程时对她说："从你身上，看到了什么是真正的导游。"而张娟自己也从导游工作中获得了满满的幸福和心灵上的自由，首批全国优秀导游、首批国家金牌导游、文旅部"名师进课堂"师资库讲师、山东十大金牌导游，这些闪光的荣誉和游客的赞誉是对她十七年导游工作的最大肯定。

导游工作切莫"大概其"

导游简介

　　韩涛，天津市旅游协会导游分会副会长，国家导游技术技能大师工作室负责人，国家金牌导游，国家高级导游，全国优秀导游，"名导进课堂"师资库成员，天津市新长征突击手，天津市青年服务之星，天津市导游资格考试评审委员会委员。

　　"大概其"是一种方言。在北方地区特别是北京、天津老百姓聊天中经常会使用"大概其""差不多"这样的字眼儿。其本意是不很精确的一种估计。例如，我们需要丈量一个尺寸，很多人扫一眼后会告诉你"大概其有1米长"，这种回答是一种经验的总结，是一种简便的方式。但导游韩涛却说在研究学问的时候、在从事导游工作的时候切忌"大概其"。

　　韩涛，从事导游工作已超过二十个年头。从一个勤工俭学的兼职导游，一步一步成长为国家导游技术技能大师工作室负责人、国家金牌导游、高级导游，可以说是苦学成才、苦练本领的结果。一路走来，每一次历练成长都付出了艰辛的努力。每一步都要脚踏实地，每一步都要认认真真，因为"大概其"的思想永远不能让你成为一个优秀的人。

　　现在一年中大约有1/4的时间韩涛用来培训导游，包括导游资格考试的培训课程、各大学的授课和讲座、导游大赛选手指导、大师工作室带徒等。但大部分时间还是在从事领队、全陪、地接的一线工作，全心全意为游客服务始终是其工作的宗旨。在工作中他深刻地理解到对待自己的学生、对待自己的游客要全心全意、毫无保留，这既是一种工作精神的体现，更是一个国家金牌导游的担当。

　　仅仅有一腔热血的热情和毫无保留的态度，学生、游客就能满意吗？答案肯定是不能，韩涛在讲座中经常提到想让学生们满意就必须让他们学有所获、学有所成。授课内容必须是严谨的、准确的。"大概其"的准备、敷衍的授课只能换来学生们的质疑，更谈不到言传身教的效果。对待游客更不必说，烂熟于心的导游业务技能，是解决游客各种困难的基础。这种烂熟于心绝不是用"大概其"的心态研究出来的。从出发地到景区有多少条行车线路，需要多长时间，什么地方容易出现事故，什么地方容易堵车，旅游途中有多少个厕所，厕所有多少蹲位，旅游车辆容易出什么问题，车的备胎在哪儿，如何更换轮胎，景区有几个停车场，有几个门，游客喜欢在哪儿拍照，周边有多少医院，酒店附近超市在哪儿，小吃在哪儿等这都是导游需要做的功课。了解得越细致，解决游客的问题才越实在。这些问题的答案不在嘴上，而在腿上。你走了多远的距离，你解决问题的底气就有多足。

　　韩涛在导游培训时经常提到，初级导游靠服务，高级导游靠文化。他最初做导游的时候还是 20 世纪 90 年代末期，那时的他非常缺乏导游讲解中所需的文化底蕴，很多时候还是和大多数导游一样在乐此不疲地讲一些神话故事、在车厢里带着大家做做游戏，烘托旅游的气氛。那他是如何在众多的导游中脱颖而出的呢？靠的就是熟练的导游业务技能和一颗全心全意为游客服务的心。当时很多游客给他的表扬信中多次提到他在解决突发事件时态度是诚恳的、判断是快速的、方案是可行的。甚至当时他所在的旅行社计调遇到突发事件时都会咨询他如何更好地处理。说起来容易做起来难，那个时代是没有手机、缺乏通信的时代，同时也是旅游设施很落后的时代，突发事件太多了。旅游途中遇到的任何问题都无法依靠旅行社，一切都要靠自己。甚至很多团队出发前就知道存在很多问题，计调就一句话"要带着问题走、解决问题回来"。导游业务教材上的理论知识要落实到现实带团中太难了，韩涛总结说对待突发事件"不怕是基础、勤学多问是方法、苦练是途径、圆满是结果"。多问，问谁？要问旅游行业的资深导游、更要跨出行业咨询各行各业的业务精英。好在我们的游客中不乏这样的人才。多问、多听、多记、多总结是必经之路。"大概其"地问问、"大概其"地听听，等真遇到事了只能是"大概其"地处理。

　　韩涛给我们讲过一个他处理突发事件的例子。2000 年他带团从天津到庐山 5 日游，由于旅行社票务的原因，原计划 15 张卧铺票旅行社只买到了 8 张卧铺和 7 张硬座。19 个小时的车程，这 7 张硬座票的客人怎么办？他们 15 个人是一个团队，如果游客不满意大家都不去了，给游客和旅行社造成的损失太大，怎么处理是他最先想到的问题。旅行社的答复是上车后计调再想办法解决。等游客上了车、火车开动后，韩涛才发现同车的旅游团中很多游客都遇到了同样的问题。那些团队的导游们就在等着旅行社的处理结果，他们认为"大概其"旅行社能解决。他们选择的方式是躲避，躲着客人在一旁聊天、抱怨。这时韩涛意识到通信都困难，旅行社怎么可能解决得了呢。他想火车上到底谁有调控车票的权力，有困难找谁解决呢？对，列车长，他在其他导游互相抱怨时开始一次一次地找列车长反映问题，寻求解决。甚至就跟在列车长后面，他去哪儿韩涛就去哪儿。一直走、一直说，寻求他同情。韩涛知道现在还是白天，游客们还能坐着聊天，等到晚上大家都休息了，没铺位的游客肯定会暴跳如雷。就这样跟着列车长一趟一趟地在列车车厢中穿梭，出一张票补一张票，就这样将近 4 小时过去了，车上仅有的 5 张剩余卧铺票都被韩涛补到了。虽说还有两个客人没补到卧铺票，但他们被韩涛的真诚打动了，知道已经尽其所能，因此得到了游客的理解。到了晚上其他还在等待旅行社解决方案的没补到卧铺的游客和导游之间的矛盾冲突可想而知。而通过后面 5 天的相处和服务，旅途中不但没有受到车票事件的影响，而且这 15 名游客还和韩涛结下了深厚的友谊。

韩涛说，类似的事件对于导游来说是很常见的。解决问题真诚是必要的，但真想解决问题不能单纯地依赖真诚，不能单纯地依赖旅行社，还是要调动自己的主观能动性，凭借丰富的经验解决问题。"大概其"的处理方案、"大概其"的思想只能拖延时间造成更坏的结果。对于游客来说补到卧铺票比真诚的道歉更有意义。处理突发事件导游员不要怕担责任，要问心无愧。

更可怕的是有些突发事件就是由于导游存在"大概其"心理导致的。例如，导游在长途行车过程中不能睡觉，但有的导游却过分相信司机，认为自己眯会儿眼，"大概其"没问题，最终全车人都睡着了，导致悲惨的车祸，这类惨痛的教训不少。因此，韩涛认为一个专业的、优秀的导游不是能解决多少突发事件，而是防止了多少突发事件的发生。严格执行安全条例不能"大概其"，处理突发事件更不能"大概其"。

　　随着韩涛从事导游工作的时间越来越长、旅游业也发生了翻天覆地的变化，游客的文化欣赏水平也逐步提高。时至今日单纯的优质服务已经不能完全满足游客的需求了，导游员深厚的文化底蕴和讲解逐步成为游客挑选导游员的首要条件。

　　对待导游讲解，韩涛提出深厚的文化底蕴是优秀导游讲解的基础。生动准确的讲解、新颖独特的观点是满足游客求知欲的核心。我们现在很多导游在用"大概其"讲解法，无条理、无主题地说着各种道听途说的大杂烩故事。不管游客感不感兴趣，导游先讲痛快了，这肯定是不行的。讲解词是要有中心思想的，这也是能讲好中国故事的关键。而一切讲解的内容都要围绕着中心思想，而对这些内容的准备绝不是简单地从百度或者一到两本书中得来的。研究学问要有"打破砂锅问到底"的精神。面对游客讲的内容必须是经得起推敲的，哪怕是戏说也要找到出处，分析出戏说的原因与背景。戏说不是无根据瞎说，我们的讲解内容要经得起游客提问，提问说明他们感兴趣，解答不能靠猜想和感觉。绕着圈的回答可能是初级导游遇到尴尬时的处理技巧，但绝不能成为高级导游的经验之谈。为了寻找历史的真相、讲好天津故事，韩涛大部分业余时间用来读书、看纪录片、探访各大博物馆以及到各处走访。因为他知道想了解一件事相对容易，想彻悟一件事太难。比如，讲到梁启超先生，很多书籍、很多学者讲到了其一生为人多变，虽贡献颇多，但仍饱受争议。那如何才能讲好呢，韩涛通过阅读大量史料，这其中包括梁先生本人的也包括其生活的历史环境的，他发现梁先生一生的变化是外在形式，而始终不渝的是其爱国的情怀。而这种对国家的爱是使其成为伟大人物的原因，更是我们讲解的核心。这种史料的阅读和研究来不得半点"大概其"。韩涛说读书、学习最大的乐趣在于记忆、找碴、思考。记住有用的，找出存疑的、思考出答案。一个小小的观点可能改变受众者的一生。因此韩涛为了讲出一个对游客有益的观点，他不惜把别人娱乐的时间花费在图书馆里，花费在自己的书房里，因为他的工作乐趣在于游客的满意。文化的传承可能需要一生的努力，中华五千年文明加上你一生的努力可千万别仅给客人讲个"大概其"。

追梦路上旅游人

导游简介

　　李飞，中共党员，国家金牌导游，国家高级导游，海南大学旅游学院 MTA 全日制研究生在读。

结缘旅游

　　2005 年 9 月 13 日踏上海南岛，开始漫漫求学路，所学专业正是旅游管理专业。从专科到本科到研究生，从初级导游到中级导游到高级导游，正是出于对旅游的热爱和内心的自我追求，一路走来，在旅游业已有十六个年头。多年的旅游从业经历，带团四百余个，累计接待世界各地游客逾万人。

不忘初心　牢记使命

　　"小飞：人生是一首不朽的赞歌，你要像爱护你的眼睛一样爱护你的身体，身体是 1，爱情、家庭、事业等都是 0，你只有把这个 1 守住了，后面的 0 才有意义……"许多年后，李飞一直记得这位来自上海的倪阿姨凌晨 3 点起床写给他的信（因为是早班机返程），另一封写给了公司。每每收到游客发自内心的表扬信，心中信念更加坚定，一定要做一位优秀的旅游人。那是一行 6 位阿姨结伴到海南旅游，年龄都在 60 岁以上，其中一位阿姨带着胰岛素，每天用餐前都要先注射。一路上李飞对几位阿姨都是尽心照顾，回到房间帮忙铺上防滑垫，交代清楚注意事项才离开，阿姨们都表示即使自己的子女也做不到这么细致入微！

作为一名导游，使命神圣而光荣，对游客宣传本地的风土人情，让游客乘兴而来、满意而归，为当地的旅游发展做出积极贡献。2018年的海南岛欢乐节，他被公司精选出接待分会之一的国际青年狂欢节与会嘉宾。外事无小事，拿到计划安排就开始积极做功课。团里成员来自世界各地十多个国家，甚至有的客人所在的国家名都没有听说过。每个国家的概况、民俗都做到基本掌握，狂欢节涉及的注意事项提前熟知。既然是国际青年狂欢，就很有可能出现酗酒后的无意识行为等，这些都要综合考虑到。两天一夜的接待过程，仅休息三个小时，时刻同会务组保持密切沟通，关注团中成员动向，顺利完成接待任务。

游客为本 服务至诚

"小飞：当你把我们送进安检的一瞬间，我哭了。请原谅我这几天对你的挑剔和无礼，当我看到我儿子在离别之际都要和你拥抱，让我给你们合影，我意识到我彻底错了……"刚送完团十分钟，他的手机便收到这条短信。团中一位姐姐带着七八岁的儿子旅游，每天对儿子也是呵斥着说话，对他更是横眉冷对、无所不挑剔，甚至在景区走累了说导游故意不让她坐电瓶车，迟到了故意不接导游电话。面对这一切，他始终保持微笑，一口一个姐地叫着，因为她是游客，也许是家里出现其他事情影响了她的心情。

从刚做导游起，他就坚守着"游客为本，服务至诚"的理念，专业的旅游理论学习也教会了他必须这样做。来自陕西的一家三口跟团旅游，行程最后一天时，他陪着走天涯海角时跟这家的大哥聊天，大哥说他在家每天需要用吸氧机呼吸五个小时，来这里啥事没有，言语中流露出喜悦。而后才从这家的大姐和女儿口中得知大哥已是肺癌晚期，生命只剩最后三个月时间，母女俩瞒着大哥，这次就是为了带他来三亚看看大海。

当"因为一个人，爱上一个群；因为那片海，爱上那座城"的千字美文，被客人发送给组团社，组团社发给全国的供应商，集团公司的网站上置顶发布跟帖数百的时候。他，作为文章主人公，真正把"游客为本，服务至诚"做到了实处。

突破自我　追求进步

执业的路上不停追求进步，在每个月带 4~5 个团的间隙，他一鼓作气报考国家高级导游和国家研究生入学考试。工作中背包里永远背着一本书，空隙时间抓住一切机会学习。功夫不负有心人，他成了当年海南省成功考取高级导游的四人之一，并一鼓作气在毕业 8 年后以第一名的成绩考入海南大学旅游管理 MTA 专业继续学习。

作为海南大学的一名旅游专业研究生，国际高校间的学术交流、实地考察学习、访谈接待，他义不容辞。顺利接待马来西亚南方大学学院的 MTA 师生在海南的考察学习，受到双方高校一致好评。多次作为海南大学旅游学院 MTA 校外指导，协助老师带队实地考察学习，与各旅游企业和旅游主管部门举办座谈交流会，完善理论学习。

在读研究生的同时，他也转向旅游企业管理岗，兼顾企业管理。更多地服务于导游队伍建设，从单一个体提供导游服务，转向带领导游群体做好导游服务，为更多的游客提供更优质的旅游体验。

做一个有情怀、有温度、有爱心、有行动的旅游人

◆◆◆◆◆◆◆◆◆◆◆◆◆◆◆◆◆◆ 导游简介 ◆◆◆◆◆◆◆◆◆◆◆◆◆◆◆◆◆◆

史丽宁，高级导游，国家金牌导游，新城区导游协会副会长，陕西中国旅行社钟楼分公司组团部经理。

见到史丽宁时，她在办公室正忙着安排出行的团队，给前来领取计划的领队，详细地一一叮咛注意事项……

说起成为一名导游，她笑着说，本来就是个"野"女子，一是爱逛，二是机缘巧合。二十年前毕业分配到陕北县城里的旅游公司，工作比较清闲，隔壁办公室是同属一个系统的旅行社，每天没事时就去听中旅的导游讲带团中的所见所闻，不觉心生羡慕，自己也很想去。

机遇往往留给有准备的人。恰好有次旅行社接了一个北京国际关系学院的教授团，旺季其他导游都在团上，中旅领导知道她是正规学校分配来的毕业生，就给她开了介绍信，请经验丰富的老导游指导她讲解的注意事项，给了详细相关资料，让她回家做充分的准备来带这个团。

这是西安接团游延安，沿途路线讲解都熟悉，因为这是她上学寒暑假回家的必经之路。但延安的景点可都没有去过，那里都是讲革命历史，讲老一辈领导人的故事，虽然革命历史也熟悉，但千万不能出错，怎么办呢？只能是笨办法，下苦功。于是她给延安的同学打电话，向在延安工作过的亲人请教，去图书馆查资料，对着镜子练习讲解，白天大声朗读背诵，晚上整理资料编写导游词……

充分的准备和热诚细致周到的服务，她非常出色地完成了人生中的第一次带团任务。组团社写来了表扬信，其中一位客人何家祚教授还给她邮递了

一本书，书中附信：你是一个有上进心的有为青年，应该走出去，去更广阔的天空……这封信对她的触动很大，是每天在这里碌碌无为地过着混日子的清闲工作，还是走出去迎接风雨接受挑战磨砺自己？经过慎重考虑，她果断决定考导游证。于是利用工作之余，她自学考试科目，周末几乎风雨无阻到西安听课，学习旅游相关的业务知识。天道酬勤！勤奋的努力，加上用心的学习，报考当年，她非常"幸运"地通过了各项考试，而且成绩均是名列前茅，全省口试成绩最高是 89 分，她考了 88 分。她得到了梦寐以求的导游证，这给了她很大的鼓舞，让她信心满满。

有了导游证以后，她决定留在机会多、提升快、更锻炼人的省会西安带团。在刚开始当导游期间，她解决问题的能力更体现了作为导游人良好的职业素养：去壶口的路上遇到山体滑坡，道路塌方，她带着客人翻山越岭绕道几公里走回酒店；遇到大雨滂沱，道路湿滑，没有赶到计划入住酒店，她和社里建议就近寻找合适酒店入住，协调矛盾，减少社里损失；第一次去海南遇到客人生病，亲自在医院陪护一周，舍弃了自己长久以来看海的愿望；去九寨沟大雪封住酒店，酒店食物有限，和地接导游徒步去镇上采购食物，让客人感动不已。

不满足是进步的车轮。在和上海、江浙等发达地区客人的交流中，她感觉到自己知识的匮乏，客人的见多识广。于是 2006 年她参加了导游中级考试，考取了中级证书，进一步提升自己的专业水平和能力。同时，随着我国经济增长、人民生活水平的提高，越来越多的国人走出国门到境外旅游，于是她也积极学习英语，了解目的地国家的概况，并在 2012 年参加了出境领队考试，取得领队证。

从事境外领队的工作后，最大的感受就是出境旅游无小事。面对的情况更复杂，更考验领队的处理突发事件的应变能力。因此在接团的时候任何事情都要事无巨细、仔细核对，任何一个小问题处理不当，都会牵一发而动全身，影响的不仅是自己，甚至国家的声誉。她在带队旅行当中曾经遇到过客人擅自滞留海外不归，丢失钱包和护照，在景区摔倒，因台风、火山爆发引起团队的滞留和航班取消，乘坐邮轮航道堵塞，在公海漂泊一天一夜，对于比较复杂的团队和多方配合的团队都要反复确认和落实信息……她每一次都调整好心态，积极和社里沟通，安抚客人情绪，协助社里出色地解决了问题。

领队工作考验和锻炼了她，让她个人的能力得到了很好的提高。利用当导游和领队积累的丰富带队经验、良好的沟通技巧，以及熟悉各国线路和景点业务的优势，她开始在社里做出境线路销售工作。她先后去了 20 多个国家和地区，因为诚信、中肯、实在、专业，她赢得了客户的信任和好评，先后做了很多大型会议团，商务考察团、研学团，也逐渐成为社里的中坚力量。

不断学习，方能成长；不断精进，才能更好。2015 年她参加导游高级考试，获得了国家高级导游员的称号。从业二十多年来，寒来暑往，有苦有甜，去过了很多地方，看到了很多风景，听到了很多故事，品尝了很多美味，也遇到了很多突发事件，面对各种的流言蜚语，承受了很多的不公与委屈，她都坚持下来。她说："我始终觉得，只要你真诚热心地为客人服务，终究会得到大家的认可。诚然不管好与坏，这都是生活。"

当今社会竞争激烈，应对时代的巨变，需要不断学习、不断创新、与时俱进、坚守本色。史丽宁给自己做了职业定位：站起来会说，坐下来会写，讨论会辩，产品会宣传，做素质高、能力强、眼光远的新文旅人。

另外，工作之余她先后加入陕西教育文化慈善队，前往周至永济街永红小学、泾阳云阳英才完全小学等学校给孩子们讲课。还是陕西新闻广播 FM106.6《家有宝贝》《教育直通车》栏目的嘉宾。她还多次义务组织小学生前往陕西历史博物馆、西安博物院、碑林、韩城文庙等地方参观，成功策划并组织了"疯狂原始人""梦回大秦""走进大秦岭"等一系列具有教育意义的公益活动。

2018 年她被陕西途牛随往旅行社聘为导游培训老师，2019 年入选国家金牌导游项目，2020 年她当选为西安新城区导游协会副会长。她说她是一名导游，深知导游的不易，她要打造一个导游之家，为导游遮风挡雨，提供心理咨询、法律援助、困难帮助，做一个有情怀、有温度、有爱心、有行动的旅游人。

坚持学习，不断提升

导游简介

秦琦，新疆维吾尔自治区导游协会副会长，英语高级导游，国家金牌导游。

20年前，他高考落榜。作为一个从小就被父母、老师和所有身边的人都看好的一个"大学生苗子"，却最终名落孙山，父母的失望、老师的不解和他人的唏嘘可想而知。可对于那时的他来说，似乎没有看到随之而来的问题，不是因为对未来的信心，而是因为根本没有想到未来，所以"无所谓，不在乎"。由于家境不好，根本不可能复读。

贫穷会限制想象力，但却没有限制他的求知欲。他从小就对英语感兴趣，所以在冬天没有什么事情做的时候就学习英语，材料就是哥哥学过两年、不用的大学英语课本，工具就是一本厚厚的英汉双译纸质版字典。没有老师，就只有自学，除了英语，还自学了口琴和吉他。

两年后，在拿到种地得来的4000块钱后，报了一年的自考，专业自然选的是英语。因为在家自学过大学英语，开学的第一天就脱颖而出，因为全班70多人，只有他一个人全英文脱稿介绍自己、并且翻译出班主任在黑板上写的谚语，所以他众望所归、当之无愧地成为班长。一年的时光很快过去了，好歹他也算体验过大学的生活了。然而现实是，家里没有钱让他继续上下去。他没有回去，还是决定完成学业，至少考完大专的课程。所以去做10块钱一个小时的家教，发一天20块钱的传单，做一个月400多块的服务员。终于在2005年拿到了毕业证，一个国家承认学历的英语大专毕业证。本以为拿到大专毕业证，工作就会相对好找一点，可现实又一次狠狠地教训了他。想去教书，人家嫌学历不够，虽然也考过了普通话和心理学；想去做翻译，人家直接扔出一篇关于旅游的文章让他翻译，结果不言而喻，能力达不到。那时候他看报纸，看得最多的就是招聘那一栏。当然也做过一段时间的代课老师，在外贸公司做过翻译，也在国际青年旅社做过前台的负责人。

　　命运，有时候不由你不信，冥冥中好像老天自有安排。但你要知道"我命由我不由天"，能改天换命的就是你自己。机会，自然是给有准备的人的。2007年，在国际青年旅社工作的那段时间，他接待来自全世界各地的背包客（崇尚简单、自由、一个人一个背包去旅行的人）。在被老板培训一个月之后，他可以独立上岗了（感谢老板严厉的指导和苛刻的培训，不然怎么会成长那么快）。就是在国际青年旅社的那段时间，他不仅学到了很多相关业务的知识，也因为和世界各地背包客的接触，不论是英语写作水平还是口语，都飞跃式地提高了。他抓住每一个可以请教老外的机会，店里所有的英文翻译都是他写完后请老外过目指正之后才张贴的；口语发音也是在老外不断的纠正完善中得到提高的。当然，最让他感到震撼的是，这些国内外的背包客旅行结束，再次回到店里，给他看旅行中拍摄的美得令人窒息的照片、讲述旅途中各种奇闻逸事的时候。想起自己第一次的旅游，居然还是初三毕业季的时候老师组织的班集体活动，他不由地感慨"世界这么美，我得去看看"，这不也是自己一直以来的梦想吗？说干就干，毅然辞职，去报名导游考试，当时对于学历的要求是大专以上学历。很难想象，当时他报名的费用以及接下来学习和生活费用都是跟朋友借的。好在他的努力没有白费，在当年7000多名考生报考的激烈竞争中，他拿到了梦寐以求的英语导游证，开启了他人生的另一段不一样的旅程。

　　2008年拿到英语初级导游证之后，他找了一家旅行社开始学习。第一年基本是在学习理论知识，后来才跟着实习和独立带团。在学习期间，每天要背很多东西，人名、地名、时间、事件以及山有多高、水有多长等。记得接的第一个团是美国人，经理告诉他说是留学生，容易带。接到人的时候，他感觉这些留学生的年龄偏大，后来问了领队才知道，原来是美国汤森大学的老师和教授，居然还有人是学中国历史的！紧张自然不用说了，不过游客都很随和，让他感到一丝欣慰。当天晚上背资料到两点多，第二天果然还是有效果的，客人们都说他讲得好，也没有那么紧张了。导游生涯中的第一个团，三天半的时间，就这样顺利结束了，让他感到信心百倍，也翻开了他的导游生活的新篇章。

学习自然是无止境的，除了英文，也要学习中文讲解，毕竟内宾和外宾的讲解内容和方式有很大不同。在不断学习理论知识和实践的过程中，慢慢积累了丰富的经验，也逐渐形成了自己独特的风格。他对自己的要求就是要不断提升自己的知识和讲解技能，做行业里的精英。2011年，他参加了英文的中级考试，顺利通过，那一年全省只有四名导游考过了英语中级，但这点成就并没有阻止他对自己更进一步的要求。2013年开始成为领队，进入导游生涯的另一个不同领域，夏天做地接导游，冬天做出境领队，两不耽误。也通过带团让他走出国门，开阔视野的同时也学到更多的知识和经验。2014年11月，他参加了英语高级导游的考试，倍感吃惊的是，整个省只有他一个人报名参加英语高级的考试。其实这种现象也反映出当时大多数导游员对提升自己的导游级别并不重视。有朋友也问他："你考中级、高级的有什么用啊，差费会多给你100块一天吗？"他的回答是"不会"。这也确实是事实，旅行社不会因为级别高而多给差费，但是他所追求的是要用更高的级别来要求自己，让自己的知识和能力得到不断提升，也想看看自己到底能走多远。可惜的是，高级导游并不是那么好考的，印象最深的，不是英文看不懂，而是好多题连中文都不知道该怎么答。当时的高级考试根本没有任何学习资料，也不知道具体考什么，看了试卷才知道，原来出题的范围这么广，所以第一次考试以失败告终。不过这并不影响他追求上进的信心，反而有了这一次的经验，让他有了一定的方向。通过一年的努力学习，2015年他再一次报考了英文的高级导游考试，这一次顺利地通过了，也让他成为当地旅游界为数不多的英语高级导游员之一。这让他对自己的要求更高了，同时也使他的职业生涯达到了一个新的高度。

2017年9月，恰逢导游协会第二届换届选举，他应邀参选了副会长一职，顺利通过选举成为自治区导游协会的副会长。同年11月，应文旅厅的邀请，作为中、英文面试官参加了全国导游考试面试。2018年，应当地某职业技术学院的邀请为旅游专业的学生授课，同时也受到某大学以及其他职业大学的邀请为学生授课或为客座教授。2019年，他被评选为国家金牌导游。

他认为，现在所有的成就都是常年坚持学习和不断提升自己的结果。以前吃过的苦、受过的累，都是成长过程中的催化剂。没有考上大学固然是人生中的败笔，但只是一段人生的结束，同时也是另一段人生新的开始。在这之后的成长过程中，自学、自觉和自律的能力是他能走得更远的法宝。所谓"冰冻三尺，非一日之寒"，即便是寒冷的冬天，也依然有梅花盛开。而苦寒之中的梅花，香气扑面而来。

二十年磨一剑

▶ 导游简介 ◀

李德民，日旅国际旅行社有限公司入境部科长，高级日语导游，入选文化和旅游部万名旅游英才计划——"金牌导游"培养项目，中国翻译协会会员，上海市文明旅游宣讲员，上海旅游高等专科学校旅游外语学院金牌外语导游联合工作室成员。

李德民 2001 年 6 月毕业于上海旅游高等专科学校旅游日语专业，随后进入上海航空国际旅游有限公司日本中心从事日本游客的访华接待工作。刚进公司，按照公司的规定他先跟着部门里的前辈们学习，从最基本的单接送（机场—宾馆—机场）开始，见到客人后要欢迎他们来到上海，然后从机场到酒店途中的上海概况介绍、沿途景观介绍。到达酒店后的办理入住手续等专业技能的实地学习。然后再学习上海市内一日游，景点之间移动的讲解，以及到了景点后的讲解方法，餐厅服务时的菜品说明等都一一仔细认真学习。有碰到不懂的地方，他就在中间休息的时候问部门里的前辈们。时间来不及的话，他当场用笔记下要点，回到家之后再在脑海中把当天的过程重新过一遍，回忆重点。经过 3 个月左右的学习，他自己就成了能独当一面的初级导游。因为在业务上的认真学习和钻研以及热心和热情的服务，他多次受到日本客人来信表扬。

进公司一年之后，他就成了部门里的主力军，开始带上海—桂林—西安七日游的全陪团。在万米高空的飞行途中，在条件允许的情况下，他就会走到客人身边问客人飞机上舒不舒服，生怕日本客人语言不通而得不到更好的照顾。

　　有一次客人因为吃了太辣的四川菜而肚子不舒服，他知道情况后，在晚上用餐时就跟餐厅里要了一杯温开水，然后又要了一点盐，弄了一杯淡盐水给客人，并告诉客人喝淡盐水对拉肚子很有效。客人将信将疑地喝了他递过来的淡盐水。第二天早晨，他到酒店碰到那位客人就关切地询问客人拉肚子是否好了，客人连忙点头说自己舒服多了，并向他表达了谢意。

　　还有一次团队客人在用餐时，外面突然下起了大雨。他就放下手里的碗筷，自己淋雨跑回停车场和驾驶员一起把十多把雨伞拿到餐厅。等客人们用完晚餐，看到外面的雨没有要停的意思，担心从餐厅到停车场要淋雨。只见他和驾驶员把事先准备的雨伞，依次分给需要的客人，客人们都对他细致的服务赞不绝口。

　　2003年，因国内SARS病情暴发，日本游客暂时不能来中国旅游，一个月差不多只有3次商务客人的单接单送的活。他在工作之余，想着趁这个时候给自己充电。2004年1月，他顺利地通过入学考试，进入中国人民大学网络教育学院公共事业管理专业开始本科阶段的学习。公共事业管理和之前学的旅游日语是不同的两个学科，他一边认真学习课件，遇到不懂的问题就给班主任老师写电子邮件。利用集中授课的时间，向专业老师请教。经过两年半的刻苦学习，他顺利通过全部课程的考试及学位英语考试，并以优异的成绩获得了中国人民大学的管理学学士学位并顺利毕业。

　　2006年3月，日本大型旅游公司株式会社日本旅行中国分公司在上海开展业务，需要招聘专业导游。他以过硬的专业技能及流利的日语通过了面试，成为上海第一家外资旅游公司的第一批专职翻译导游。在接受公司系统的培训后，半年后他就成了该公司的主力专职翻译导游。一年后他开始接待日本公司的访华社员旅游及日本各县政府的访华团。他以专业高效及用心热诚的服务赢得了一批又一批客人的赞赏。有很多日方公司的负责人直接跟他同事说他们公司的考察、社员旅游都指名要他来接待。这一年他利用工作之余积极备考中级日语导游等级考试。经过半年多的努力，他以扎实的基础和优秀的日语水平顺利通过了当年12月份的中级日语导游等级考试，晋升成为一名中级导游员。

　　2008年担任公司导游部的副主任，在提高自我外语水平和业务能力的同时，他还肩负着公司新进导游员工的培训工作。他对新的员工像老师对待学生那样，认真教授自己的工作经验及技巧。2010年上海世博会后，他利用工作之余，创作了近8000字的上海日语导游词。2011年，国家旅游局恢复了中断近10年的全国高级导游等级考试。他得知这一消息后，马上报名并参加了上海市旅游局举办的辅导班。高级导游考试因为没有指定复习范围，所以当时参加培训班的同学们心里都没有底。他除了认真复习两本指定教材外，又查阅了大量书籍，以及学习怎样更好地创作导游词。经过大半年认真努力的备考，他顺利通过了2011年的全国高级导游等级考试。第二年成功晋级高级导游，成为导游圈里大部分人羡慕的那2%。

2016年3月，他受上海西源国际旅行社有限公司副总经理邀请加入上海西源国际旅行社有限公司日本部，担任日本部经理一职。从一线带团导游开始负责对日本市场的外联工作以及团队入境后的营运管理及突发情况的处理等事务。在3年的日本部经理任职期间，他根据中国实际情况整理和总结相关经验，给日本旅游公司及时反馈自己公司的服务标准，同时不定期地加强本部门内日语导游的各项培训。比如，在流行性感冒流行的冬季，他会提前让陪同导游们准备好口罩，并告知客人，如果有需要的话可以跟他们说。另外，在7—10月上海天气较热的时候，他会让公司的导游提前在机场超市买好冰的矿泉水，接到客人之后给日本客人及时送上一份清凉。针对个别客人对餐厅某道菜里食材过敏的问题，他让陪同当场提醒客人注意。让客人从心理上感受到他们贴心的服务。通过导游们的优质服务，他们公司在客户心中占有了很重要的地位。在担任日本部经理3年间，他们部门成功招来近3000名日本游客来华旅游，为公司带来了经济效益和社会效益。

2018年4月成功入选国家金牌导游之后，他觉得自己身上肩负的责任以及用自己的行动来促进中日两国人民的相互了解和友好交流的使命更重了。都说外语导游是我国的"民间大使"，他通过自身对中国传统文化的解读，然后在工作过程中把他们潜移默化地传达给外国友人，同时也要把日本的文化和习俗传递给中国人民。这样的双向交流才能促进两国人民相互之间的理解。所以在拿到国家金牌导游的证书当日，他在自己微信朋友圈里写下了屈原的"路漫漫其修远兮，吾将上下而求索"激励自己。之后他先后在上海旅游文化工作室的邀请下给上海市的旅游爱好者、上海现代旅游职业学校的学生们和上海的某餐饮企业员工们做了"浅谈日本文化"和"日本饮食文化"等公益讲座，深受广大旅游爱好者、学生和企业员工的好评。

2019 年年初，为了响应文化和旅游部积极创新"传帮带"的现代学徒制培养模式，大力探索旅游人才培养新模式的号召，他受邀参与上海旅游高等专科学校旅游外语学院金牌外语导游联合工作室的创立，并成为首批入驻金牌外语导游工作室的成员之一，与旅游外语学院一起定期开展相关活动，以点带面，传播江南文化、海派文化，助力上海旅游文化的对外宣传与传播。

2019 年 3 月，受聘为上海市市级文明旅游宣讲员，和小组成员一起坚持在工作之余，进到社区为社区居民和企业员工宣讲文明旅游。

2019 年 5 月，他受上海旅游高等专科学校旅游外语学院吴敏闻副教授的邀请，参与了上海旅游高等专科学校上海一流高等职业教育（专业）建设的旅游日语专业项目，承担现场实践教学任务。他以专业的服务技能及丰富有趣的讲解多次赢得学校师生的好评。

他喜欢旅游，同时也热爱事业，他践行"游客为本、服务至诚"的旅游行业核心价值观，用自己的专业知识和服务技能向每一位游客传递导游人员的热情和微笑。

一个小白的奋斗史

导游简介

刘慧杰，上海博闻国际旅行社有限公司高级导游，国家金牌导游，首届中国国际进口博览会旅游行业教育培训工作突出贡献奖获得者，长三角文化景观资源库特聘专家。

2009 年，办公室白领刘慧杰，怀揣着投身旅游业、服务上海世博会的梦想，毅然辞去安稳的工作，参加了导游资格证的考试，经过了半年的刻苦学习，她以高分顺利通过了考试，并如愿成了一名导游。2010 年的那个夏天，她与无数奋战在世博一线的小伙伴们一起，在烈日下挥洒着青春与汗水。

在一次公司导游的例会上，领导对他们这些新人讲，做导游也要有自己奋斗的目标和职业规划。经过了一段时间的导游工作，已经深深爱上了这个职业的她，在心里暗暗定下目标：做出境领队、在上海市的导游大赛中取得三等奖以上的成绩、成为高级导游、以导游的身份站上讲台。

有了目标就有了前进的动力，尽管世博期间带团很少有休息，但她还是以饱满的热情和周到的服务，去迎接每一天的工作。渐渐地，她在客人那里赢得了口碑，成了计调眼中炙手可热的导游，也受到了领导的关注。

由于世博期间的优秀表现，她被公司奖励了破格考取出境领队证的机会，不到一年的时间，就完成了第一个目标。此后多年，她没有一刻懈怠，始终朝着自己的目标努力，在她定下目标的第五年，她成了高级导游；第七年，她获得了全国导游大赛上海选拔赛银奖，并以导游的身份站上了大专院校的讲台，还意外地入选了万名旅游英才计划——"金牌导游"培养项目，成为业内人口中的国家"金牌导游"。

成绩面前，回望自己走过的路，她感慨万千。

吾家菜鸟初长成——带团初期的幸福与尴尬

刚做导游的时候，懵懂无知的她，之前都没怎么见过导游。幸运的是，她工作的第一家旅行社是被称为"上海旅游界的黄埔军校"的上海春秋国旅，完善的培训体系和师父传帮带的传统，让她这个小白级的"菜鸟"迅速成长。

那个时候手机只有 2G 网络，根本没有办法查资料，她就用家里的台式机，百度之后，把查到的东西打印出来，但能查到的资料非常有限。还好跟团实习的时候，师父让她在景区景点里买了很多当地的资料。当时，她带了一天团，晚上还要把背在身上的书籍资料翻出来，预习第二天要讲的内容，这个过程其实很不容易。

有一次在讲到蒋介石老家的丰镐房的时候，她说丰邑和镐京，一个是西周的都城，一个是东周的都城。这个是跟师父学的，一直这么讲。可突然团上有一位老先生，悄悄地找到她说：小姑娘，你讲错了，封邑和镐京都是西周的都城。后来老先生的夫人告诉她，这位老先生是国家图书馆退休的老馆长。经过了这件事情，她深刻地反省了自己，之后对导游词的准确性十分看重，遇到不确定的内容，她总是很细心地去求证。

展翅欲飞把名扬——带 VIP 团、政府团的那些事

有了这些积累，机会自然也会随之而来。当时的旅行社有一类团被称为"政治团"———一是有公司大领导或重点客户的 VIP 团，二是政府部门的政务接待团。

在她带团半年之后，一次集团的董事长要带着他的太极拳拳友们去沙家浜活动，基于她工作的优异表现，科长大胆地启用了她这个新人。带这个团之前，她做了充分的准备，她了解到这个团的特点是客人要上来分享"练拳心得"，所以，她先调动客人们积极踊跃发言，因为她知道每个人都喜欢被聆听。

当然，她也适时地抓住机会表现自己，她当时用两句话，表达了做导游

的感受：以苦为乐，笑走天涯。感动了在场的所有人。这个团结束之后，董事长的秘书打电话给导科长，对她的带团工作给予了很高的评价。

有了成功的经验，第二个政治团接踵而来——春秋国旅跟绍兴市旅游局联合主办的千人游绍兴的大型活动，她带一号车！

前一天夜里才返回上海的她，第二天早上六点多钟就到了集合地点。致完欢迎词后，趁着客人相互交流和吃早餐的时间，她赶紧默默地把陆游和唐婉《钗头凤》复习了几遍，当她再拿起话筒的时候，一口气背出了两首诗，接下来更是滔滔不绝地讲起了绍兴师爷，绍兴"五女"——孝女曹娥、情女祝英台、美女西施、侠女秋瑾、才女唐婉，甚至还把13岁时候看的一篇报纸上的文章《鲁迅先生背负着爱情的十字架》，都讲了一遍。VIP客人们的反响相当热烈，他们说知道春秋的导游能讲，但不知道这么能讲。

此后她成了春秋政治团的首选，以至于后来有机会给上海旅游局去带外地旅游局的访问团，让旅游局的领导也有机会看到她的才能。

当然，在带政治团的过程中，她也总结了一些适合自己风格和特长讲解的方法。她喜欢利用首因效应和末因效应——开场好可以一炮打响，结尾好可以回味悠长。举个例子：她不善歌舞，带团结束前，喜欢用类似于诗词的形式做个总结。一次长三角摄影家协会的大型活动——扬州高邮二日游，也是浩浩荡荡数十辆车，作为1号车导游的她做了这样的总结：

扬州纪行

四月天名城扬州，摄影家辛劳奔走。

东关街运河城门，镇国寺古塔经楼。

清水潭野鸭大树，高邮湖落日渔舟。

忆昨夜，星光闪耀，品不完的佳肴美酒。

看今朝，细雨绵绵，诉不尽的别绪离愁。

情难舍，人难留，待到菊黄蟹肥，再来高邮。

2016年5月8日于返沪途中

当时，听到了这样一段独树一帜的"总结陈词"的摄影家们，纷纷激动地将这段文字发到群里和朋友圈，更在当晚发的公众号文章里全文引用。不在乎文采如何，而在于导游的这份心意难得。

海阔天高任翱翔——从赛场到文博专场的华丽转身

除了带团，比赛也是一个导游检验和提升讲解水平的好方法，上海的导游大赛她一共参加了两次，这两次除了积累参赛经验之外，最大的收获就是自主学习能力的提升。第一次参加比赛的时候，她讲的是巴金故居，看了100多万字的书籍和资料，汇成了一篇1000字的导游词；第二次讲石库门，她去图书馆里面把所有带石库门字样的书全部借了回来，六七本书全部看了，包括阮仪三教授的建筑学方面的书，最后写成1000字的讲稿。

有了这样的经验，考高级导游时，现场800字的导游词创作，应该说还是很轻松的。这些为后来做博物馆讲者，也打下了坚实的基础。在此要重点提一下博物馆讲者，旅游圈里面能讲博物馆的人不少，但是能讲好博物馆的人，应该说是凤毛麟角，因为那需要太多的知识积累和技巧的运用。而她，正是把自己培养成了一位具备一定文博知识和过硬讲解技巧的博物馆讲者。

以上就是一个小白的成长奋斗史，没有随随便便的成功，都是一点一滴的积累，她相信：想要得到，首先就要努力做到，每一滴汗水都不会被辜负。

现在的她，正与国家金牌导游（上海）联合工作室的小伙伴一起，在为上海的旅游公益事业发挥着自己的光和热。

主题四
腹有诗书气自华

远方与诗

╾►**导游简介**◄╼

　　刘富祥，国家高级导游，海南导游人员资格考试考评官，荣获海南省优秀导游、中国好导游、国家金牌导游称号。

　　刘富祥是一个海南土生土长的岛民。自从当了导游，在烦琐的导游工作中仍然没有放松学习，不断提升自身的综合素质与文化修养。日复一日地把海南岛美丽迷人的自然风光与民俗文化呈现给五湖四海的游客。他在游客的心中永远是一位有文化、有修养、有品德、充满正能量的优秀导游。他永远坚信：腹有诗书气自华，没有诗词韵味的旅游是不完美的。因为山水不会说话，花草树木也不会言情。只有把"诗"与"远方"完美结合，才能唤起游人心田间的春风、眉宇间的秋意。

"诗"与"远方"的结合

　　有了诗，挑剌的客人变成了交心的朋友。2004年，刘富祥接待一个来自全国各地的散客团。他在旅游车上给游客介绍海南岛的基本概况，当介绍五指山五六分钟时，有位男士游客打断了他的讲解："五指山不出名，也没有什么历史文化，没必要讲这么多，换个话题吧。"这是刘富祥的导游生涯中第一次遇到这种尴尬的事情。他稍微停顿了一下，很快平静且面带微笑地对这位客人说："看来这位先生对海南有所了解哦，应该是海南的常客了吧？欢迎再次来海南。等到了下一站，我私自和您交流交流，向您请教。在此，先谢过。"刘富祥没有直接回应这位游客，而是很迂回委婉地化解了这尴尬的局面。接着刘富祥继续原先的讲解："明代时期，被誉为海南四大才子之一的大学士丘浚，是著名的政治家、理学家、史学家、经济学家和文学家。他所著的《大学衍义补》历来最受推崇，在这部著作中，他以相当明确的形式提出了劳动决定价值的论点。这是世界上最早提出劳动价值理论的人，比英国经济学家配第所提的价值论早了174年。丘浚曾为五指山题七律诗：'五峰如指翠相连，撑起炎荒半壁天。夜盥银河摘星斗，朝探碧落弄云烟。雨余玉笋空中现，月出明珠掌上悬。岂是巨灵伸一臂，遥从海外数中原。'在琼崖革命23年武装斗争中，五指山革命根据地发挥了重大的作用，被誉为海南的'西柏坡'。冯白驹将军曾这样评价五指山革命根据地：'五指山革命根据地的最大作用在于战略上保证了海南解放战争的胜利。'六七十年代，海南生产一种水胶鞋取名为'五指山'……"

在游览景点期间，刘富祥找机会接触那位在车上"找碴"的男性客人，与他和声悦语地沟通交流。通过交流，该游客从刘富祥的讲解中感受到海南也是个有文化历史的一座宝岛，并对他的工作与付出给予充分的肯定。晚上，这位游客约刘富祥喝椰子汁闲聊，他们在海边的水果店铺里，该游客说道："刘导，我原以为来海南旅游就是看看山山水水而已，没想到通过你今天的带领与讲解，我才知道海南岛也是个有文化历史的地方。谢谢你，辛苦了！"此时，海水涨潮，迎着凉爽的海风，这两人聊起了足球、股票与电影，并留下了双方的电话号码与电子邮箱，一直联系至今。

经典的魅力

有一次，刘富祥带旅游团游览南山佛教文化苑。按照传统民俗，敬香礼佛一般都在上午进行。在8000多亩的景区里，刘富祥不辞劳苦地带领游客逐一游览其中的景观。当游览到《吉祥经》时，刘富祥让游客停下略作休息，游客们都面朝着《吉祥经》，刘富祥却背朝《吉祥经》，面对着全体游客念诵起来。刘富祥不看经文却能一字不漏地念诵出来已经很令人佩服了，接着他又详细地给客人解读经文更令人观目相看了。当他们游览到海上观音圣像时，全体游客都积极应和他的建议：面对一百零八米高的海上观音圣像，跟随刘富祥念诵《股若波罗蜜多心经》。刘富祥念诵一句，游客就跟着念诵一句，十分虔诚。

念诵完毕，全体游客围着他不停地请教佛教的相关知识与困惑。

人生处处皆学堂

有一次，刘富祥带团队在去游览博鳌亚洲国际会议中心的路上，客人的游兴正浓，都想尽快到达景区痛痛快快地畅游一番。刘富祥不失时机地在旅游车上给游客们做景区的相关讲解，暂时满足游客的需求。当他讲到精彩时，随口背诵一首词《水调歌头·博鳌》，"绿水绕青野，斜日锁浮云，黄沙玉带横卧，中隔海河间。西望波涛汹涌，东看漪涟荡漾，公力胜神仙，零落圣公石，又见女娲颜。风椰动，琼楼起，耸三川，名扬寰宇。元首云集放高言，纵论雄心壮志，又觅亲情逸趣。世外有桃园，桂棹渔歌晚，舞影岸灯前。"全体客人听得如醉如痴。当晚团队入住博鳌水城，晚饭时，有位六十来岁的男性游客走到刘富祥的面前问道："刘导游，请问你在车上背诵的那篇《水调歌头·博鳌》是你写的吗？能抄给我留作纪念吗？"刘富祥回道，这首词是他人的作品，刊登在一期报纸上，很巧被他看到了，觉得好，于是就熟背记着了。刘富祥即刻满足了该客人的要求，游客连声道谢并紧紧握住他的手说道："刘导，你不愧是一位好学、有知识、有文学功底的优秀导游。"刘富祥此时微笑着回应道："我应该谢谢你和全体游客才是。是大家给我介绍家乡的机会，我只是讲我知道的而已，如有做得不到位的地方请您和大家指正与包涵。"

在接待旅游团的过程中，刘富祥除了给客人精彩的讲解外，只要客人需要帮忙，他从未怠慢过，用心服务，创造惊喜：广东的大姐团因为晕车严重，在刘富祥的关心照顾中完美结束游玩，说导游对他们比亲人还亲；上海一对老夫妇旅途上犯病，刘富祥半夜陪着去医院，这对老人看着他帮忙办理住院手续的身影，禁不住老泪纵横；第一次到海南旅游的一对小夫妻，当面对着刘富祥赠送一份热带水果时，惊喜万分。

远方会因有诗词而更具韵味与魅力。刘富祥深深地知道导游是旅游团队的核心与灵魂，导游绝不能只停留在简单介绍山山水水的层面上。如果没有文化知识赋能自身，其人生与旅途就会缺少诗书的芬芳。所以，他一直走在求知探索的路上。于2011年，考取全国高级导游证；2015年，被国家旅游局评为"中国好导游"；2017年，被国家旅游局评为"金牌导游"。

让我们与这个世界幸福相遇

她，性格内向，却走上了导游这个能说会道的工作岗位。她，在家人面前话语不多，却在游客面前滔滔不绝。她，一份工作一做就是二十多年，却说导游这个职业是一个练就人的职业！她，就是肖慧。

向前的岁月，每一段旅途，每一段经过，都需要自我调整和改变，此时才明白什么叫作"纸上得来终觉浅，绝知此事要躬行"。岁月对每个人都是公平的，心中没有起茧，还有所坚持。肖慧说："这就像是在追求一种永恒的理想境界。抱定了服务的人生观，这是我对这份工作的态度，所有事业都从厚养深蓄中间来。"蓄不久则著不盛，积不深则发不茂，一个好的导游首先是一个有才气的人，准确的表达就需要头脑中有广博的知识，让自己的口才得到应有的练习，这样才能侃侃而谈！在鲜花和掌声的背后，付出的是十年磨一剑的积累，"天降大任于斯人也，必先苦其心志"，坚守崇高的梦想，对一件事情做好充分的准备，我们才能在机遇来临的时候从容不迫，金牌导游的炼成没有捷径，只有通过日积月累，方能厚积薄发。最棒的导游讲解就是，会把游客带入一种情境当中去，强化了的是人与风景相遇时的感动，导游就是媒介。导游这份工作实在是一种很好的供养。

让每一位游客因为我们的讲解而爱上一座城。导游服务工作中的许多故事，不仅需要导游员坚强地面对，更需要温和地懂得——"心理按摩"，同时也成就了导游自身的情怀和人格。几年前的一天，在无锡地接团里出现了一位特殊的年轻女游客，从上车就坐在角落里一声不吭，满脸的忧伤，和她说话交流，她也只是用一个"嗯"字来回答，和其他游客形成了鲜明对比，而和她同来的一位年长的女士则一直用关切的甚至是焦虑的眼光看着她……肖慧心中暗想：这位年轻的女士是怎么了，是遇到了让其很难过的事情了吗？此次行程的第一个景点就是灵山胜境，在梵宫讲解"静、信、孝、和"这四幅木雕刻的时候，肖慧微笑着讲解道，各位朋友们，你们知不知道"静"是什么意思呢？看了一看游客们的表情，肖慧继续说，是平常心，"积福莫如惜福"，我们总在追求着我们喜欢、所需要的一切，但是佛教告诉我们八苦，里面就有所求不得苦，怎样得到幸福呢，来，各位朋友我们打开手看看掌纹，上面有生命线、事业线等，那你现在握住双手，是不是拥有了最好的幸福呢？在梵宫讲解是不能用喇叭的，但是游客们把她围得紧紧的，形成一个半圆形，就连很多散客也凑着热闹，侧耳在认真听着，有的人若有所思地伸缩着手掌，在细细揣摩着肖慧刚才的话语。这时，她继续说道，您看，这木雕刻上描写了牧童在牧牛，从寻牛到得牛，甚至到牛我两望，正是描写了佛教修行的十个过程。各位朋友，我们在与世界的相处中需要不断调整心态，改变自己就是改变世界，当每一个人都活得明白、快乐的时候，欲望的土壤就会改变，那怎样才能让我们积极向上，更加快乐呢？我们要吸收"营养"。这个营养就是慈悲、宽容，当你的心灵和这些信息发生共振的时候，你就会变得快乐、积极、健康，在面对这个世界的时候，我们需要的不是精明、功利和愤怒，而是一颗智慧、充满爱的心灵。图上还有人在插秧，这是一首禅诗"手把青秧插野田，低头便见水中天，六根清净方为道，后退须知是向前"。这里面体现了禅宗的农禅制，同时告诉我们一个道理，人在插秧的时候都低着头，正所谓"高调做事，低调做人"。这句"后退须知是向前"，是在告诉我们退一步海阔天空……大家都在纷纷点头，偷眼望去看到这位年轻的女士眼睛紧紧盯着肖慧，嘴里喃喃，好像一直在回味着刚才的话。肖慧稍停之后，继续讲解道，经历苦难也罢，目睹苦难也罢，感受那份"苦"都不是最重要的，最重要的是……肖慧停下话语，此时的空气像是凝固了一般，游客们都把目光投到了她的身上，此时她微微一笑说，最重要的是，你因此而懂得如何在爱和智慧中，消解一种欲望、愤怒的东西，让生命在"苦"中升华，珍惜每一个当下，活得明白而坦然。生活里很多事情都是这样，不必强求，该来的来，该去的去，随缘而过，随缘而息，犹如是云散了、天晴了，生活还要继续，我们向快乐致敬！说完，她看了一眼那位年轻女士，竟发现她脸上带笑频频点头，景点结束之后，游客们陆陆续续到停车场上车了，母女俩像是换了一个人似的，竟是满脸笑意，话也多了，拿出一堆零食请她吃，老母亲则是拿着一瓶矿泉水，使劲往她怀里塞，一边塞一边称赞她讲得好。中餐之后，年轻女士把肖慧拉到一边，告诉她自己姓顾，和她相恋六年的爱人离开她出国了，她也因此变得抑郁、悲观，甚至有了一些伤害自己的行为。她的母亲实在是怕她想不开，就想到陪着她到无锡来旅游、散心。

在回程的路上，肖慧拿着话筒深情地说，"我特别喜欢董卿在主持节目的时候讲过的一段话，'世间一切都是遇见，就像冷遇见了暖，就有了雨，春遇到冬就有了岁月，天遇见了地，就有了永恒，人遇见了人就有了生命'。感恩我们的遇见，短短的一天，却让我们之间有了更多的美好，祝愿大家能和这个世界温暖相拥……"掌声响起，她感受到了游客和她之间那种浓浓情感交流，她看到那位年轻女士眼里泛起的泪花，那时，她的心好像才放下了，有了很大的满足感。在下车的时候，顾女士说："我可以抱抱你吗？我感觉你是一个内心明媚温暖的人，遇到你真好，谢谢你，同时也祝福你。"肖慧侧身抱一抱顾女士，说："幸福不是别人的成全，是我们拥有幸福的能力，祝愿你与这个世界幸福相拥。"而她身边的母亲看向女儿，眼神里有释然、有宽慰，脸上也终于有了笑容且眼里噙着泪花。

语言是人际交往的重要工具。我们无论走到哪里都是一道美丽的风景线，作为一名导游，懂得积累自己的经验，增强自己的自信，丰富自己的阅历，修炼自己的魅力。修炼暖心的表达，温柔细致的关心，最让人感动，人和人之间的交流，说到底还是内心的相拥，导游的亲和力特别重要。付出我们的真诚，用心去传递感情，学会在不经意的时候记下关于对方的点点滴滴，如出境做领队工作，对游客们的生日记一下，偶尔间的一句话透露出他们所需要的关心，表达自己的祝福，让客人有一种特别的幸福感。导游就是美的使者，好的心态是一种调和，导游的内心应该保持着对生活的热爱，始终用一颗温暖的心去面对人生，对生活多一些感恩，游客们一个个浅浅的微笑，一句句诚心的问候，都代表着一份善缘！积极的心态是非凡人生的成功起点，选择了积极的心态，就等于是选择了成功的希望，勇于超越自己，做个有心人，将团带好，就是需要导游的细心、耐心、专心、爱心，做好每一个细节，做一个有"温度"的导游。导游工作的磨炼使肖慧懂得了人生需要做的"功课"，我们导游也会成为游客眼中的一道美丽风景，让我们和这个世界温暖相拥。

挺过风不调雨不顺后的华丽转身

▶ 导游简介 ◀

李玉兵，中国农工民主党党员，全国金牌导游、全国高级导游、湖南省诗词协会会员、张家界市作协会员、市诗词楹联协会理事、市诗歌学会理事，编著有《导游湖南》一书。

穿过黑暗，感受阳光的温度

2000年严冬的某个日子，天特别冷，他从一家国有企业办理好买断工龄手续出来。单身宿舍被收回，他成了无家可归的"游子"；昔日熟悉的城市，一下子变得非常陌生；除了平日爱看的一大箱经典书籍，他一无所有。

他所在的城市张家界，地处我国地势的第二、三级阶梯的分界线——武陵山脉的腹地，因为拥有神奇秀美和独特的地质地貌，已拥有全国首批世界自然遗产、全球首批世界地质公园、世界"张家界地貌"命名地、全国第一个国家森林公园、全国首批5A级旅游景区、全国文明风景区等旅游"金字招牌"，是湖南省开放的窗口、迎宾的客厅、美丽的名片和旅游的龙头，因此在当地从事旅游，特别"导游"这个职业是很热门的。在他看来，"导游"职业，便是诗与远方的完美结合，这刚好与他过去从事的财务工作形成了极大的反差。于是，他一头便扎了进去。

"上帝关上了一扇门，必然会为你打开另一扇窗"。就这样孤立无助、茫然无措间，他居然赶上了当年的全国导游证考试报名的末班车。然而，离考试却只剩最后45天时间了。五门课，每门课必须60分才合格。大大小小十几本书复习资料，这对于半路出家、又非旅游专业出身的他实在是一个非常艰巨的考验。开弓没有回头箭，他已经没有退路，只有背水一战。

45 天时间，除去两周集中培训时间，留给他的自由消化的时间只有一个月左右。旅游专业和他所学的财务专业一样，理论和实际有一定的距离。对于从来没有接触过旅游的他，课堂上没有理会的只有课后逐字逐句去理解、去体会，这样才得以慢慢理解、慢慢消化——以至于一次走路看书时，一头撞上了人行道上一根生硬的电线杆，头上立马鼓起了一个鸡蛋大的包；以至于过去长期沉溺于玩牌养成的惰性一时之间甩不掉，那份忍着坚决不再玩牌的难受曾经一度只有将书本拿到麻将桌旁看，听到别人一边叫嚷一边砸牌的声音才可以缓解的地步……

后来，每当回想起那段考证的日子，他总是很怀念。因为那是一段紧张但非常充实的时光。有些黑暗，只能独自穿越；有些痛苦，只能独自品尝。但穿过黑暗，一定能感受阳光的温度！

践行学问思辨与身体力行的导游，当永远立于不败之地

进入旅游行业后，渐渐地他发现，身边的导游中不乏心浮气躁者。他们只是把导游工作当作赚钱养家糊口的工具，热衷于唯钱至上，通过瞎编瞎说、坑蒙拐骗的手段，来追求"短、平、快"带来的即时利益，往往忽略了作为一名真正导游人员不仅是景区"讲解员""宣传员""推销员"，还是游客眼中的"服务员"与"安全员"，更是当地的"旅游形象大使""旅游目的地的名片"的品质与灵魂。他以为，从事导游这个职业，只有树立起对这份职业的敬畏，对工作的执着，以及对游客负责的态度，才能在长期的竞争中立于不败之地。

想要在长期的竞争中立于不败之地，唯有不断学习—思考—实践。《礼记·中庸》中这样说："博学之，审问之，慎思之，明辨之，笃行之。"博学，即通达地学习、广泛地学习，这是吸收知识的过程；审问，即审慎地探问、深入地追问，这是答疑解惑的过程；慎思，即谨慎地思考、周密地思索，这是遴选消化的过程；明辨，即明晰地分辨、明确地判别，这是择定结果的过程。

"玉不琢，不成器。"作为一名导游员，除了掌握基本的带团艺术和技巧外，平时很有必要多多学习一些文学经典，以此陶冶情操、增加才情；多多学习一些历史经典，看成败、鉴是非、知兴替；多多学习一些哲学经典，用来改进思维、把握规律，增强思考思辨能力；多多学习一些伦理经典，知廉耻、明是非、懂荣辱、辨善恶……因此，他在导游工作之余，始终践行学问思辨，并身体力行，极其注重相关景区景点知识点的横向扩张与纵向深入，以及知识点独到的见解与相关链接等。例如，在学习岳麓书院导游词时，介绍御书楼为重檐歇山顶时，他就在想硬山、悬山、攒尖、庑殿的特点及其代表建筑，湖南重要建筑岳阳楼、南岳大庙是何种屋顶形式。当介绍御书楼正脊两端的饰物为"螭吻"，相传被认为是龙的第九子之时，他就想知道龙的另外八个儿子叫什么，以及各自的喜好、特点。例如，他了解到国务院水利普查办和水利部等部门重新界定了湖南湘江的源头不在广西兴安，而在湖南省蓝山县紫良瑶族乡野狗岭之时，他就想迫切了解资水、沅水、澧水各自的源头、河流全长等数据有无更新。例如，他作为一名土生土长的土家人，从小在土家山寨就不曾听过有"过赶年"的说法，带着疑问，他开始了深入学习、挖掘与考证之路，后来终于发现了"过赶年"一词是如何无中生有炮制而来的……就这样，他努力践行学问思辨、身体力行。

有情怀、有温度的导游，一定能获得收获的喜悦

学习是一种责任，一种生活态度，一种精神追求，同时也是导游文明传承之途、导游成长之梯、导游职业巩固之基。除此之外，他还始终努力践行做一名有情怀、有温度的导游。多年积累下来，他已经收集、归纳、整理了数十万字的知识点以及相关知识链接。因此带团之余，他常常想，等有空了，一定要编辑成一本书，一定要分享给湖南的数万导游同人。后来，在 2008 年南方冰灾来临自己被动失业在家之际，开启了在家孤独、漫长的编书过程。凭一己之力、花了一年半左右的时间，终于编写出了一本四十余万字的导游工具书——《导游湖南》。2009 年年底面世时，《导游湖南》曾一度上演"洛阳纸贵"之效应。

再后来，他利用旅游淡季休息时间，精心撰写了《三湘的黄龙，中国的

骄傲——黄龙洞导游词》，一举获得"烟雨张家界·最美黄龙洞"全国导游词大赛铜奖；他精心撰写的《杨家界，不往憾生的旅游胜地——杨家界景区导游词》《十里画廊，十里峰丛美如画——十里画廊景区导游词》两篇导游词，分别获"一湖圣水·三峰天下"张家界新发现线路全国导游词征文大赛 B 类、C 类作品金奖……己亥年底、庚子年初，新冠肺炎疫情肆虐中华大地之时，他不能像医务人员奋战在抗疫一线，他却拿起了手中的笔写下了十多首战"疫"诗词，以鼓舞斗志，提振信心，最大限度地传递着善意和温暖，传递战胜疫病的信心与希望，受到了业内诸多好评。例如，《定风波·致敬民族脊梁钟南山院士》："乍听江城鹤唳声，魑魅魍魉复横行。勇向毒冠挥利剑，谁敢？肩担使命济苍生。恰似春风吹梦醒，微冷，仁心皓首笑相迎。陷阵冲锋刀未老，诚效，长空皓日报新晴。"《满江红·遥望江城》："遥望江城，九天外，纷飞黄鹤。想当年，参差烟霭，蓬莱楼阁。鹦鹉洲边鳞浪绕，汉阳树下薰风作。到而今，尽日掩云屏，鸦声恶。须眉在，攒锋锷。巾帼在，填沟壑。愿山河如故，渭清泾浊。慷慨请缨皆逆旅，从容奋臂酬前诺。待归来，朝暮见参商，长欢乐。"

　　一名合格的导游员，一定是游客与自然景观、人文景观进行沟通的最佳媒介，是游客快乐之旅的引路人，是建设旅游强国的希望与支撑力量！"穿过黑暗，感受阳光的温度"后，他们始终践行学问思辨与身体力行，因此常常能立于不败之地；他始终努力做一名有情怀、有温度、腹有诗书气自华的"导游"，从而为游客讲述出一个个有情感、有温度、有力量的"好故事"来！因此，他认为，作为一名金牌导游员，不断成长、不断奋进的路上当是一路讲解一路学习，一路收获一路提高！当永葆真善美！当永远充满正能量！

诗意人生天地间

导游简介

张健，中级导游，2004 年获北海市十佳导游称号，2004 年获广西导游服务大赛二等奖，2005 年获广西十佳导游称号，2006 年获全国优秀导游称号，2015 年获中国好导游称号，2018 年获北海首届十佳金牌导游称号，2010 年、2015 年两次参加国家旅游局举办的"名导进课堂"师资培训班。

"姑苏城外寒山寺，夜半钟声到客船""昔人已乘黄鹤去，此地空余黄鹤楼""桂林山水甲天下，玉碧罗青意可参"。一首诗可以光大一座名城，一首诗可以成就一处胜景，一首诗可以诞生一段佳话。自有《诗经》以来的两千多年间，诗歌在中华民族的发展史上产生着多方面的巨大影响。当今社会虽然处于日新月异、飞速变革的多元化时代，但是诗歌这一文化瑰宝依然成为我们前进当中不可或缺的历史依托和文化载体，尤其是对于旅游业来讲更为重要。

作为一名导游，张健在近二十年的导游工作中更是深深地体会到诗歌文化对于旅游的重要性及其无穷的魅力，并且为此而痴迷诗歌之美，进而热爱旅游之路。

张健是在新世纪之初开始接触并踏入旅游行业的。那个时候旅游环境和现在有很大的不同，各方面的门槛和要求相对来说都比较宽松，导游的带团环境也相对比较单纯一些，客人的一些更高的个性化需求也不多，一般把基本服务做到，安全走完行程，导游工作也就算顺利。

但是，随着时代的发展、社会的进步，尤其是在我国改革开放不断深入，经济不断跃上新台阶，国力更强大，人民生活水平逐步提高、消费意识逐步转变的前提下，我国的旅游环境和旅游业态也随之产生了很大的变化：新的旅游景区如雨后春笋般地出现；新的旅游线路像蜘蛛织网般地蔓延；游客的旅游和文化素质越来越高，旅游诉求越来越多。这一切新的变化都让导游们感到要随之有所改变，这同时也是时代的要求。因此，导游的服务内容和形式如何能跟得上时代发展的需要，成为所有导游面临的课题。

在新形势面前，张健同时也在思考探究。张健二十年前一直在祖国最北极寒之地的大兴安岭林区工作，曾经的教师和记者的职业让他对中国的传统文化尤其是古典诗词方面有所偏爱。当他走出林海，来到热土南疆，在广西北海市，也是中国第一批沿海开放城市踏入旅游行业的时候，这一爱好也没有放弃。

随着导游工作时间的增加和对广西山山水水的不断接触、了解，他对这一行业产生了越来越深的感情。情到深处，难免抒发。于是有时他也将对广西山水风景的喜爱和赞美付诸笔端，学着创作些诗词。当然在初期主要是自娱自乐，与工作相结合的想法并没有在脑海中成形。真正对他产生触动的是在十几年前一次带团的过程中所发生的小插曲。当时他带了一个以退休教师为主的团队，行程当中有游览北海银滩的行程。其中有一位老先生畅游了银滩之后，兴奋地跟张健聊了起来。他觉得银滩真是太美了，让人印象深刻，流连忘返，为此他还作了一首诗：

> 碧海烟波锁孤舟，
>
> 天涯望断无尽头；
>
> 无风浪涌千堆雪，
>
> 飞珠溅身也温柔。

张健听了也很有感触，既为北海的风景能够得到游客的认可而高兴和自豪，同时也对游客有如此文化素养而钦佩，这说明游客的情感已融入并留在了这里，那么通过他的有感而发可能就会在他的周围形成对北海良好的印象，从而起到一个扩散效应。趁着兴奋劲儿，张健感谢了老先生对北海银滩的认可、并且还用这么优美的诗句来赞美它的同时，也把自己在不久前作的一首藏头诗回赠了老先生：

> 青山绿水遍神州，
>
> 春花秋月不难求；
>
> 北往南来逍遥客，
>
> 海角天涯开心游。

他用这首小诗表达了对游客的祝福，同时以"青春北海"四个字藏头也传达了一个信息，就是北海是一个充满着青春气息和无限希望的城市，开放的北海也期待着更多的人来这里。这位老先生看到有诗相和，更加高兴，这个小插曲同时也带动了全团的气氛，大家都感到这次出游真的是不虚此行，同时对张健与老先生的互动充满了赞许。

团队顺利结束后，张健陷入了沉思。他想：如果有更多类似的导游与游客之间小小的文化交流活动出现，一点一滴的汇集起来，对于旅游文化的建设、导游工作的创新、旅游工作的促进何尝不是一件非常有意义的事呢？于是，在以后的工作中，张健开始有意识地加强在这方面与游客的交流。

广西处处青山绿水，本身就是诗情画意般的存在，这是广西的天然优势，如此美景也不时地触发着张健的创作冲动。在带团过程中和工作闲暇之余，他尝试着从导游、游客或者文学爱好者的不同角度去感受和理解祖国大好河山，进而有目的、有主题地创作描绘、赞美各个景区景点以及展示当地风土人情、弘扬民族文化等内容的诗词作品。虽然他不是一名专业创作者，创作水平也未必尽如人意，但他把自己对旅游事业的一腔热忱作为自己创作动力来源，努力去讴歌祖国的壮美河山。在他的笔下，广西的山水风情是这样的：

> 孤峰随意栽，
>
> 曲水任徘徊；
>
> 隐约碧螺处，
>
> 谁唱山歌来？

对于广西西部山区的各处主要美景，他这样进行了概括：

> 德天激瀑多壮观，
>
> 明仕田园不羡仙；
>
> 绿岛行云意流连，
>
> 沙屯叠瀑几蜿蜒；
>
> 碧螺峰里藏龙宫，
>
> 黑水河上琼崖险；
>
> 一路美景接不暇，
>
> 百里画廊别有天。

而对于国家 5A 级景区——中越德天跨国大瀑布，他又更详细地进行了描绘：

> 遥听万马踏山间，
> 沙场征战起硝烟；
> 近看仙女挑珠帘，
> 晶莹剔透落玉潭。
> 渔舟唱晚笛声脆，
> 牧童收鞭牛归栏；
> 桃花源水何处觅？
> 不妨德天来耕田。

在诗中有瀑布的壮观、雄浑，也有瀑布的秀美、纯净；既有自然风光的优美画面描绘，也有当地百姓的悠然生活写照，内容着力展现出人与自然的和谐相处，又表达出人们对美好生活的向往。

在另一处广西有名的明仕田园风景区，张健十几年来反复不停地领略着它的春夏秋冬、晨昏雨雾。

这里的春天是这样一种美：

> 阳春三月新垂柳，
> 扁舟一叶迎客忙；
> 五彩花团虽锦绣，
> 岁月不变是绿妆。

它的秋天是这样一种美：

> 明仕悄然抹秋色，
> 满垅稻香沁人心；
> 鱼跃碧波乱山影，
> 鸟鸣幽谷和乡音。

明仕的夜色又是这样一种美：

> 暮云片片月如钩，
> 奇峰重重夜渐收；
> 画般田园常驻客，
> 唯有碧水不停留。

这里的一山一水、一花一草，似乎都牵动着张健的情思，拨动着他的心弦。所以他经常跟游客说，这条线路他跑了十几年，虽然路况不好、车程长，比较辛苦，但对这里的风景从来没有产生腻烦的感觉，包括其他导游甚至最辛苦的司机师傅都这样说，就是因为这里的风景太美了！

经过日积月累，张健创作的上百首诗词内容已经逐渐地囊括了自己经常带团所走过的线路。当然，这些素材不是为了束之高阁、自我欣赏的。他开始把这些作品有机地结合到自己的讲解内容里，以期形成具有自我特点的讲解风格，从而也为导游词原创进行有益的探索。

我们知道，讲解是导游工作的基石。俗话说，"祖国山河美不美，全靠导游一张嘴"。看起来这句话似乎是有些揶揄之意。其实换个角度来想，这句话也是对我们导游业务能力应该达到什么样的水平提出的一个要求。我们的祖国地大物博、山川壮美，但各地的物质文化发展程度并不尽相同，也正是因为有不同，才更需要导游用自己的工作去完善、促进旅游发展。导游要通过自己的讲解去展示自己家乡的风貌特点，将游客引入到当地的情境当中，让游客能够深入一些了解、理解当地的发展现状，融入旅游活动当中。其实在传统旅游活动中由于时间和行程的限制，很多游客是处在走马观花的状态下的，这时导游如何在这些条件的限制下，突出个性，在某一个或几个特点上引起游客的关注和兴趣，如此这样，相信游客在这一次的旅游活动中会对这个地方印象深刻的。

也正基于此，在有些适合的团队接待中，张健开始把诗词文化作为一个引子，希望能让游客快速又简明扼要地记住一个地方的重点。比如，在介绍广西的时候，他先把自己创作的诗朗诵给大家听：

> 南来请到广西游，
> 八桂大地尽风流；
> 山水自古甲天下，
> 壮乡民歌传千秋。
> 民族自治民做主，
> 和谐社会和中求；
> 山乡已然改旧貌，
> 都市繁忙起新楼。
> 风生水起北部湾，

> 与时俱进南疆秀；
>
> 一带一路宏图展，
>
> 连接东盟壮志酬。

来到北海，他这样开头：

> 璀璨南国一明珠，
>
> 海上丝路早通途；
>
> 旧时泪写还珠赋，
>
> 今日喜成改革书。

接着从这首诗展开来，向游客有侧重点地介绍当地的历史变迁，时代发展、基本特点、民俗风物等内容。尽量避免程式化地介绍当地的面积、人口、年代、气候等比较单调枯燥的内容，客人也不大容易记住，效果不令人满意。而诗词的好处就是字数不多，词性考究，合辙押韵，重点突出，较易记忆。尤其是对于一些文化素养比较高，有些年长者或者也对诗词等传统文化感兴趣的游客来讲，就比较容易碰触到他的敏感点。为了丰富讲解方式，平时也练习书法的张健还把诗词写成一幅书法作品，在朗诵的同时展示给大家看，这样就更直观，也从另一个角度让游客感受到导游的多才多艺，这也是一个需要文化和内涵的行业，从而树立导游在社会上的正确、正面的形象。有的老人习惯在旅游中做一些笔记，车上又不方便写字，所以有时一下车，就来找张健把诗词内容记下来，有的干脆就直接把他写的书法作品"据为己有"，留作纪念。有的游客还因为有共同的爱好和张健成了好朋友，有时互以诗歌相和，友情日深，更成为他在导游工作中暖心的额外收获。

随着当前国家对旅游的不断重视和加大投入，中国的旅游市场也呈现出蓬勃发展的良好态势，全域旅游工作已经开始深入开展起来。特别是在国家机构改革的不断深入过程中，把文化部和国家旅游局合并成立文化和旅游部，更是彰显了我们国家对旅游工作的重视。文化旅游学表明，文化和旅游二者密不可分，文化是旅游发展的灵魂，旅游是文化发展的平台，旅游业态和产品的竞争力最终体现为文化的竞争，而文化软实力在很大程度上要凭借旅游这一路径推介和传播出去，只有把旅游与文化二者紧密结合起来，旅游业才能不断加快发展步伐，才会富有强大生命力；只有把旅游与文化二者有机统一起来，民族文化资源才能得到充分挖掘和有效利用，文化产业发展才会保持可持续性和强劲态势。在旅游文化或文化旅游的发展过程当中，导游作为其中一个重要的工作职位，当仁不让地应当为此做出应有的贡献。对此，张健也有着清醒的认识。

诗可以抒怀，诗可以明志，诗可以传情，诗可以交友。在诗词的海洋里，张健还将尽情遨游，扬帆再起航；在旅游的事业中，张健仍会不忘初心，继续前进！

山沟沟里走出来的学者型导游

导游简介

　　程贤法，国家高级导游、杭州市文明导游、杭州市金牌导游、浙江省模范导游、全国金牌导游，主编和参编的著作有《江南十大水乡古镇导游词》《精编浙江导游词》《华东黄金旅游线导游词》《云贵高原导游词》。

山沟沟里的艰难跋涉

　　说起千岛湖，已经没有人感到陌生了，但是二十年前，这里还被称为"新安江水库"。中国人自力更生、艰苦奋斗建造的第一座大型水力发电站——新安江水力发电站就建在这里。新安江水力发电站的建设被写进还在读小学的程贤法课本里，让他从小就懂得了什么叫自力更生、什么是艰苦奋斗。

　　程贤法是大山之子，出生在两省（浙江省、安徽省）三县（淳安县、临安县、歙县）接壤处的一座小山村。程贤法在这里读完了小学，12岁那年以全乡第一名的成绩被县重点初中录取。中学读书时，程贤法需要走十几里山路才能坐上长途汽车，车程2小时，再到威坪码头乘船3小时才能抵达淳安县城。为了节省不多的生活费，程母总是在儿子出行前做好路上的两餐饭，让他带走。程父则在去田间劳动的路上送他翻过最艰难的大山，然后千叮咛万嘱咐，让他上车下船一定要小心，等程贤法赶到淳安县城的中学已经一天过去了，如果遇到刮风、下雨或下雪，更是苦不堪言。

　　因为家境贫穷，每个月只有1.2元的生活费，家境好的同学吃的是食堂的时令菜，而程贤法只能吃家里带去的辣酱或霉干菜，中学六年，他吃了六年的辣酱和霉干菜。求学的艰辛，生活的简朴，让幼年的程贤法很早就懂得了父母和乡亲的不容易，领悟到好好读书的重要性。

从小学读到中学，再到大学。大学毕业以后，程贤法进了县属国企工作，后来又下过海经过商。怀着好男儿志在四方的理想，1998 年程贤法来到省城杭州，在杭州某旅游学校主办的导游专业班学习，当年 11 月，参加全国统一的导游资格证考试，全班 50 个同学，仅 4 个同学顺利通过考试，程贤法脱颖而出，开启了他的旅游生涯。

以"五干精神"服务游客

如歌的岁月，火红的事业，带给程贤法蓬勃的朝气。1999 年，程贤法进了杭州教苑旅行社有限公司从事导游工作，他所带的团队都是浙江人去外省旅游，如"海南 6 日游""北京 7 日游""张家界 6 日游""云南贵州 10 日游"等。虽然工作很辛苦，但程贤法总是把工作的心得体会记录下来，撰写导游资料，梳理讲解素材。有道是机遇总是眷顾有心人，当年导游班的老师要谋划编撰一本《云贵高原导游词》，而老师身边恰好缺少一位对云贵高原文化有研究的撰稿人。因 1999 年程贤法连续带了四个去云贵高原的旅游团，于是他被老师邀请担纲了《云贵高原导游词》的撰写任务，被推选担任该书的副主编。

从一名普通导游到旅游类书籍撰稿人，对程贤法日后理论知识的提高起到了良好的促进和推动作用。该书编写任务完成后，程贤法步入了更能锻炼导游成长的华东黄金旅游线的地接导游行列，为专业能力的提高积累了更丰富的经验。有一次，程贤法在带团途中遇到一位游客说，"旅游界有一句俗话叫'祖国的山河美不美，全靠导游一张嘴'……"言下之意，即使风景不美，但导游会说就行了。于是程贤法委婉地解释说："山河的美有些是显而易见的，有些则是蕴含的，但它们都需要导游根据客观实际来介绍，例如某个历史名人到过那里，但是他并没有留下什么遗迹，导游员还是可以把他生前最亮丽的故事嫁接过来，而导游词的风趣幽默又能增添游客的兴趣或乐趣，这就是'全靠一张嘴'的科学解读，而不是无中生有。"程贤法是这么说的，也是这么做的。2000 年的正月初一，他在南京禄口国际机场接到了一批来自广州的游客，第一站是南京中山陵景区，从机场到景点要 1.5 小时的车程，他全程均有讲解，而且发挥自如。当旅游大巴抵达中山陵景区时，一直跑这条旅游线的司机师傅由衷地告诉游客："这段路程，通常别的导游沿途讲解 20 分钟就结束了，而程导游今天整整讲解了一个半小时，你们遇到了好导游呀！"游客们都觉得很幸运，纷纷向程贤法点赞！此团送走不久，旅行社收到了一封热情洋溢的感谢信，题目是"杭州人的骄傲"，信中这样写道："……八天的旅程，程导，时而诗歌，时而传说，纷繁复杂的历史知识信手拈来，徐徐把我们带到陶渊明笔下的世外桃源，引起无尽的遐想……是我们历次旅游中最开心的一次，收获最大的一次！"洋洋洒洒 3000 字的感谢信，或表扬、或鼓励、或点赞，字里行间流露出游客对导游的认可、欣赏和尊重，旅行社总经理看了这篇感谢信之后也是十分感动。

程贤法自从 1999 年从事导游工作以来，一直坚持以"五千精神"服务游客，即千方百计的思考，千言万语的讲解，千山万水的跋涉，千辛万苦的服务，以诚心、细心、耐心为千千万万的游客服务。正是因为这种宾客至上的服务，他多次收到感谢信，获得锦旗和各种表彰，先后荣获：2003 年杭州市文明导游，2009 年杭州市文明导游，2011 年杭州市金牌导游，2011 年华东导游景点推荐大赛第一名，2016 年浙江省模范导游，2019 年全国金牌导游。

旅游业的学者型导游

岁月悠悠，光阴荏苒。由于程贤法对导游工作的热爱，专业知识的精深，加上经常参加旅游图书编撰工作和授课，专业特长逐渐被圈内人士熟知。2002 年，程贤法从事两年华东地接导游之后，开始编写《华东黄金旅游线导游词》一书，并担任副主编。2008 年，程贤法再次编撰《精编浙江导游词》一书，同时出任第一副总编。2013 年，他又主编了《江南十大水乡古镇导游词》一书，并且多次修订再版，成为中国旅游界最畅销的书籍之一。

程贤法对旅游知识的解析经常举一反三或由表及里，以启迪读者和游客的思想。例如，在一次省内外旅游界的学术会议上，程贤法大胆阐述改革建言。近年来，由程贤法主编和撰写的旅游类图书、论文和游记等内容十分丰富，被业内誉为：与时俱进，可读性强，以"高、精、新"为引领方向，成为当今"最能说明中国旅游发展变化"的力作之一。

杭州市旅游委员会的领导，同样注意到了程贤法在旅游学术领域的专业水准，一次他们突然接到外省请求，便委派程贤法去安徽黄山市给200名导游同行授课。大家都知道，给同行授课与给不是这个专业的人授课是不一样的，况且里面有旅游界的领导和专业人士，课讲得好不好显而易见，然而厚积薄发的程贤法通过两天的授课，获得了大家的一致好评。他们评价说："杭州来了个非常优秀的老师，课讲得相当好，而且都是干货，受益匪浅！"当地的媒体是这样报道程贤法的授课效果的：两天的讲座，全场互动不断，掌声连连。它让学员们直观地感受到了这个行业的巨大魅力，激发了学员的学习热情。所有导游同人都深有感触，都嫌时间过得太快。刚获得导游证的朱同学说："这类讲座当然是越多越好。我还从程老师的讲座里感到，想要达到他的程度，首先要加强我们自身专业知识的学习。"现场的其他导游也纷纷表示，今天的讲座让他们受益匪浅，程老师的课给他们的莫大启发，就是理论联系实际。今天的活动与其说是他们在聆听讲座，还不如说是程老师给他们的导游生涯建立了一个崭新的范式，对于他们今后带团有了很大的样板作用。本次讲座，注重与实践、热点相结合，拓展了学员的专业知识面，让学员对专业的概况、规范标准、专业技能、导游前景等有了比较全面的认识，进一步激发学员们要学好专业的紧迫感和积极性。

随着出书、授课等学术工作的开展，声名鹊起的程贤法被多所旅游院校聘请为兼职老师：浙江大学城市学院行业导师、浙江树人大学管理学院实训导师、浙江旅游职业学院客座教授、浙江商业职业技术学院兼职教授、浙江育英职业技术学院客座教授、杭州科学职业技术学院客座教授、金华职业技术学院客座教授。

之后，程贤法根据多年的带团经验和体会，升华出独创的《导游艺术八项基本法则》，即知识化法则、口语化法则、故事化法则、幽默化法则、神态化法则、心锚化法则、嫁接化法则和才艺化法则。这些法则的推广使用有利于新入职导游少走弯路，也提高了导游队伍的专业化和标准化水平。这些法则理论被国内多所大学的旅游业权威教授借鉴，引起了强烈的反响，很多大学领导慕名而来邀请程贤法前往授课。

程贤法深耕旅游行业数十年，既有理论又有实践，还多次被中共浙江省委统战部委派，对口支援旅游经济建设。2018年8月26日，程贤法和其他两位旅游专家在中共浙江省委统战部副部长王利月的带领下走进四川阿坝州，开展旅游学术活动，推动浙江省和阿坝州在旅游开发、人才建设等方面加强合作，让当地老百姓受益，真正打赢脱贫攻坚战，受到当地文旅界领导的高度点赞和认可。

铸就自己的精神坐标

从大山里走出来的程贤法，更懂得感恩和帮助他人，他由衷地说："一个人要懂得感恩，要活得有价值。做人要脚踏实地，不能唱高调，一个人只有对父母亲朋好，才有可能对家乡和国家好，我要争取多做贡献，回报社会！"

2020年新冠疫情来势汹汹，程贤法时刻关注家乡疫情防控工作，通过录制防疫宣传音频、转发防疫宣传文章，和村干部一起，誓赢这场没有硝烟的疫情防控阻击战。正月初二，清晨六点，天还未亮，程贤法就骑着三轮车带着他的防疫宣传小喇叭，开始了一天的走街串巷防疫宣传，筑起了防控疫情的第一线。

程贤法还主动申请担任村疫情防控检疫点值班长，在浙皖交界处疫情观察卡口，同安徽省值守人员合力排查来往车辆和人员，为全乡乃至全县筑牢疫情防线。为带头做好表率，程贤法连续值班多个昼夜，村主任担心他身体吃不消，建议让其他人员代替他轮流值班，让他换岗休息，他却说："通过这几天的工作，我已经很熟悉检疫流程，经验更为丰富，在这个争分夺秒的非常时期，换掉一个人又需要重新熟悉工作流程，我身体素质好，还能继续坚持！"

当程贤法在得知家乡防控物资紧缺时，第一时间带头捐款1000元。在程贤法的带领下，其他爱心人士也陆续捐款，筹款共计7500元，用于购买防控物资。

"我在这里土生土长，热爱家乡的一草一木，我做这些，是尽自己的责任和义务，隔离的是病毒，留下的是关爱和希望。"程贤法如是说。正是因为有众多像程贤法这样的爱心人士，坚守防疫一线，用实际行动同县、乡、村干部一起，聚集力量，共克时艰，淳安县至今没有一例新冠肺炎患者。

程贤法总是把热爱祖国、拥护中国共产党纳入自己的言行，如积极参与智力教育扶贫、资金物资扶贫和劳动力扶贫等活动，并且长期坚持不懈。我们衷心祝愿他走得更好、走得更远！

导游＋学者，带你认知大美新疆

┄┄┄┄┄┄┄┄┄ **导游简介** ┄┄┄┄┄┄┄┄┄

　　薛艳，文学博士、历史学硕士，新疆金桥国旅高级导游，国家金牌导游，文旅部"名导进课堂"师资库成员，新疆文旅厅专家库成员，曾获中国旅游业女性榜样人物和新疆旅游行业年度人物称号。

成为导游

　　薛艳出生于历史文化名城——喀什，这里在 20 世纪 80 年代开始就有很多游客进入。高三毕业的暑假，在咖啡馆打工的她接触到了旅游这一行。此后的大学暑假，她乐此不疲地做着跟旅游业相关的工作，后来如愿考取了导游证，成了专职导游。这一"导"就"导"了近三十年，淬炼成了新疆旅游一线的精兵强将，接待了数以万计的中外游客。每一次带团，她都会根据游客的职业、年龄等特点准备不同的导游词并细致、耐心地为游客服务，竭尽所能地带给游客一段美好的旅行。因此，近千次的讲解与服务，无一例投诉，她是游客和旅行社心中的金牌。

　　没有一个人能随随便便成功，薛艳也一样。在带团的过程中，她深深地意识到：旅游从来都不能简单地等同于游山玩水，新疆旅游的核心魅力也不在于走走看看山山水水。丝绸之路上，漫漫时空间，多元文化的碰撞与交融才是这一方水土的人文含量，这些文化积淀正是深深吸引四方游客的根本原因。为了能更好地把大美新疆介绍给游客，薛艳要填补自己的知识库，要把自己武装成旅游界的"百科全书"。于是，她的业余时间几乎都用在了"充电"上。然而，利用碎片时间的自学总让她感觉是捡到了一粒粒珍珠却无法串联起来，她想获得一次系统的学习。

从导游到学者

于是，她抓住了孕期这段时间。她想，反正也没办法出来带团了，不如安心在家学习吧。她利用这段时间开始考研的准备，其中最难的是英语。从大学三年级之后就撂下的英语在十年后要捡起来，别说语法了，单词都不记得几个。她挺着大肚子进入辅导班，开始艰难的学习。孩子百天时，她参加了英语四级考试，并顺利通过。这为她增添了很大的信心，她一鼓作气报考了母校——新疆大学地方史专业的研究生。2006 年，薛艳重返校园。这一年，她三十二岁，孩子也一岁半了。2009 年，她获得了历史学硕士学位。

2010 年，她考上博士研究生，继续进行新疆历史、文化与古文献研究的学习。这一次，她想做旅游相关的研究。因为 21 世纪以来，旅游业已成为世界发展速度最快、势头最强劲、规模最大的产业之一。旅游开发带来的外来文化和商品经济模式冲击着旅游开发地区原有的文化生态，并对其他产业起着关联作用，人员、信息、资金等都会因旅游的涌动而涌动。2000 年，薛艳作为导游第一次走进喀纳斯。十几年间，她亲历了喀纳斯的游客量从年均 1万多人次增至 100 多万人次，目睹了喀纳斯生态的变化，也感受了当地居民心态的变化。因此，她在这里进行了"旅游开发对人口较少族群影响"的课题研究。

从小生活在城市的她来到了田野调查点——深山里的禾木村，面临着语言不通、生活不习惯、当地人不接受等困难，但她咬牙坚持、慢慢适应，最后爱上了这个村子。当地的一些朋友也在她的影响下，开餐厅、开家访、开民宿……通过参与旅游开发走上致富之路。这些素材积累为她的博士论文《牧游与旅游——现代旅游开发背景下的图瓦人文化变迁研究》奠定了基础，其中《基于游牧——旅游的民族旅游资源整合路径透析》《散居少数民族权利保障机制探索》《旅游开发背景下新疆图瓦人婚俗的变迁》《民国时期民族平等思想在新疆的产生》已发表在了期刊上。在读硕、博期间她还先后参与了"新疆各民族的国家认同之路""边疆多民族地区构建社会主义和谐社会研

究——以新疆为例"" 新疆建省研究"" 新疆通史"等课题；参编了《天池志》
《中国历史》《新疆历史我知道》等书。

从学者到导游

硕博期间，薛艳利用暑假时间，坚持在一线带团。这既为生活提供了基
本的经济保障，也使所学有所用。有了这么多知识做底，薛艳的讲解更丰富、
更生动了。

第一次来新疆旅游的北京游客吕先生说："来之前，我以为就是来吃美
食、看美景的'身之旅'。我们有幸遇到了薛艳这样优秀的导游。跟着她走
了一圈，我才感受到其实这是一趟'心之旅'，长见识了。"和吕先生同行的
游客谭女士说："我觉得这是一次'爱之旅'，听着薛导游充满情感、声情并
茂的讲解，我们也爱上了新疆的红柳、沙棘、胡杨、雪岭云杉等植物，像是
可以和新疆的马、牛、羊、天鹅，甚至是狼啊、鹰啊都能交朋友。"来自深圳
的初一中学生毛毛说："薛阿姨让我了解到了西迁与东归、知道了抗战时期新
疆人民的贡献和新疆各族人民对祖国的深厚感情。我在新疆上了一堂历史大
课。"

薛艳将自己积累成了一名"心中有货、眼中有光"的旅游达人，一位名
副其实的"文化 + 旅游"的学者。

导游的导游

一枝独秀不是春，薛艳希望将自己学到的知识分享给更多导游同行们。
她说："大家了解得更详细、更透彻了，就会给游客带来更真实、更有温度
和深度的讲解，这有利于优秀文化的传播，也能避免错误讲解对当地人的伤
害。"她的想法得到了自治区旅游局培训中心的支持，他们帮忙联系场地、印
制听课证，促成了《走进图瓦人》免费公益讲座。2011 年、2015 年，薛艳分
别入选自治区和国家旅游局师资库，承担了为自治区旅游局及地州旅游局培
训从业人员的部分工作。十年间，从雪域之巅的帕米尔到沙漠边缘的鄯善，
她走进一个个地州，进行着导游资格考试、上岗、年审等培训，还为讲解员、

景区工作人员、旅游车驾驶员等做了近百场专题讲座。

她还把自己积累到的旅游服务知识和文明旅游意识，通过系统授课和专题讲座的形式，传授给新疆大学、新疆财经大学、新疆农业大学、新疆职业大学等高等院校旅游管理专业的学生。2019年，她辅导的4名选手在乌鲁木齐导游大赛中获得了3个二等奖、1个三等奖，她培训的18名选手参加自治区导游大赛，获得了3个银奖、6个铜奖。

2010年至今，薛艳因其丰富的旅游知识而深受各地旅游界的欢迎，她应邀参与了裕民县旅游总体规划、疏勒县长寿村景区规划、叶城县旅游"十三五"规划，叶城县和巴音布鲁克景区讲解系统设计与讲解员培训，吉木萨尔县和鄯善县全域旅游培训，巴音布鲁克、乌尔禾魔鬼城、库木塔格、巩乃斯、帕米尔等景区创建5A级培训。2017年，她参与新疆3A级以上景区（点）规范导游词和伊犁州导游词的编写工作。2019年主持吉木乃县导游词的编写。

2019年10月，她组织19个省的国家导游大师、国家金牌导游等30余人开展了"传递正能量 智力援新疆"的高级导游志愿服务。先后到乌鲁木齐、吐鲁番、阿克苏和喀什地区考察了旅游资源情况，参加了"2019中国新疆喀什丝路文化胡杨节"，并与当地县市文化旅游部门、旅游景区、旅行社主要负责人以及一线导游员就文化旅游融合、研学旅行实践、导游服务提升、旅游产品定制、旅游标准化、文化保护和文化遗产文化创意等方面进行了充分交流，组织了沙漠环保公益活动，并向乌鲁木齐市旅游协会以及国家级贫困县岳普湖县等县市文化旅游部门、达瓦昆沙漠等旅游景区分享了交流考察团成员相关的研究工作成果。与广大导游员和旅游企业建立了有效沟通和交流的渠道，从宏观到微观进行问题交流和经验传递，帮助他们分析新形势、研究新业态、实现跨越发展。

书读万卷　千里话婵娟

▶ **导游简介** ◀

　　马淑娟，国家高级导游，全国优秀导游，入选文旅部万名旅游英才计划——"金牌导游"培养项目，"名导进课堂"师资库成员。

　　"马踏飞燕"是中国旅游的标志，若用来褒奖和比喻一位成绩显著的业内人士，想必也恰如其分。

　　马淑娟，1973年出生于古城邯郸。二十余年的辛勤努力，她从一名景区导游成长为一名国家金牌导游，这是一段从平凡走向辉煌的历程。她对旅游业的高度热爱与忠诚，她不怕劳苦、不计得失的优秀品格，她对专业技能的不懈追求与钻研，她对服务对象真诚细致的关爱，使她成为一方名导。

一张亮丽的城市名片

　　1993年，邯郸市第一座以赵文化为主题的旅游区——赵苑旅游区建成。马淑娟成为这座赵文化景区的一名景点讲解员，她勤学苦练、悉心钻研，为了做好讲解，她刻苦练习吐字发音、一本《汉语词典》由新变旧，为了丰富知识，她翻阅大量古典史籍，邯郸文化积淀深厚且表现在很多方面，她探究的目光除专注于书本外，还经常自费实地考察和多方拜师访询。她学习的范围已超越了一名景区导游的业务需要，但也就是从那时起她已认知旅游美妙的前景，深深地爱上了这一行业，她要为将来打下坚实深厚的基础。为全方位锻炼自己，她还担任邯郸电台旅游栏目业余主持人，为做到常讲常新，她撰写了多钟版本的讲解词。辛勤加用心，她的讲解水平提升很快，形成了自己的独特风格。1995 年，她考取了国家导游员资格证。1997 年，参加河北省抱犊寨杯导游大赛获得亚军，并荣获河北省十佳导游称号。

2000 年，她进入邯郸中国国际旅行社，成为邯郸市第一位普通话地接导游，建立了邯郸旅游业第一份内宾地接团队档案。当时她没有前辈可效仿、没有资料可参考，也没有便利的交通工具去踩线，但是天生不服输的性格让她克服了种种困难，自费坐车到县、乡，每到一处她都会询问地名的由来和景点的传说，一个宾馆、一个酒店、一个景区地去接洽，终于摸索出一套邯郸地接流程和规范，有人开玩笑说，"你当个导游启蒙了一大批服务单位"。

随着邯郸对外开放程度的不断加强，越来越多的公务团来到邯郸，政务导游成为导游行业的新兴分支越来越受到关注，职业敏感性使她较早地关注到这个新领域，她大胆开启邯郸政务导游之先河，成为邯郸市首位政务导游。由于政务导游对于政治水平、综合能力方面具有更高的要求，她便潜心琢磨政务导游的业务特点、注意收集多方面信息，很快具备了政务导游的素质，在带团过程中对游客关心的问题她可以信手拈来、滔滔不绝。无论是讲邯郸的政治经济、历史文化还是城市规划、招商引资、城市建设，她都如数家珍。她多次参与邯郸市重大活动接待，先后担任全国政协副主席郑万通，中纪委副书记何勇，全国人大常委会副委员长李铁映、彭珮云，外交部部长李肇星，中纪委副书记刘丽英，全国妇联副主席陈秀榕以及多位省部级领导来邯的全程导游。自然大气的讲解风格、灵活多变的讲解技巧、内涵丰富的讲解内容受到各级领导的高度赞扬。郑万通副主席说，小马的讲解是四位一体。李肇星部长说，小马的讲解很精彩……何勇副书记说，小马古为今用结合得好。陈秀榕副主席说，小马讲出了女性的风采……领导的肯定、业内人士的认可，尤其是广大游客的认可，给了她极大的鼓舞和动力，也使她当之无愧地成为邯郸导游界的代表。

一座连接国际的桥梁

马淑娟刚到国旅的时候，邯郸的入境旅游还很薄弱，受条件所限，每年来邯郸游览的外宾很少，作为入境部经理，为开拓入境旅游业务，她付出了太多的汗水与心血。

她有很强的责任心和工作激情，也不乏机敏和办法，她的许多业务往往是在看似不可为的情况下做起来的，她善于抓住任何稍纵即逝的机会。

2002 年的一天，中青旅总社的一份传真引起了她的注意，"涉县是否在你市，是否有一处朝鲜义勇军旧址，韩国有团队询问此处"。她收到传真立即向有关部门打听此事，咨询了当地研究这段历史的专家，亲往涉县寻找此地，了解这段历史。原来在邯郸市涉县的石门山，有两座抗战时期牺牲的朝鲜义勇军烈士墓、在涉县的南庄村有当年朝鲜军政干部学校的旧址，还有三位当年的亲历者仍然健在。她及时向北京中青旅回复此事，在她不断的努力和精心的安排下，2003 年 1 月，韩国朝鲜义勇军遗址寻访团一行 80 余人来到邯郸。团队来的前一天她冒着严寒的天气自己找车提前来到 100 多公里外的村子和支书交代好第二天的欢迎仪式、参观流程，连夜赶回市里的时候已至深夜，睡了不到四个小时就又到火车站接团了。她带着团队寻找到了当时的抗战遗址，让当地的亲历者给韩国学生们讲述当年的那段历史，到墓地祭奠烈士英灵，并种下了中韩友谊树，韩国 KBS 电视台全程拍摄。一个团队她费尽了心力，有些已经超出了一名导游的工作范围，由于此团获得空前成功，在邯郸和韩国都引起了广泛关注，一条红色线路和每年的韩国系列团由此发端。也正由于此事促成邯郸市与韩国密阳市签订为友好城市，现在当年的小村庄已成了一个旅游点，当年的友谊树已成了一片友谊林，当年第一批来邯的韩国大学生团友有的已成为韩国义勇军纪念馆的讲解员。一个团队找寻回了一段历史，一个团队架起了一座中韩友谊的桥梁，一个团队影响了一批韩国年轻人，一个团队成就了一个景区，一个团队增添了一条国际旅游线路，她用自己的实际行动实现了一个导游的价值，真实地演绎了导游就是民间大使。

一位弘扬本土文化的使者

邯郸是历史文化名城，丰富的旅游资源构成了邯郸旅游的多元文化，也使邯郸的地接业务具有浓重的文化色彩，可喜的是，马淑娟利用了这种优势，与旅游业务很好地结合起来并形成互动。

那还是十年前的事，邯郸文物专家马忠理先生到日本访问发现那里作为传统雅乐演奏至今的《兰陵王入阵曲》竟取材于北齐，兰陵王的墓就在邯郸磁县，一首古曲、一个面具从唐代传到日本竟然没回过故里。知道这个信息后，她赶到北京，在国旅总社日本部的帮助下与日本山形县取得联系，这里有祖孙三代表演《兰陵王入阵曲》的乐舞世家，他们至今还保留着唐代的面具。紧接着她又回到邯郸与磁县有关部门洽谈接待事宜，经过一系列紧锣密鼓的运作，日本山形县访华团一行40余人如期来到磁县，失传千年的古曲在她的努力下终于在故乡上空再度悠扬响起。

类似的事例还有很多，夏天酷暑高温下和日本陶瓷考察团在磁州窑捡过瓷片；滂沱大雨中带台湾宜兰县游氏家族到广平县寻根祭祖；太阳初升时带荷兰太极拳团在永年广府习拳；夕阳西下时带考古专家踱步赵王城遗址……

一位亲切的游客之友

四季耕耘，常年奔波，她带过的客人成千上万。每逢过年过节，国内外游客的祝福短信数不胜数，每当这时，她都会有无比的成就感和幸福感。她常说，其实每次当全陪带客人出去旅游，都必须尽心竭力、真诚相待，因为在异地他乡你是游客的依靠；每次带入境游客游览，都一定力求完美，因为在游客眼里你就代表中国，你就代表家乡；每次带游客出境，都必须精心，因为在游客眼里你就是亲人。她常常换位思考，因此她带老年团像女儿一样细心周到，带年轻人团像朋友一样活力四射，带小朋友团像阿姨一样和蔼可亲。正是这种至诚美德、换位精神和精细作风，她才受到广大游客的衷心喜爱和尊敬。

一位热忱的导游之师

随着导游知识的不断积累和导游经验的日渐丰富，她的导游生涯已进入新阶段。近几年，她又积极发挥传帮带作用，导游岗位培训、政务导游培训、旅发大会志愿者培训、导游大赛参赛选手赛前辅导，各种导游公益活动她都悉数到场。2010年，她代表河北省参加全国"名导进课堂"师资培训，并入选国家级导游师资库，多次赴各地讲学，丰富的讲课内容、活泼的讲课风格受到业内人士及学生们的欢迎。2018年，入选国家文旅部万名旅游英才计划——"金牌导游"培养项目,专项研究"乡村导游服务规范与技巧",助力乡村旅游。作为全国导游大赛河北代表队的指导老师,指导选手在 2019 年全国导游大赛中喜获一银、一铜的历史最好成绩!

"带游客是一种责任,带好新导游也是一种责任"就是她的信条。二十余年的导游生涯,她耐得住寂寞,守得住清贫,坚持住追求,扎扎实实、一步一个脚印地走到了今天,并且会一直保持下去。

人生不受限，精进铸辉煌

导游简介

周赟，陕西省旅游协会导游分会会员，陕西省导游资格证口试考官，国家高级导游，国家金牌导游。

时间不会因为任何人而放慢，科技也不会因任何事而停滞。所以各位旅游人，更应该利用这次难得的机会。不烦躁、不懈怠，审视自己、通观全局、树立目标、苦修内功。

宁静致远的哲学

疫情已缓解，朋友已复工，景区也已开放。但旅游人必须清醒地认识到，大家为游客所提供的服务，属于人们高级别的精神层面的需求。它受到诸如安全、温饱、时间、金钱、心情等各种条件的制约。所以短时间内，人们的出行欲望必然处于相对低迷状态。面对生活、家庭和他人给予的压力、坏情绪，首先要学会通过舒缓的音乐做自己情绪的主人。其次要学着享受这份宁静，与身体交谈，与内心对话。从而发现自己的优点、天赋和需求，如喜欢阅读、演讲、旅游、公关交际。最后从兴趣出发，做自己擅长的事，多读书、读好书，同时提升自己的感性素质，把自己的收获整理并分享出去，并时刻铭记"静则定，定则慧"的人生哲学。

梦想的力量

　　冷静分析行业动态，为自己树立真实可行的目标，做好梦想清单管理，并付之于行动。近年来新教改提出大力发展素质教育，使研学旅行成为旅游新业态中重要的板块之一。国家提倡学习优秀的传统文化，使博物馆旅游热度倍增。大家就应该思考：如何利用通俗易懂的方式，融会贯通地表达，把文物背后的故事、文物所蕴含的文化智慧分享给游客。

　　做一位德高身正的师者、做一名知识渊博的讲者。这个梦想不但需要大家掌握教育学、心理学和职业规划方面的知识，更要求大家的历史、文物、美学及文学等综合知识更准确、更丰富，最终形成自己独到的见解。所以在实现梦想的路上，大家要深耕细挖，不断精进自己。

　　有了梦想，最重要的是制订实施的计划。例如，五年梦想计划，也就是具体地描绘出五年后的自己，如成为行业内培训师、优秀的讲者。并详细地制订出为了实现它，每年要实现的短期目标。如2021年做十场内容输出，扩充并重新整理十个专题的讲解辞。随后把需要阅读的书目、观看的纪录片、听的百家讲坛名称全部罗列出来，依据可行性原则，把任务具体安排到月、周、天。同时做出具体的授课课题，再与目标客户进行沟通。

阅读的奥秘

　　我们经常说阅读是提升自己最便捷、投入最少的一种方式。在这个全民学习时代，作为导游一定要保持超强的学习力。当然作为一个社会人，因为动机不同，所阅读的书目也不同。这里从提升导游人文历史素养层面来说，选书应该从简单到通俗，再到经典版。

　　例如，要介绍秦国的历史，绕不开春秋和战国。而这个百家争鸣、群雄争霸的时代，人物众多、事件繁杂。从培养自己的兴趣和针对研学团队讲解这两方面出发。首先应该选择故事版本的春秋战国史，让这些重量级的人物先粉墨登场。如曹刿的一鼓作气，楚庄王的一鸣惊人，伍子胥的掘墓鞭尸等。其次选择细说秦朝历史的书籍，从而对秦国历史发展脉络有清晰的掌握。更重要的是把对秦统一天下起到重要作用的几位秦王施政方面具体的内容进行汇总。如秦穆公的客卿制度，秦孝公的商鞅变法，秦惠文王的巴蜀归秦等。最后就是司马迁的《史记》，引用他的原文，用以形容秦始皇帝陵墓的奢华，如"宫观百官，奇珍异宝尽藏其中……"让自己的知识更具有准确性，也通过自己的讲解，让文物更立体、更饱满、更生动，真正做到景物无声我有声。

"书中自有黄金屋"激励着每一位学习者，然而只有茅塞顿开的那瞬，你才能真正体会到这句话的奥妙及阅读的奥秘。

分享的快乐

输出才能让知识成为自己的，阅读的过程中记好笔记，读完后做成思绪清晰的思维导图，写成文字把自己的观点表达出来，这些还不能算真正意义上的分享。而大家应该做的，是通过自媒体微博、微信朋友圈和抖音的方式，通过知识输出，找到更多志同道合的人，从而建立自己的私域流量池。如果说微博、微信只需要你具备较好的写作能力，那么就从只言片语的日记体开始，坚持写上几年，素材积攒多了，笔头也练顺了。另外多听别人的文章，培养自己的故事思维和作者思维，不但学会布局文章，还要写得丰满而有料，这样被官方公微选择上的概率就比较大。当然点击率高的文章，还需要有记者思维，题目诱人、内容及时、观点新颖。也需要有同理心，知道受众群体需要什么。就如《中国诗词大会》开播时，关于这方面的微博文章，点击率轻松上万。但短视频却对一个人的综合能力要求特别高，如编导、主持、摄像、后期剪裁，耗时不但长，而且需要学习的知识还很多。但是大家必须认识到短视频巨大的影响力，务必耐心、用心地做下去，慢慢积攒人脉，为后期导游自由职业做好准备。

当然这里所说的分享，是以培训师的角色出现在正式的场地，面对固定的人群，进行互动式的分享、授课。这样不但对各位自身形象气质要求高，而且对讲者的知识量、课堂把控能力要求也很高。所以在确定下来课题后，要查阅很多资料，要有清晰的逻辑关系，要形成上万字的文字稿，最后把知识点浓缩在几十页的 PPT 上。每次上场前还要测时间点，背熟所有稿件。每个人都很享受传播知识时的那份快乐，组织方和学员们的赞许和认可，最终让之前所有辛苦付出得到升华。所以把握好每次分享的机会，打造自身的个人品牌影响力。

与时俱进的讲解

一片瓦、一间房或一座帝王陵墓，承载着丰富而优秀的传统文化。但文物本身厚重的历史积淀，让它静默了几千年。如何把它具备的文化灵魂挖掘出来，把它蕴涵的文化智慧表述出来，为今天的人们所用，就需要导游词常改常新。

例如，没有文字记载的史前时期，母系氏族社会的先民们，用他们的双手和智慧，创造了史前时期最为鼎盛的彩陶文明。制作陶器过程中：选泥时的耐心，打磨时的精细，施彩最佳时间的把控，烧陶时温度的拿捏，出陶时的等待。这种与时间完美融合的慢哲学，精益求精要求下的工匠精神，不正是大力发展硬科技的今天，我们应该学习的吗？

在知识、信息经济时代的今天，时刻铭记内容为王。在努力诠释旅游灵魂的过程中，时刻精进自己，树立导游队伍正面形象，传递文化和旅游行业的正能量。

主题五
景物无声人有情

从"逃兵"到"金牌"的逆袭之路

导游简介

黄锐坚，全国高级导游，2013 年获上饶市十佳导游，2017 年获江西省百佳导游称号，2019 年获国家金牌导游称号。

2001 年，因为高考志愿调剂，黄锐坚成为九江学院导游专业的学生。三年的专科学习，他的成绩不算出色。毕业前夕的一场 SARS，更是让他陷入前所未有的恐慌中！"我害怕毕业就失业！因为没有通过导游资格考试，我觉得自己可能并不适合做导游……"还没有准备踏入社会的他，最后选择跨专业专升本，继续读书深造。

一纸证书：深情回归

毕业后，黄锐坚走南闯北，尝试过很多行业，得出一个结论——所谓的工作合适，就是发自内心的喜欢！游历的城市越多，他发现能让自己停留的风景却很少，心中念念不忘依然是家乡的山水！

2009 年年初的同学聚会上，他得知江西旅游业发展不错，心里非常欣喜。席间畅聊，老师的意见更是让他坚定了回归的决心。

"我不想再给自己留退路，两次失败的考证经验，我必须破釜沉舟！"为了获取从业资格——导游证，他和家人达成了共识，辞职在家专心备考。半年时间，他的生活一直很单调——早上看旅游法律法规，下午学导游基础知识，晚上攻导游业务，他知道要想顺利通过考试，任何一门都不能放松！看书、刷题、模拟带团、查缺补漏，他为自己的决心努力着！

因为准备充分，黄锐坚顺利通过了2009年的全国导游资格考试。领取证书的那一刻，他有些激动："终于能持证上岗了！不过我知道这只是一个开始，未来的路还很长，我必须更加努力！"

世遗名山：真情讲解

在江西，很多导游不愿意带三清山。因为三清山是山岳型景区，对身体体能要求高；线路长，没有统一的讲解词范本。很多长线导游会自掏腰包，请讲解员代劳带路！

"第一次上三清山，车程2小时，我的讲解词却只有两页纸，还是从书上东拼西凑而来的。游客听完以后感觉像在背书。当时客人随口问的问题，我都答不上来。所以我被客人投诉了……"

任职的旅行社主营业务就是三清山，为了争取更多工作机会，黄锐坚决定在讲解上下功夫。随身携带的导游日志，记录着他的成长！为了让讲解生动，他查阅资料，请教同学，每次上团他都会收集很多素材，如其他导游讲解出彩之处、客人提出却未解答的疑问、自己发现的小景点、客人分享的小故事。三清山行程一般4~5小时。他从来不赶行程，反倒会劝客人放慢脚步。一是为了让客人保存体力，二是为了让自己多介绍景点宣传家乡。

2011年的2月，浙江的张先生陪着家人二上三清山。一路上他细致的讲解吸引着张先生一家，也吸引了很多自由行的散客。"第一次和朋友来，只是觉得三清山风景不错！这次，终于知道三清山为什么要来三次！"站在西海岸的观景台上，张先生激动地握着他的手说："因为你的讲解，我想带着爱人再来一次！"

像张先生一样，很多游客被他热情真挚的讲解感动过。为了将家乡最美风景烙印在每个游客心中，他每年都会坚持修改导游词。他认为："讲解必须与时俱进，好的讲解一定是发自内心的真情讲解！只有真情讲解，客人才会有感觉！"

秀美乡村：温情服务

每年春暖花开的时候，每天都会有数以万计的游客涌入一座叫婺源的小城。婺源的油菜花季也是旅行社最伤神的时候。客人经常会因为交通、住宿、餐饮等问题心生抱怨，很多游客甚至会因为体验度很差，得出"婺源，再也不想来"的结论！2012年3月，已经成长为公司明星导游的黄锐坚，显得特别忙碌！

3月14日，湖北客人在高速遭遇堵车，他和餐厅老板老韩从下午守候到深夜，凌晨为客人奉上一桌热气腾腾的晚餐。

3月17日，浙江客人人员变动，酒店满房，他和司机老朱，主动把房间腾给客人，两人在大巴车上睡了一宿。

3月20日，湖南客人腿脚不便，梯田赏花时，他和司机老吴，特意把客人送到山顶观景台，带着客人慢慢下行赏花。

……

"客人千里迢迢来婺源一趟不容易。婺源的接待条件有限，很多硬件设施也确实跟不上，但是我会尽量想办法用服务去弥补。"为了顺利完成接待任务，出发前，他会详细核对计划单，排查事故隐患；带团时，他会根据客人的需求和实际状况，合理地优化和调整行程；面对突发状况时，他会根据即时消息和自身经验，做出准确判断，并给出最专业的建议。

2013年4月23日，黄锐坚接待了一个特殊团队，这是湖南娄底前来婺源疗养的二十几名老干部，行程是他熟悉的婺源三日游。

"见到他们时，我很感动！"他说："他们为共和国做出巨大贡献，我下定决心，绝不让他们带着一丝遗憾离开婺源！"为了更好地服务，他拉着领队了解客人的生活习性、兴趣爱好。带团间隙，经常和全陪、司机开小会讨论如何完美做好下一项服务工作。

游览时，知道客人想追忆年华，专门向公司打报告做申请，带着客人圆梦彩虹桥；查房时，知道客人爱喝茶，叮嘱客房多送两袋婺源绿茶；用餐时，知道客人有忌口，特意吩咐餐厅多上健康又营养的本地特色菜。优化行程时，不仅考虑天气、交通、用餐点、景点特色等常规因素，还考虑客人的身体状况、饭点，甚至是午休时间。"为了按点准时午休，我特意从行程中挤出时间，让司机送他们回酒店休息。这对于经常堵车的婺源，几乎是不可能！但是我真的做到了！"送团时，黄锐坚给每人送上一套上饶旅游风光明信片以作纪念。

导游，不仅仅是导游，有时，更是媒介，是一个城市的代言人。服务水平的好坏会直接印象到客人的判断。他认为："服务是一门艺术，深层次地挖掘客人的需求，温情服务，才能打动人心！旅行是慢生活的体验，比起讲解，客人更需要心灵上的慰藉！"

影视小镇：激情创造

在浙江横店影视城，随团的客人经常会因为口误，把他喊成"导演"，他很享受这个称呼。他坦言，横店是一个能够带给他激情，并创造出快乐的地方。

2015年6月，应旅行社业务发展需要，他成为往返于上饶和横店两地的直通车导游。

"横店是个有梦想的地方，每次带客人逛景区、看表演，景区工作人员满满的激情感染着我。我也想为客人创造快乐，传递幸福！"每次在横店带团，黄锐坚像导演导戏一样认真专注！

"我的后辈们太拼命了，我也得更努力！"为了带好横店团，他一直不断尝试在带团过程中融入新鲜元素。"现在客人出行经验丰富，需求也不尽相同，如果还是按照老套路带团，客人对这个景区不会有太多感觉！"

因为优质服务，他成为公司最热门的导游，很多团队来横店，组团人点名要求他上团。为了配合公司运作，他不得不高强度地套团。每天起早贪黑，连轴运转，让他身心疲惫。

"我已经不能再和后辈们拼体力了！所以我决定再做出一些尝试，虽然行程是预先设置好的，可是不同的编排，会产生不一样的神奇效果，我想让客人在横店旅行中学会生活，学会和他人交流分享！想让自由行的客人也爱上跟团游！"

2019年的夏天，游客张某第五次来横店，也是张某第二次带着儿子跟着他游横店。"知道是黄导带团，又特意报名再来一次，跟着他不仅学到知识，还能享受到快乐！"

很多同事经常会向他抱怨，工作中没有了激情。他笑而不语，他知道激情有的时候需要自己创造。而驱使自己的激情，不过是内心的坚持，是想将工作做到极致的决心！

现在，他又有了新目标。在取得了高级导游资格证以后，他创建了自己的导游工作室，用学徒制的方式培养新生代导游。用他自己的话来说："觉得自己一个人的力量还是有限，想带着后辈，给这个行业再多些激情！"

关于未来：长情告白

"人生没有那多逆袭！所有的逆袭，不过是一步一个脚印的坚持！其实我挺适合做导游的！未来我会一直做导游！"

新时期的"守陵人"

╪══════════════ **导游简介** ══════════════╪

　　谢静，清东陵景区导游，第四届全国导游大赛十强，第四届全国导游大赛"银牌导游员"，河北省十佳讲解员，唐山十佳中文讲解员，唐山金牌讲解员。

今生有缘，她是守陵人的后代

　　"我生在东陵，长在东陵，熟悉这里的每一块砖，每一棵树，每一个历史故事。我要让大家因我的讲解而更加熟悉和热爱东陵，把它的文化魅力传播到全世界！"望着眼前的红墙金瓦，谢静自信而知性。

　　在清东陵附近长大的谢静，家里几代都是守陵人。爷爷是建国后第一批来到清东陵的工作人员，参与了文物的保护和裕陵地宫的开放。妈妈投身清东陵申报《世界文化遗产名录》。祖父辈对清东陵真挚的感情，在她心里烙下了深刻的烙印，家人们忙碌而又陶醉于工作之中的样子，深深地影响着她。

　　2009 年，谢静也来到清东陵从事导游工作。如今，在此工作了十多个年头，她仍不知疲倦地学习。谢静说："清东陵是用砖石瓦木写就的清朝历史，这里的每一个故事都令我着迷，吸引着我去探寻。"

博闻强记，只为讲好东陵故事

　　"您看，这是一只黄金做的凤凰，连羽毛的边缘都栩栩如生，这件文物就是温僖贵妃包头发用的，据说她有一头 120 厘米的长发……"在清东陵·裕陵"震撼的遗珍"文物展览前，谢静如数家珍地向游客介绍着每件文物的工艺、传奇故事。

把自己熟悉的故事讲给别人听，谢静有着难以言表的喜悦。可是真正来到这里工作之后，她才发现流传在民间的故事虽然有趣，却离真实的历史相去甚远，于是带着对历史真相的渴求和好奇，她开始探求与清东陵有关的一切。

在这 80 平方公里的土地上，埋葬着顺治、康熙、乾隆等 5 位皇帝和孝庄、慈禧等 15 位皇后和 136 位妃嫔，是清朝由兴到衰的历史见证，每座陵寝都传承着或辉煌、或衰败的历史，每座陵寝都记载着或神秘、或动人的故事，要把清东陵读透并不容易。

从参加工作伊始，谢静就像着了魔一样地努力学习，白天跟着老导游们实地学习讲解，晚上回到家就认真总结白天遇到的各种问题。为弄清一个历史问题、解开一个传说疑惑，她常常要翻阅《大清会典》《清鉴纲目》《遵化州志》等几十万字的书籍。有些史料晦涩难懂或者记载不全，她就虚心地向赵英健等清史专家求教，直到把每一个问题都弄得明白。正是这样的日积月累，让她在讲解时越发从容自信。

做文化使者，遇见更好的自己

面对机关公务人员，她会以正史为主，讲康熙大帝的廉洁治吏，以史为镜，讲康乾盛世的治国之策；接待大众旅游团，她会结合热播的清宫题材的影视作品，如《延禧攻略》里的魏璎珞在历史中到底是怎样的？《还珠格格》里的香妃真的变成蝴蝶飞走了吗？而一旦来了喜欢古建的游客，她会讲"百尺为形，千尺为势"在清东陵如何体现……谢静为每一位游客讲出一个属于自己的"东陵"。

为了将正史与野史巧妙结合起来，使自己的讲解更有知识性和趣味性。"很多游客都是带着野史来的，我想把清东陵深厚的文化底蕴和大清朝由兴到衰历史讲述出来，让游客带着正史回家。"谢静说。

与此同时，谢静也在不断提升着自己。2013 年，谢静参加唐山市导游员、讲解员大赛后,不再满足于清史了,她开始学习朗诵、演讲,开始对着镜子练习形体、表情。2018 年,再次参加唐山市导游员、讲解员电视风采大赛时,她取得了第一名的成绩。在 2019 年河北省导游大赛中,早已将导游业务知识和对历史文化的热爱融入血液里的她,通过生动传神的讲述,赢得了评委的一致好评。说起参加第四届全国导游大赛总决赛,谢静坦言,面对来自全国各地的精英选手,她有过动摇也有过迷茫,这时,她熟悉的几位老师利用各种方式对她进行支持和心理疏导。

功夫不负有心人,一路走来,她先后获得"全国银牌导游""河北省十佳讲解员""唐山十佳中文讲解员""唐山金牌讲解员"等荣誉称号,比赛结束后认真总结,并将经验应用到实际工作中。通过自己不断努力学习,坚持不断践行自己讲好东陵故事初心。十年间,圆满完成了领导交代的各项接待任务,实现零投诉,得到游客和领导的一致好评。通过比赛,谢静遇到了更好的自己。

珍惜平台,争当最耀眼的那颗星

"清东陵有深厚的历史文化,有严谨的研究学问的态度和传统,也有着多名享誉国内外的前辈,有这样好的平台我才可以飞得高、走得远。"多次在重要的接待活动中获得赞誉的谢静平静地说,"我觉得自己不仅仅是一名导游,更是优秀历史文化的传播者,我一定争当那颗最耀眼的星"。

清东陵是世界文化遗产,它不仅是中华民族的珍贵遗产,更是全社会全人类的宝贵财富。因此讲好清东陵的故事也是在讲好中国故事,只有把清东陵的文物保护好,才能更好地宣传和讲述,让更多的人感受中国博大精深的文化内涵。谢静以及她的家人一辈子都在做着同一件事,那就是让清东陵越来越好,"我要把家族的优良传统继承下来,把中华民族悠久的历史文化传播出去"!

做沂蒙故事讲述人

┄┄┄┄┄┄┄┄┄┄ **导游简介** ┄┄┄┄┄┄┄┄┄┄

　　李晓敏，高级导游，2007 年荣获"山东省金牌导游"称号，2016 年被评为"五星级导游"，2019 年入选文化和旅游部万名旅游英才计划——"金牌导游"培养项目。

　　自 2002 年走出学校踏上工作岗位算起，李晓敏在旅游行业已经奋斗了 19 年，从懵懂的毕业生到今天入选文化和旅游部"金牌导游"人才培养计划，这期间的成长还历历在目。

　　因为热爱旅游而选择了旅游管理专业，进入职场，作为一名"导游"要想获得游客的尊重，就要强化自己的专业知识，不能只充当"带路"的角色，而是要把"讲解"和服务做到首位。

　　十几年前的旅游线路还没有现在这么丰富，特别是在三线城市，"旅游"还只是一小部分人的需求，大多是短线游、周边游，地接团的数量也不算太多。当她刚开始做地接团的导游时，没有导游词，那就自己在网上查资料，然后一点点整理起来，把旅游局印发的景点导游词加进去、打印出来，熟练背诵。可是这样整理完的导游词，总是有些"背课文"的感觉，"背"给客人听，自己也觉得很乏味。于是，李晓敏开始思考如何创作属于自己的导游词，如何让自己的讲解有吸引力，抓住客人的注意力。

　　首先，打框架。基本的概况要了解清楚，涉及的年份、数据类信息要准确，景点里的先后顺序要列好，这个是框架。比如，临沂市 5A 级景区蒙山主峰龟蒙顶海拔 1156 米，这样的数字就要精准，不可以用 1100 多米来代替。而对于面积类的数字尽量要以"好记"为原则。

其次，加装饰。对于自然景观、人文历史类的景点，可以多收集民间传说加到导游词里。比如，我们临沂市古称"琅琊"，是著名书圣王羲之的故乡，在介绍王羲之的时候除了他的生平、书法作品以外，把他生活的一些趣事，如巧补春联、18 缸水、竹扇题字等也放进导游词，很多客人就会感觉听我们的讲解很轻松、不枯燥，而且更容易接受。

对于红色旅游、红色研学这方面的讲解涉及年代的数据、战役的名称比较多。单纯介绍这些内容，游客没有太多感受，于是，李晓敏从自我介绍开始，就直接把游客的情绪带入她的讲解中：

这里是我的家乡临沂（很多游客比较茫然），也被称为"沂蒙山""沂蒙老区"，我就是沂蒙老区的孩子，所有的游客都会点点头"嗯，这个名字好熟悉"，然后游客也会打开话匣子"导游，你们这里还那么穷吗？""导游，你们这里的农村通电吗？"……于是，一场互动的讲解就开始了。

在红色讲解词里，她会把 2009 年上映的一部以沂蒙红嫂们为原型的电影《沂蒙六姐妹》加入到讲解词中。

影片里 1947 年孟良崮战役前夕，沂蒙山的烟庄举办了一场特殊婚礼，嫂子春英抱着公鸡替当兵的小叔子拜堂娶了月芬。村里的妇女和老人忙着准备煎饼和军鞋……战事又紧，新的支前任务派了下来，可是公粮一时半会运不到，于是乡亲们四处筹粮。月芬赶了几十里山路回娘家借粮，此时恰好素未谋面的丈夫随部队经过家门口，却又与新媳妇擦肩而过，成了终生的遗憾……

另一个场景：战场上的伤员越来越多，当医生喊道"哪位同志可以献血？手术需要用血"，妇女和老人一拥而上撸起袖子喊道："同志，抽俺的，抽俺的！""我要男同志，有没有男同志可以献血的？"月芬激动地喊道："俺们沂蒙山的男人都在前线呢！"

影片的最后是孟良崮战役胜利后，支前的群众都回到了村庄，当月芬和嫂子春英踏入家门的时候，满眼的纸钱和门梁上一块"满门忠烈"的牌匾相当刺眼！全村的父老乡亲都来到小院里对着三位烈士的灵牌长跪不起。此时那首耳熟能详的民歌响彻全场"人人那个都说哎，沂蒙山好，沂蒙那个山上哎，好风光……"

当李晓敏把这几个片段讲解给游客听完，很多游客会默默地擦起眼泪，也有很多客人在结束游览后，会主动表示回到家后会重新观看《沂蒙六姐妹》这部电影，重温我们沂蒙山革命根据地的历史，也感慨我们老区翻天覆地的变化。

最后，讲解中做好服务工作。导游工作除了优秀的讲解外，随时观察游客的言行，了解游客的需求，为游客安排好衣、食、住、行，做好服务工作也非常重要。导游工作是一个有温度、有人情味的工作，打好亲情牌，更能赢得游客的掌声。

因为热爱家乡，李晓敏愿意去做一个优秀的导游，深入地了解她的家乡，做时代的践行者。讲解工作没有尽头，闲暇的时候她会走出去，带着她的导游词到周围的景点转一转，看看有没有新的变化，听一听身边导游的讲解，有没有她所不了解的内容。她愿意把她的家乡讲给更多的游客听。讲好中国故事，传播沂蒙精神。

一名出境领队的四次"历险"

╍╍╍╍╍╍╍╍╍╍╍╍╍╍╍╍ **导游简介** ╍╍╍╍╍╍╍╍╍╍╍╍╍╍╍╍

　　惠雪梅，安徽省中国旅行社专职导游领队，中英双高导游，2019 年入选文旅部万名旅游英才计划——"金牌导游"培养项目，2020 年入选安徽省百名名牌导游。

　　她是一名有着六年经验的出境领队，经常带队行走在世界各地，她深深体会到出色的语言能力在境外遇到突发状况时所能发挥的重要作用，以下是她的四次亲身经历。

第一次：在景点当翻译

　　2017 年的 10 月下旬，她受公司的委托，从上海浦东机场带领 25 位团友开始了为期 12 天的西班牙葡萄牙之行。行程全程都很顺利，其中有一天游览景点阿尔罕布时，却遇到了突发状况。根据景区的规定，每个导游最多可带 15 人游览，团队 25 人要分成两批游览，她和地陪每人带一批，前后两批的时间间隔是 15 分钟。虽然地陪前一晚把情况如实告诉了她，真正到现场她心里紧张无比。尽管她之前来过一次，也连夜做了功课，她能不能把这个点带下来，她自己也未可知。地陪为了团队的稳妥起见，还联系了一个当地会说英语和西班牙的翻译。作为领队，她顿时感到压力有千斤重。游览要继续，顶着压力也要上。地陪先带一批人走了，她和翻译在后面带另一批接着跟上。每到一个观赏的地方，翻译用她带着西班牙口音的英语先跟她介绍，她要用全部的脑细胞全神贯注听着，然后还在要脑海里快速转换成中文告诉她的团友，时间就这样过了一个半小时。当团队人聚齐在大巴车上要离开景点时，翻译给她了个大大的拥抱，在她耳边轻轻地说："你很棒"！当所有的行程结束在马德里机场候机时，团里一个阿姨主动找她聊天说到，由于经常出国，该领队是她见过的最负责的领队，也是英语水平最好的！受到阿姨的肯定她觉得自己的付出一切都是值得的。这是她第一次在异国他乡，靠自己经受住了突发情况的考验！

第二次：在多哈机场紧急转机中帮游客找回手提电脑

2017 年 11 月份，她再次接受公司的委派带领 20 人的团队从浦东机场出发，开始希腊、土耳其 14 天之旅。往返途中都需要经多哈转机，时间是一个小时，团里年龄最大的 84 岁。赶下一班飞机，准确地把握好时间是对她最大的考验。她相信自己是一个有经验的领队。她在浦东机场出发前召开详细的说明会，特别强调转机时间的紧迫性，团友要紧紧跟着她不能掉队！在出发和整个行程中团队都很顺利，意外状况出在回国的路上经多哈转机的时候。团友经过十几天的相处彼此都熟悉了，还会相互照顾。团队刚下上一班飞机，每人都拿着少量手提行李，轻装转机。在大家齐步往下个登机口奔走时，突然团里一个阿姨和她老伴却说，他们的电脑忘在行李架上，没拿下飞机。听到这样的消息她非常紧张和着急，可是又不能让团友看出来。所有人的目光都集中在她身上，这时的她强装淡定地说，最重要的是赶飞机回国，她只能试试帮那位阿姨去问询。幸亏团友理解她，经过 1 分钟的商量，其他团友一起去登机口，她们 3 个人去多哈机场的问讯处登记。她眼疾手快地找到咨询台，用流利的英语说明情况，工作人员很礼貌地说他们会帮助反映情况，不保证能找到，并给了个多哈航司邮件地址给领队。为了帮老人家找电脑她已经尽力了，那对夫妻非常理解。距离登机的时间只剩 3 分钟了，他们 3 人可以说是飞奔着赶到登机口的。顺利回到国内后，领队按照邮件地址帮着老人家给多哈航司发了电子邮件。在第十天的时候，老人家等到了电话，而且是找回电脑的消息。他们在第一时间把好消息告诉了她。并非常感谢地说，失而复得的电脑是他们夫妻结婚 40 年的纪念礼物，意义非凡，找回来了是对他们婚姻美好的纪念。

第三次：在土耳其全程做翻译和讲解

做领队的经常会遇到合作的地陪导游不会讲解的情况，这时作为领队就要顶上去。2018 年 6 月，她同样带 22 人团队走俄罗斯、土耳其这条线。到达土耳其境内接机的地陪是当地有名的英语导游，会说英语和土耳其语，不会说汉语，面对中国游客怎么讲解，是个很大的难题。幸运的她来过一次土耳其，她连夜和地陪商量全程由自己讲解，地陪非常钦佩。从第二天开始在景点都是领队讲解，地陪会提前一天把她的英语资料给领队，由领队借着翻译器查找资料，然后白天讲解。在土耳其境内的 8 天时间里，领队凭借自身的英语基础和顽强精神，出色地完成了翻译和讲解任务。在回国的前夕，全体游客在评价表上给领队写下了认真负责、讲解丰富的评语。

第四次：在希腊境内尽心救治受伤游客并全程陪护

2019 年 2 月份春节期间，她从上海浦东机场出发，带团前往希腊、土耳其。在希腊圣托里尼岛红沙滩景点快要集合时，一个大姐走路不小心，从斜坡脚下一滑，当时就听到右脚骨折的声音。大姐当时就瘫坐在地上，赶巧领队就在她身后。她第一时间找到同团的两个男士把大姐抬到平坦的地方坐下来，尽量不碰到她的伤脚。同时她第一时间联系地陪导游，地陪接到电话就和当地最大的医院联系，15 分钟后救护车赶到。此时医护人员立刻展开施救，他们把大姐的伤脚固定住，然后把人抬到平板床上放到救护车上，救护车把人送到医院，立刻拍片检查，之后医生给大姐的右脚打了石膏，这才减缓了她的痛苦。医生说伤者不能继续走路了，只能静养。当时她内心非常焦急不安，一边不断地安慰客人，还得第一时间打电话给国内旅行社汇报此情况，并且报保险公司。在处理突发事件的同时，她还要照顾好团内的其他成员。和地陪导游商议后，地陪带领其他客人走行程，她和团里的另外两位男士在医院里陪护伤者。在接下来的两天时间里，她和地陪轮流陪护伤者，因为和国内时差的问题，她和地陪两天两夜都没有休息。在两天时间内，团队又从圣托里尼岛回到了雅典。同时国内派了一位专业护士从北京飞到雅典，把伤者从雅典一路护送到浦东机场。她和地陪悬着的心才落地，由于抢救及时，大姐的右脚经过三个月的休养可以慢慢走路了，但回到正常的状态，还需更长的时间。大姐对她和地陪充满了感激。虽然她的身心很疲惫，但是能够得到客人的认可，她也感到很欣慰。这次的经历，让她收获很多。

当领队的这些年她带队奔赴世界各地，深深体会到在突发情况下英语能力的重要性，虽然疫情让出境游暂时停下来，但是她一直在提升自身的能力，并相信出境游恢复后世界各地依然会留下她的身影。

最美青春井冈红

人们都说，眼睛是心灵的窗户。而导游员，就像是旅游业的一扇窗户。他们的服务水平，影响着旅游质量，代表着旅游，甚至是整个旅游地的形象。

将心比心，以情换情

作为一名有着20年工作经验的导游员，马虹深知这份职业的责任与使命。20年来，她一直钟情于井冈山这片红绿交相辉映的土地，不断学习揣摩，做好井冈山红色文化的传播者，始终以心换心，热情地为来自天南地北的游客提供贴心、周到、快乐的服务，在平凡的服务工作中实现着自己的人生价值。

在工作中，马虹经常这样换位思考：假如自己是一名游客，会需要什么样的导游？一次一次将心比心的自省，马虹深刻地认识到，游客离开家乡，离开亲人，导游就是他们最近的亲人，旅行社就是他们临时的家，要让他们感受到家的温暖和舒心！

"情暖四海八方客，服务之中见人生"。怀着这样的认识，多年来，马虹始终把游客当亲人、当朋友，时刻细心观察游客的情绪和需求，设身处地为广大游客着想，想方设法让游客们舒心、安心，以春风般的服务给游客们留下了深刻印象。

2017 年 7 月，马虹带着一个老年团去九寨沟、峨眉山旅游，一路行程都很顺利。行程到第五天，细心的她发现有一位阿姨一直不高兴，经过了解才知道这位阿姨在景区自由活动的时候买药上当了，花了 1 万多元，心里特别难受，其他客人都说没有办法在外面就当是破财消灾了。但马虹耐心劝解阿姨并了解事情的详细经过，立刻帮助阿姨报警。到下午安排好其他客人入住酒店后，累了一天的马虹没有顾上吃晚饭就打车返回景区，找景区工作人员，又找了景区领导，几经周折找到店商，硬是让店商把钱一分不少地退了回来。当事情处理好回来时已经是晚上九点多钟了，老人家看到被追回来的钱，心里有说不出的激动，立即拿出 2000 元塞进马虹手里，一直夸，"好闺女，大妈谢谢你，谢谢你……"可马虹微笑着坚决回绝了，并说，"大妈，这本来就是我应该做的，只要您安心了，我就高兴了"！

马虹常说："导游带团做到零投诉不容易，但这还不够，更要做到让游客都满意，让游客因为你而喜欢上这座城市，让头回客变成回头客！"说起来容易，做起来难，但她努力做到了！游客常对她竖起大拇指说："马虹好样的，棒棒的！"常常给旅行社投表扬信，甚至送锦旗。

一次陪同北方一团队，入住井冈山一宾馆，由于接待条件有限，早餐不是很丰盛。客人就对她说，听说你们南方的油条、豆浆很有名，明天可以帮我们安排吗？她立即协调，但酒店没有办法安排。于是，她第二天早上五点钟就起床，赶到农贸市场，到当地最很有名一家铺子排队买了现炸的油条和现磨豆浆，及时地送到了宾馆。客人们吃上了热腾腾的油条、豆浆，高兴极了！都说："只是随便的一句话，就让她记住了，真细心！早上还专门为我们去买，太感谢了！让我们真正感受到了井冈山人的淳朴好客，我们会介绍更多的朋友过来的！"

井冈红，青春美

井冈山是中国革命的摇篮。无数革命先辈用鲜血染红了这座山，凝聚成了伟大的井冈山精神。作为生于斯、长于斯的井冈儿女，马虹发自内心地被这段红色的历史所深深感染、感动。她暗下决心，一定要努力做好红色文化的传播者，让全世界的人都能更多地了解井冈山、了解这片永不褪色的红。

正所谓"梅花香自苦寒来"。为了更忠实、全面、鲜活地介绍井冈山斗争历史，马虹经常请教长辈、学者、专家解疑释惑，经常埋头扎进书店、图书馆翻阅历史资料，尽可能地对历史了解得多一点、学习得深一点。每到一个新的旅游目的地，她带回最多的东西就是书籍。她常风趣地说："几年导游做下来，蹭了好几箱书，我变成了名副其实的蹭客了！"平时市里有重大活动，往往抽调她参加接待讲解，她都认真准备，愉快前去，每次都出色地完成讲解任务，受到了政府领导和客人们的高度好评！做一名红色文化的传播者，马虹一直在努力着、践行着！

2019年，有一次她陪同来自新疆的一批领导，参观井冈山三天。细心的她接到客人后，就了解到领导对井冈山当地党史特别感兴趣并且对这方面有一定的研究，她怕自己的知识不够，晚上一回去就对井冈山的历史进行一次细心的复习，并且查找了很多的井冈山党史资料。第二天，一路上参观时，她讲述井冈山历史，娓娓道来，引人入胜，绘声绘色，客人听得津津有味，而且时常提问，她都不厌其烦地给客人讲解解答。客人十分高兴地说："听了小马的讲解，这次对井冈山历史的了解更深刻、更全面了！多亏了小马的热情服务和精彩讲解，不虚此行啊！"

在繁忙的导游工作之外，马虹也常参与当地红色活动策划，电视台少儿栏目"成长梦乐园"宝贝游青原，上红色故土东固山！一批批孩子们来到了美丽古朴的畲族乡东固，领略了秀丽的东固自然风光，了解东固革命根据地的辉煌历史，体验了悠久的文化传承。该电视专题片播出后，在当地引起了轰动，带动了当地旅游业的发展，游客纷至沓来，反响强烈！这背后就凝聚了她策划运作的功劳、牵线搭桥的功劳！

金牌导游马虹，在平凡的工作中做出了卓越的成绩！如今，作为吉安市导游协会会长，她身旁有1000多名导游，她需要带领、引导……前面的路还很长，或崎岖坎坷，或平坦顺畅，她正义无反顾地带领大家日夜兼程、风雨无阻地往前走！曙光在前头，希望在前头！

九寨地震时的生死抉择

导游简介

李文华，国家金牌导游，2017年登四川好人榜以及中国好人榜敬业奉献类榜单，九寨沟"8·8"大地震抗震救灾英雄导游，2018年荣获"中国优秀导游员"称号，"李文华金牌导游工作室"负责人。

李文华毕业于四川旅游学院旅游系，至今从事导游近六年。平时的他是一个乐观爱笑的大男孩，阳光开朗就是他的代名词。从入行以来，踏实前行、努力学习成了他最真实的写照。内心热爱自由，热衷文化，所以选择了旅游业中的导游。心中住着雄鹰，本就应该在自由的天空翱翔。在祖国的大好河山上拂过，让文化传播在不同的地域，将清香送向每个热爱文化的人。这是他最大的心愿！

2017年8月8日21点19分，四川省阿坝州九寨沟县境内，发生了7.0级地震。波及了8个县级市，造成了巨大损失。当时李文华所在的车辆正行驶在神仙池路口通往上寺寨的路段，距离上寺寨不足百米，距离九寨沟景区十多公里，而当时车上有来自全国各省的游客共计32人。

地震发生的时候，当时的李文华正用电话和九寨沟的酒店核实房间数量。刚挂完电话，突然感受到大巴车剧烈地摇晃。同一时间发现前方的山体出现垮塌，他意识到这是地震！仁青师傅将车迅速往后倒退了接近20米，发现后面也发生了山体垮塌，而位于李文华后面的第三个大巴车被山上落下的巨石击中，开始出现了伤亡！

倒退了20米之后，位置相对安全。这时候车内已经十分恐慌，短暂的思索之后李文华对客人说："大家不要慌！这是地震，现在开始一切听我的安排！"然后李文华马上下车观察情况，这时候从后面冲下来一群人，鲜血淋漓地往下面冲。李文华迅速阻止了四散的人们，因为他知道前面在塌方，而旁边也是至少5米的悬崖，下面就是河道。这时候的李文华声音从未有过地大："不要慌！不要跑！现在是地震，前面塌方，你们尽快躲在旁边的空地上面，手机有信号的马上拨打急救电话，110、120都可以！安静！不要慌！"定神一看，这群人几乎所有的人身上都有伤：骨折的不计其数，到处都是血！他意识到，事情非常严重！但是，这个时候来不及害怕，必须稳住人心。

"救救我！救救我的孩子……谁有车？！我的孩子受伤了，救救我啊！"这时候，冲下来一位白衬衫的父亲，带着两个孩子，一男一女，六七岁的样子。怀里抱着一个孩子，头已经变形了！这位父亲满身是血边跑边呼救着。李文华拦住了他，当时的场面十分悲惨。怎么办？！前面的路一直在塌方，眼看着孩子危在旦夕！怎么办？这时候出来了一位导游，他叫张立，看着孩子的样子同样不忍！短暂商议后决定由李文华照顾其他人，他和几个男士慢慢过去观察前面的路况，确保相对安全后，返身回来和这位父亲将孩子送了出去。

原来，前面的路垮塌相对不是很严重，被大树拦住了去路，伴随着不时的落石，地质不稳定。而这段时间李文华将剩下的两个孩子抱进了车里。可怜的两个孩子浑身是血，全身被鲜血湿透了。在车上客人的相互帮助下，给孩子换上了干衣服，稳定了孩子的情绪。

后面的山石一直在垮塌，落石的声音就像索命鼓点敲动着李文华和游客的心。张立回来后，李文华、仁青、张立在一起简单地商议着接下来的处理办法。不约而同地下了一个结论：必须尽快转移！如果山石垮塌切断了白水河，造成堰塞湖就更麻烦！但是，如果转移的过程中造成伤亡，这个责任又谁能负责？！

山石垮塌在继续，短暂的沉默之后决定：转移！分成小队，快速转移！不准喧哗，观察通过！就这样，张立带着他的客人率先转移，而李文华和仁青断后！

客人一个个都转移了出去，而最后留下了4个孩子、1个妇女和2个63岁以上的老人！仁青背着一个孩子抱着一个孩子，李文华背着一个孩子，带着剩下的人冲了出去。冲出不足百米的距离就是上寺寨，在这里找到了一个大的平台，安置好了客人。好心的酒店老板将家里的被子和柴火拿了出来给客人，总算是有了一个临时的避难所。点了人数 32 个人，一个都不少，李文华总算是舒了一口气！

　　这时候李文华想起了之前在转移的时候遇到的一位男子，那是一个有着广东口音的男子，双手都已经断了，左腿骨折，在慢慢往这边挪！现在的位置还能看见那个男子的身影，山上的石头不时地往下掉。没有多想，李文华冲了出去，跑到了男子的身边说：特殊时期，忍着点，我背你过去！男子 1.7 米左右的个子近 130 斤，背着实在吃力。尤其是在过大树拦截的地方背着肯定过不去。李文华托着男子的腰，把他放在了树干上，钻过树底背着男子到达了避难地。终于还是出来了！这是他单独背的第二个人。

　　就在这时候，旁边来了一个女导游跑过来说：我还有几个客人没有出来！能不能帮我救救他们？！这一刻李文华和张立才知道：原来这里有三辆大巴车，他们俩的车都没事，只有南充的大巴车和后面的一辆考斯特受损严重，带孩子的父亲就是考斯特里面的人！于是两人开始动员周边的人参与救援，没想到却没有人愿意动身。

　　李文华盯着张立的眼睛说："兄弟，就我们两个了。走吧！"张立说："生死有命，富贵在天，怕锤子！"就这样，素未谋面的两个男子在这一刻组成了生死救援二人组！这时候，遇到了赶来的两位驻地民警，一位叫张恒，一位叫卓玛措，也加入了救援。当时由一位民警在外接应，剩下的三人再次冲进了灾区。

　　在大巴车的旁边，遇到了来自南充的一对受伤母子。母亲的腰骨折了，孩子的手臂受伤了。看见三人，一个劲地喊：救命，救命！同时，在前面的路边也有一位受伤的妇女。兵分两路，李文华让张立和张恒将这位母亲放在了他背上，由他一人将母亲背了出去。1.74 米的身高，118 斤的体重，背着接近 140 斤的妇女，让李文华举步维艰。咬咬牙，往外冲了出去。将这位母亲安全送到火堆旁边时，他的衣服已经全部湿透了。体力透支太严重，差点就倒在了地上。这是李文华独立救出的第三个人。

　　短暂休息后，他又再一次冲了进去，因为张立带回来消息说：里面的一位妇女，大腿骨折，腰部受伤，左手骨折，必须抬着才能出去。这时候遇到了一位福建的驴友，他说他有担架。于是，在增加了一个人的情况下，带着担架又进去，抬回来了这个妇女。后来，救援的民兵到了，在几次的进入中又救出来了两个孩子的母亲。

就这样，至少 7 进 7 出，年仅 23 岁的李文华，用不足 120 斤的体重单独救出了 3 位伤员，合力救了 6 位伤者。当最后消防部队赶到的时候，他已经累趴下了。救完人之后，李文华借到了一部手机，给远在重庆的 66 岁父亲打了一个电话，睡梦中父亲迷糊的回答，就仿佛世界上最美妙的声音一般让他感到幸福和满足。他知道重庆没有地震，只要家里人没事哪怕今晚自己不幸离去，也放心了！

8 月 9 日清晨 8 点，一个通宵过去了，手机终于有了信号。看着 100 多个未接电话和 1000 多条微信和信息。李文华在角落默默地哭了，哭成了泪人。劫后余生的感觉，生死的边缘终于保住了性命，真好！活着，真好！

8 月 10 日凌晨 2 点，李文华回到了成都的住所。看着熟悉的房间布局，却依然不敢相信自己能够活着回来。就如在朋友圈发的信息一般：不知道昨晚和现在，哪一个才是真正的生活。回来之后，李文华收到了社会各界的关注和慰问信息。接受了来自《成都商报》《华西都市报》《成都晚报》及成都电视台等媒体的采访。

当电视台的记者采访问，当时为什么会想着去救人的时候。李文华说，我并没有想过要去做什么英雄，只是当事情发生之后我不能无动于衷。我没想过自己有多伟大，只是不忍心看那一双双绝望的眼睛。我想任何一个有良知的人都会参与进来，都会去救的。正如张立，正如仁青，正如那许许多多的志愿者一样。他尽到了一名导游的责任，也实践了党员的使命。

很多时候我们都曾问自己在生死之间应该如何抉择，尽管在很多时候有关于导游的一些负面的消息，但更多的都是这样把生死置之度外的可爱的导游们在弘扬着满满的正能量。

一名身上发着光的普通导游

⬗◆⬗◆⬗◆⬗◆⬗◆⬗◆⬗◆⬗◆⬗◆⬗◆⬗ **导游简介** ◆⬗◆⬗◆⬗◆⬗◆⬗◆⬗◆⬗◆⬗◆⬗

　　王荣，国家金牌导游，四川省金牌导游，全国服务标兵，中国最美导游。

　　王荣1999年进入导游队伍，多年的踏实耕耘，为他身上带来光环无数。他曾多次获得"四川省金牌导游"称号；2012年，获得第二届全国导游大赛银奖；2013年，获得"全国服务标兵"和"四川省五一劳动奖章"；2015年，入围"中国最美导游"；2016年，入选国家旅游局文明旅游师资库；2017年，入选万名旅游英才计划——"金牌导游"培养项目……面对如此众多的荣誉，他总是憨憨地一笑，说："这些荣誉，都是我的游客给予我的！所有荣誉对我而言，都是监督我的标尺，是鞭策我的力量，推动我永远前行的动力，让我永远心存感恩和敬畏，努力耕耘！"

汶川大地震，他率领游客徒步13小时，穿越岷江大峡谷，从震中成功突围，创造了"5·12"地震救援的一大奇迹

　　2008年5月12日，四川突发汶川大地震，王荣带领的台湾团队刚好途经震中映秀镇，地震撕裂大地，还从山坡上滚下许多飞石，旅游大巴车被砸得千疮百孔，所幸游客躲避及时，车上哭声一片。地震还导致公路损毁，通信中断，团队与外界失去联系，作为团队的主心骨，面对游客们的无助和惧怕，王荣果断决定：弃车，带领团队沿着岷江大峡谷徒步前往都江堰！

　　然而，前往都江堰的公路已被地震大面积破坏，团队只能有路走路，没

路，王荣就凭着多年的职业生涯熟悉的地形和方向，带领队伍沿着岷江河岸前行。有的老人行动不便，王荣就背扶着他们赶路。天黑下来，为了安全，大家只能手拉着手慢慢向前挪。原本以为三个小时就能走到的都江堰，却没想，走了13小时，走了整整一夜。由于王荣坚定的指挥，16名游客的团队，一路上竟然凝聚了上百人，大家都弃车跟随着队伍一起走。走到都江堰岷江大桥时，王荣已经虚脱到力气尽失，瘫倒在地。回身一数，团队中没有一人掉队，没有一人受伤，创造了"5·12"地震救援的一大奇迹。

灾后救援，他捐款20万元，被网友誉为"最牛志愿者"

5月15日，送走团队，王荣终于平安返家，心疼挂念的母亲终于见着了儿子，给儿子做了一桌热乎乎的饭菜，然而，看着电视里不停播放的救灾镜头，王荣再也静不下来，他对母亲说："妈，我出去一趟。"这一出门，就是34天。他来到成都红十字会，先是帮助搬运救灾物资，看到现场秩序混乱，就开始协助维持现场秩序，后来自发组建起志愿者指挥中心和志愿者接待小组，组织并派遣上百只编队的志愿者队伍前往汶川、都江堰等极重灾区开展工作，为抢险救援和安置灾民工作做出了巨大贡献。并且，他个人还为灾区捐款捐物超过20万元，他也因此被网友们誉为"最牛的志愿者"。

他是一位"有担当"，有着"英雄之举"的导游员

让自己成为"有价值、有担当"的人，是王荣的人生信条。从业二十余年，他把自己带团的每张行程单和门票都做成了纪念册保留了下来，装订成册已经有厚厚的十几本，其中，既有数不清的动人故事，也有无数次的惊心动魄：他不仅在汶川遭遇百年不遇的特大地震，还曾在澳门遭遇过台风困扰，在泰国因政局动荡被困曼谷机场，还在巴黎遭遇了惊险的恐怖袭击。

巴黎恐怖袭击，他是游客心中的"保护神"

2015年11月，领队王荣带领的中国团队正在巴黎游览，突然接到消息，

巴黎刚发生了一系列恐怖袭击，枪击已造成超过百人死亡。而发生恐怖袭击的一个剧院，和旅游团队只有不到一公里距离，其紧张气氛可想而知，团队也瞬间乱成了一团。王荣做了一个深呼吸，说道："大家别慌，请快上车，有我在，我一定会保护好大家的安全！"看着他坚定的眼神，团队很快就安静下来。可大家正在陆续上车，几百米外突然冲出五六名持枪的黑衣人，王荣一看情况不对，招呼大家加速上车，自己则站在团队最后护着客人。幸运的是，接着远处就传来了急促的警车啸叫，几个黑衣人也快速上了路边一辆小车呼啸而去，而这一切都在电光火石之间。客人都上车后，他才最后一个跳上车，并指挥着司机："快，往巴黎南面的郊区开。"当他再转身面对客人时，团队爆发出雷鸣般的掌声。在客人心中，这名导游已经化身为一名守护者，临危不乱的守卫着他的每一位游客。当然，王荣根据经验判断：此前安排入住的酒店在北面，有安全隐患，并强烈建议公司更换酒店到更安全的南面。虽然更换酒店损失巨大，但公司听从了王荣的专业建议做了调整。第二天巴黎新闻播出，证明了当晚那几名男子正是恐怖分子，而原本团队安排的酒店区域，第二天全封锁，并发生了激烈的围捕和交火事件。客人得知这一消息，庆幸逃过一劫的同时，更纷纷感谢领队王荣的正确判定和决定。事后提起，他只是淡淡一笑："其实当时我也怕，但是，我不能慌，我必须保护大家！"

北极归来，突遇劫匪，他是游客心中的"大英雄"

2015 年夏季，王荣带领团队从北极返回北欧，在挪威首都奥斯陆短暂停留。周日早晨的奥斯陆，街道上几乎没人，团队安排了市区游览，大家正在自由拍照，突然两名劫匪靠近一位落单的女士，一把就将她推倒在地，抢夺她身上的包。王荣听到尖叫，转身就追了过去，多年工作锻炼出的脚力，也让他迅速追上了其中一名抢包劫匪，并一脚将劫匪踢翻在地，把包抢了回来。丢包的女士还没反应过来，王荣已经返回团队，并把包交还给了她，说："快看看，有没有少了什么？"这名女士一看说："怎么抢回来两个包？只有一个包是我的。"原来，王荣不知道哪个包是游客的，还顺便抢回来了一个匪徒的包，里面只有一个太阳眼镜和一瓶矿泉水。他笑着调侃道："多了个太阳眼镜，当是匪徒送你的礼物吧！"2019 年年底，这名上海女士再次报名，跟随王荣前往了南极洲。她说："王荣是我的救命恩人，跟着他去看世界，温暖又踏实，他，是英雄！"

多年来，他不忘初心，坚持传帮带，致力文化传播和导游队伍建设

王荣的导游能力很强，并长期致力于导游队伍建设和培养！他能在旅途中为游客滔滔不绝地精彩讲解，将东西文化纵横对比解析；他向跟随他看世界的游客们传递正确的世界观；他以身作则，以绝对的中国公民文明出游准则要求自己，并引领着中国游客文明出游，传递大国风范。多年来，他不断学习，坚持业务精进，并将自己的宝贵经验总结，无私分享给新晋导游们；他于2016年，整合四川省优秀导游队伍，创立了中国第一家地方金牌导游工作室"成都金牌导游工作室"，工作室包括四十多名国家高级导游、国家金牌导游、省市金牌和十佳导游，并在工作室成员们的共同奉献下，坚持举行公益课程"每周一讲"，为四川导游群体打造文化大讲堂，短短四年时间，受惠导游已超过上万名。

疫情当头，他再次出手，捐款捐物；他心系行业，引领升级发展

2020年，春天还未到来，疫情暴发，武汉全面封城，王荣再次带头捐款捐口罩，金额超过三万多元。为了传递行业抗疫正能量，宣传大美中国，他又携手四川广播电台，打造了国家金牌导游讲中国故事之《每天一座城》系列旅游节目，让行业领军人物在非常时期发出最美声音，分享故事推荐家乡；带领中国听众足不出户也能云游中国。同时，他认真思考了行业裂变可能带来的升级，携手国内著名的短视频平台，迅速推出"中国旅游达人"孵化计划，他认为：未来的传统旅游模式必将变革和升级，"网络达人型"和"文化专家型"导游，一定是未来最能匹配行业升级的两种导游。接着，他又启动《大美四川·追根溯源》和《观世界·文旅大讲堂》公益课堂，带领着暂时失业的导游队伍天天学习。他说："工作暂停，学习不止！我们不准备好，怎么迎接即将要到来的春天呢？"说这句话的时候，他眼里放着光，信心满满。

王荣，从一名普通导游到十佳导游，从中国最美导游到国家金牌导游，

他的故事，普通，但不寻常！是中国导游队伍几十万名中普通的一员，从入行到今天，从黑发到两鬓斑白，二十多年过去了，他从未离开过一线，他接待的游客已有数万名，年年好评；他践行着对行业的热爱，致力于导游队伍的培养和建设，将优秀技能传授给新晋导游；他有着强烈的责任和担当，用"英雄之举"书写了导游队伍的光辉形象。

特殊旅游突发事件应急与处理

导游简介

杨小翠，中共党员，国家金牌导游，国家高级导游，河南省高端政务接待导游，河南省优秀导游，杨小翠红色导游工作室负责人。近十年来，主要从事入境政务接待、国内党政考察团接待工作。

2017年11月13日，杨小翠带领福建游客一行18人到云台山参观旅游，当天晚上入住某五星酒店后，她带领游客前往一楼用餐。用餐时她发现团队中多了一人，就询问领队来客是谁。后得知来客是领队邀请的当地的一位朋友，他是来参加欢迎晚宴的，用完餐后他就回去了，不参加第二天的行程安排。杨小翠就告知领队，用餐时请注意不要饮酒，若饮酒，请一定不要过度喝酒，少量即可！当时晚上用餐时，喝酒的十人坐一桌，不喝酒的游客坐另一桌。当时吃饭的时候，杨小翠还劝他们尽量少喝酒。饭后杨小翠专门买了一大包茶叶分发给大家，让游客回房间后可以泡茶喝，有助于醒酒。谁知道意外还是发生了，次日凌晨三点的时候，酒店前台给杨小翠打电话说："你们的客人胃出血，你赶快去看一下吧！"杨小翠迅速穿好衣服，叫上服务员一起来到客人房间，她当时看到有一个人躺在地上，一动不动，走近才发现，这名伤者就是领队邀请来的客人。当时领队吓得全身瘫软在地上，地上扔着乱七八糟的东西和沾满了血的被子。因为伤者躺着，离她最近的是他的脚，她当时以为伤者只是摔着休克了，想着赶快抢救，就迅速摸了一下他的脚脖，发现客人的脚已经冰凉，然后赶快去摸他的脉搏和肚子，结果发现他的肚子也已经全凉了。杨小翠不敢迟疑，迅速拨打了110和120。因为120就在云台山景区附近最先到达，医生对伤者查看了一番后说，确定这位伤者瞳孔已经放大、死亡了，让负责人通知家属！这时候警察来了，询问了一下情况，找到死者的身份证查清死者的身份，开始对领队、杨小翠和其他游客一一盘查询问，确定死者是否是他杀或者自杀等原因。在询问期间，杨小翠和游客都不能擅自离开酒店，杨小翠积极配合警方前往酒店、用餐的饭店查找食物、酒水来源，并说服团队游客积极配合警方取证调查，加快了破案的进度。最终在当天中午排除了他杀的可能，在法医的鉴定下，最终确定死者是自身疾病诱发的突然死亡。因为团队游客已购买了景区门票和返程机票，杨小翠在帮助警方取证后又赶快前往景区售票处，退回已购的门票，并积极联系旅行社帮助团队游客更改航班，大大减少了游客的损失。虽然最后大家没有到景区游玩，但是杨小翠全心全意为游客服务的态度感染了大家，在她的倡议下，大家向死者家属累计捐款两万元。患难时节见真情，游客的大爱精神感染了在场的警察和医护人员，最终在杨小翠的带领下，所有游客都安全地返回了故乡。

旅游团终于安全地送走了，虽然最终结果和导游、团队游客都没有直接关系，但是杨小翠心中还是产生了一些忌惮，引发了她的深思：游客意外死亡，导游和旅行社是否需要担责？

（1）笼统地说，在本案中旅行社无须为游客的死亡承担责任，但在具体的纠纷处理中，旅行社仍然必须出具相关证据证明，旅行社在整个服务过程中，已经尽到了相关的注意、提示义务。《旅游法》第六十一条规定，旅行社应当提示参加团队旅游的旅游者按照规定投保人身意外伤害保险。《旅游法》第六十二条规定，订立包价旅游合同时，旅行社应当向旅游者告知下列事项：旅游活动中的安全注意事项。遇有前款规定事项的，旅行社也应当告知旅游者。

（2）本案例中，杨小翠事先告知了游客旅游线路、住宿与用餐等注意事项。该死者作为完全民事行为能力人，在未报名参加该旅行团时，私自接受领队的邀请，擅自参加旅行团的用餐，应当为自己的行为负责。旅行社已经事先明确告知相关的注意事项，该游客也就有配合导游的义务，该游客不按照告知用餐，造成游客人身伤害，旅行社不应当为此承担责任。

（3）旅行社需要提供证据证明，已经履行了告知义务。虽然在本案中已经描述导游告知游客的相关注意事项，但凭借导游的一面之词，是不能足以说服人的。导游在案发后及时地梳理出事件经过，请旅游团相关人员签名证明，导游已经向全体游客明确告知了安全注意事项。

（4）旅行社必须履行及时救助义务。游客受到伤害后，不论责任在旅行社、游客还是服务供应商，旅行社都有在第一时间救助游客的义务。如果旅行社没有及时救助游客，即使该伤害完全是游客造成的，但旅行社对于游客的损害扩大，仍然必须承担相应的责任。

（5）按照《旅游法》的规定，旅行社有提示游客购买旅游意外保险的义务，这是法律赋予旅行社的法定义务。本案中，由于该游客不是旅行团成员，是擅自加入旅游团的，旅行社无义务也无责任为其购买意外保险，且在事件发生后，旅行社导游第一时间拨打了 120 和 110，已经尽到了安全保障义务。因此，本案中旅行社和导游都不应承担赔偿责任。

（6）死者家属是否可以单独向酒店索赔。即使旅行社不承担赔偿责任，也并不是说死者家属就维权无门了，死者家属当然可以直接向酒店索赔，但是否单独向酒店索赔，决定权在于死者家属和旅行社是否担责是两个法律关系。

本案最终认定为意外事件，即由于该游客自身原因引起的死亡，与旅行社无关。此次事件给旅行社与导游也带来了深刻教训和深思：导游人员在带团过程中，若遇到危难关头，一定要沉着冷静、处变不惊。

病毒虽无情，人间有大爱

导游简介

张玲，国家金牌导游，湖北省巾帼建功标兵，武汉市星级旅游形象大使，曾荣获第四届全国导游大赛铜奖、优秀风采奖。

张玲是一位土生土长的武汉姑娘，自 2011 年考取了导游资格证以后，便带着满腔热血投身文旅行业。在张玲看来，她是幸运的，因为她是一名导游，作为文化的桥梁，拉近目的地间的距离，实现文化交流；她是幸福的，因为她是家乡的一名导游，作为传播的窗口，将灵秀湖北、悠悠古楚介绍给远道而来的友人；她也是自豪的，因为她还是一名家乡的国际领队，作为跨国文化的标杆，带领家乡父老丈量出世界的脚步！直到 2020 年……

2020 年对武汉乃至全中国来说是尤为特殊的一年，一场突如其来的疫情——新冠肺炎，让一座千万人口的城市——武汉，瞬间按下了暂停键。2020 年 1 月 23 日凌晨，武汉市新冠肺炎疫情防疫指挥部发出了第一号通告，宣布武汉自 2020 年 1 月 23 日 10 时起，全市城市公交、地铁、轮渡、长途客运暂停运营；无特殊情况，市民不要离开武汉，机场、火车站离汉通道暂时关闭。为防止新冠肺炎疫情的扩散，武汉就这样正式封城了。而就在发布 1 号通告的第二天，就是中国传统节日的除夕夜，本该是阖家欢乐、一同跨年的每个家庭都陷入了疫情肆虐所带来的恐慌中。76 个封城的日夜里，武汉这座英雄的城市经历了太多太多。

因为疫情的暴发，武汉的全面封城，全行业都陷入停摆状态。在封城的前夕，张玲还在联系部门的导游，协调安排过年团队的工作，封城令下，她立刻与旅行社相关部门的同事进行协商，逐步取消团队的工作。

封城后，作为一名文旅人，虽没有办法像一线医护人员那样直接参与抗疫，但她始终心系抗疫前线，关注着武汉抗疫动态。1月24晚，朋友圈的一条招募信息引起了她的关注。原来众多奔走在抗疫一线的医护人员们，因为城内所有交通方式已全部停止运营，如何从家中往返医院成了他们的一道难题。有的医护人员因距离医院较远，甚至提前1.5小时出门骑着自行车前往医院。

张玲立刻找寻并加入到武汉公益接送医护的志愿者群体中。利用自己的私家车来接送医护人员们往返医院。为了安全，张玲准备了口罩、酒精、一次性手套，缺乏的护目镜就用平日里的墨镜来代替。每接送一位医护便把车开到空旷无人的地方，进行消毒，打开车窗通风，就这样，她成为无数特殊"网约车司机"中的一员。在接送医护人员们的时候，说上一句"加油，谢谢你们"。

在接送医护人员的同时，也会关心医护人员们的医疗物资是否充足，不少医护人员们表示疫情愈发严重，医疗物资有些紧张。张玲想到，作为文旅行业，我们还有许多湖北外，乃至海外的朋友们。她和武汉导游中的几位同行朋友达成共识，自发组织了湖北导游圈募捐委员会的志愿者团队。迅速展开募捐和筹集物资工作，众筹善款和口罩、防护服、护目镜等急缺抗疫物资。在短短的三天内，筹集来自全国乃至全世界的同行朋友们的善款共计235700元整。联系全国乃至诸多海外组织筹集购买物资，因为需求量大，甚至发动了泰国、越南当地的导游同行一起行动。据不完全统计，在一周内，张玲和志愿者团队们陆续采购和募集到了约15万个医用口罩，7000余个N95口罩，390个护目镜和7000余件防护服。导游领队们尽自己所能采取自行托运或通过航空公司等方式分批带回。而回到国内，这些医疗物资也是一路绿灯，航空公司、机场、海关方面得知是捐赠给武汉的医疗物资，也一路绿灯保障顺利出关。所以物资费用明细以及流向透明公开予以公示，为湖北省内近60家医院及有特殊需要的部分社区送去医疗物资和防护用品。《中国旅游报》对此进行了专题报道。

病毒虽无情，人间有大爱。疫情从武汉蔓延至全国，但举国上下，捐无私，医无畏，警无惧，民齐心。用实际行动为武汉加油。无数的医疗队员奔赴武汉，为武汉带来生的希望，张玲每每看到这样的新闻，无不潸然泪下。

强大的祖国保护着我们每一个中国人。

张玲认为，作为文旅人，虽然暂时失业，但也要用自己的星星余光给武汉的防疫事业贡献自己的一份力量。不管前路如何坎坷，也不会退缩，和家乡武汉共同抗疫。

张玲作为国家金牌导游，认为自己更应该在这样艰难的时刻做出表率，便开始组织公司内部导游进行内训。疫情虽使得文旅人停工，但不能停下前进的脚步。通过网上分享课程的方式，进行了专业技能"实用英语"、讲解技巧"如何讲好红色故事"、知识积累"青花瓷"等一系列的培训。带领导游们一起不断前行。同时，张玲受邀在黑龙江导游协会、中国旅游培训网等多个培训平台进行公益课程的专题分享。

2020 年 4 月 8 日，是让每一个武汉人铭记的又一特殊时刻。封城 76 个日夜的武汉正式解封了。无数前来支援武汉的医疗队们也都陆续回家了。作为文旅人，我们还能做些什么？张玲再三思量后，和自己所在的团队星级导游领队中心共同郑重承诺：在未来一年内，将为所有来到武汉黄鹤楼的医护人员及其家属们提供义务讲解服务，感谢所有的医护人员曾为英雄之城拼命，欢迎医护人员们回"家"看看！

2020 年 4 月 9 日，张玲受凤凰网旅游平台的邀请，通过直播方式向所有的网友朋友们展示大城重启，用直播的镜头带网友们去看看白云千载空悠悠的黄鹤楼，去看看东逝水的滚滚长江，去看看万里长江第一桥的武汉长江大桥，坐上轮渡去感受武汉的岁月静好。收看观众达 153 万人次。

在张玲看来，因为看过天与地，所以心中有天地。她只是一名导游，是中国 70 多万导游中的一员。在疫情面前，她竭尽所能。无论经历怎样的寒冬，她也绝不退缩，就如同 8 年前，她毫不犹豫投身文旅事业那样。她始终身体力行地践行着，无论何时她都能说一句：大家好，我是国家金牌导游员张玲！

主题六
情暖四海八方客

闪光的青春

▶◀ 导游简介 ▶◀

　　李雪松，国家高级导游，现就职于秦皇岛市海燕国际旅行社有限公司担任导游部经理。从业 8 年来，先后荣获秦皇岛市旅游系统劳动模范、十佳导游及国家金牌导游等荣誉称号。

　　李雪松，尽职尽责地履行了一个导游员应尽的职责和义务，全心全意为游客服务，把游客当亲人对待，用最真诚、最纯朴的心态接待每一位游客；用最善良、最忘我的精神感动着每一位客人。

真心相待，做导游中的佼佼者

　　2019 年 8 月，李雪松被指定接待来自上海一行 22 人的银发团队，赴承德、张家口、北京游览。领到任务后他既感动又伴有些许担忧。感动于，这批游客 5 年前曾来过秦皇岛，当时就是由李雪松负责接待。因对李雪松热情周到、关怀备至的接待留下非常深厚的印象，因此这次前来特地申请再次由李雪松负责接待；担忧于，银发团队游客年纪较大，平均年龄在 65 岁，团队又没有全陪导游，行程路程较长，游客对于长途乘车能否吃得消？考虑到游客年龄较大，为了使游客有一个更好的旅游体验，李雪松精心为团队安排好游览节奏。同时一丝不苟、细致入微地密切关注游客的身体状况。行程车程较长，一路上李雪松滔滔不绝地为游客解说当地的历史典故、风土民情。他能说会唱，时不时与大家互动一下，引得阵阵掌声和欢笑声，让这些年长的老人忘记了疲劳、忘记了年龄。8 月 31 日是团队中一位游客生日，李雪松精心策划了生日 Party，他代表旅行社赠送了生日蛋糕，一起为游客过生日，大家吃在嘴里，甜在心里。在游客写给李雪松的表扬信里写道："毫不夸张地讲，李雪松导游是我天南海北，国内、国外多次旅游中，遇到的最优秀的导游！"

用心服务，细小之处见真情

作为导游，对人讲究的是真诚体贴，"以心换心"，把客人当亲人，这是一名优秀导游员的职业素养。在多次的带团经历中，不知道有多少客人因为一件件的小事写来感谢信、表扬信。2016 年 5 月一次带夕阳红团赴某景区游览，由于是夕阳红旅游团，客人年龄均在 60 岁左右，其中 73 岁的陈奶奶是团队中尤为特殊的游客，因为其右腿行走不便，所以必须借助轮椅才能行动。行程中有爬山项目，陈奶奶怕拖累大家不肯上山游览。为了不让陈奶奶留有遗憾，同时李雪松也根据自己曾经来过此处的经验，他决定让地接导游带领其他客人正常游览，而自己则和老人的女儿用轮椅推着陈奶奶上山游览。游览结束后老人激动地对他说："小李真的很感谢你，我真没有想到，我这样的身体，在古稀之年居然还能坐着轮椅上山。"而李雪松却说："阿姨，这个景区您一生可能只来一次，如果此行您不上山日后一定会留有遗憾。之所以用轮椅推您上山就是为了让您此行不留遗憾！"

临危不乱，做游客的守护者

李雪松不但凭借其出色的讲解拉近了与游客之间的距离，而且依靠娴熟的技能、细心的服务、丰富的经验出色圆满地处理了好多突发事件。2018 年 4 月李雪松带团赴某海边景区游览时，客人不慎滑倒被海边礁石划伤，伤势较为严重，几秒钟鲜血就已经把裤腿浸透，客人脸色也开始变得苍白，并伴随着呼吸急促。李雪松和当地导游经过简短商议后决定：他立刻带客人前往医院进行应急处置，导游带着客人继续游览。由于当地属于经济欠发达地区，无出租车，李雪松借来一台私家车用最短的时间把客人送到最近的医院进行救置。由于救治比较及时，客人伤口没有发生感染，医生对其伤口进行缝合后，打了破伤风针，并开具了诊断证明。事后医生告诉客人，由于伤口比较深，再加上被海水浸到，救治不及时会非常危险。此时李雪松已为客人买好冰块，并继续追赶团队，由于医院距离晚上入住酒店还有100多公里，为了给客人节省费用，他临时决定带着客人搭乘火车前往晚上入住的城市。一切安顿妥当后，客人激动不已，连连说："李导我们太感谢你了，你对我们的照顾太贴心了，真是想我们之所想，急我们之所急啊！"像这样利索的处理突发事件的情况还有好多，不仅确保了客人的安全，减少了损失，也维护了单位的利益。因此在单位无论哪位计调经理派团给他带都很放心，因为一个把客人利益放在第一位、全心全意为客人服务的导游是肯定能把团带好的。

在日常的工作中，李雪松不仅能够满足游客的提出要求，而且能洞察客人的潜在需求，未等客人开口，服务已经到位。在带团讲解过程中，他总能用灵活、幽默的语言让游客开怀大笑，他说客人出来玩的就是一个感觉，他的讲解本身就让客人感到的是一种享受。

要想干出一番事业，总要付出过人的心血和汗水，李雪松凭着对事业的执着追求和敬业精神，以他的实际行动在旅游基层平凡的岗位上，创造了不平凡的业绩，他先后荣获秦皇岛市劳动模范、秦皇岛市十佳导游、国家金牌导游等荣誉称号。在取得了很多成绩之后，他并没有骄傲，而是更加热爱自己的导游工作，充分实现了自己的人生价值，展示了21世纪新青年的勃勃生机和崭新风貌，无怨无悔地把自己的青春、智慧和力量献给了旅游事业。

"累，并快乐着"这是李雪松对朋友们说得最多的一句话，这也是他对导游这份工作的最大感触！一个团几天行程下来，哪怕是一切顺利，旅途中的劳累却是客观存在的，更何况并不是每个团都一帆风顺，每个团都会遇到不同的问题。一旦安排上出现问题，客人首先怪罪的就是导游，因为在客人心中，导游就是代表旅行社。所以做导游累不说，有时还得受委屈。但是当他把事情处理好，或者通过他的行动感化客人，行程最后顺利结束时，客人真诚的一句"谢谢，你一路辛苦了"，所有的委屈又全烟消云散了，取而代之的只有成就感和满足感！

有朋友曾问李雪松，今后有没有更大的理想抱负？他喜欢导游这份工作，热爱旅游这份事业，他将会以更认真地态度去对待，他想说，把导游这份工作做好就是他最大的理想抱负！记得有位名人说过："热爱你的工作，并认真去领会它，其乐无穷。"选择导游行业，无悔闪光的青春！

汗水浇筑的荣誉

•••••••••••••••••••••••••••••• **导游简介** ••••••••••••••••••••••••••••••

　　揭震昆，中级导游，全国最美导游提名奖获得者，中国好导游，国家金牌导游，中国旅行社协会行业榜单百佳导游。

　　导游，一个平凡而又神圣的职业。在江西成千上万个导游中，有一个为这份平凡而又神圣的职业工作了十多年的导游，他叫揭震昆。从拿到导游证的那一刻，带着对这份职业的责任感与使命感，揭震昆就严于律己，用优质、贴心的服务完成每一次的带团工作。他说做导游不但要会讲解，而更多的是要有一颗真诚服务客人的心。而正是因为有着这样的认识，多年来他始终把游客当亲人、当朋友，设身处地为游客们着想，以优质的服务给游客们留下了深刻印象。

　　2005年6月初，揭震昆接到了一个重要的接待任务，客人是四川省妇联的领导，在这次接待中，他表现出优良的作风，让客人对这次安排非常满意。在离开南昌的时候，领队甘主任表扬说："小揭同志给我们讲江西辉煌的过去和暂时的不足，让我们知道'江西老表'的来历。他还给我们讲如今的江西领导是如何精明善谋，要把江西建设成为如何美丽的地方。我们特别是对井冈山印象最深，他给我们讲了很多让人肃然起敬、催人泪下的故事，上车的时候每个领导眼眶都是湿湿的，这让我们知道江西为何会称为红土地。他这种热爱家乡、宣传家乡，忘我的敬业精神真让我们感动。我们也去过很多地方，他是我们在国内外旅游中少见的、高素质的好导游。他还是个非常棒的宣传大使，在我们面前多次为江西宣传投资环境。江西多几个这样的导游，想不发展都难！我们有些领导以前也来过江西，我们为江西有这样的进步感到高兴。"

两个月后的一天，全省旅游工作会议在南昌召开。有一封感谢信印在大会的简报中，而写信的就是四川省妇联的领导。感谢信中称赞揭震昆"不愧是江西的形象使者，是国内外旅游中少见的，高素质的好导游"，其后南昌市旅游局也在南昌旅游网转发了这封感谢信，并且号召全市导游向他学习，希望全市导游都能像他那样敬岗爱业，个个都成为南昌旅游的"形象大使"，为发展南昌旅游业默默奉献，为文明英雄花园城市增光添彩。

作为一名老导游，揭震昆不但带过几个人的小团，作为总指挥，还带过上千人的夕阳红旅游专列。2008年的秋天，揭震昆作为总指挥被派上了一趟京津夕阳红旅游专列。虽然专列中每个团都安排了全陪导游，但他仍然没有掉以轻心。每到一地他都会前往各个团询问情况，并叮嘱每位导游一定要照顾好自己的客人，以防意外发生。但晚上入住酒店后，却还是出现了意外：一位老人在洗澡的时候，不小心摔倒了。接到全陪电话后，揭震昆一面告诉全陪赶紧打120，一面赶到出事房间。原来这位老人穿的拖鞋不防滑，一进湿漉漉的洗手间就滑倒了，在摔倒的瞬间，老人下意识地用手撑了一下，手臂估计骨折了，其他地方还不知道有没有受伤。揭震昆见老人还坐在湿湿的地板上，怕这样会造成老人感冒，同时担心老人还有其他的状况，他就坐在老人身边，把腿慢慢移动到老人的屁股下面，让老人坐在他的腿上，靠在他身上。一直等到医生来，揭震昆才发现，他的裤子已经全部湿透。他和医生把老人小心翼翼地抬上担架，然后跟着急救车一起来到医院。挂号、拍片、取药，深秋季节，硬是跑出了一身汗。而湿湿的裤子，贴在腿上，已经分不清是汗水还是地板上的水了。医生告诉揭震昆，老人手臂骨折了，再加上老人还有其他心脏类的疾病，所以必须要留院观察，他又忙前跑后地帮老人家办好了所有入院手续。老人是和老伴出来旅游的，老太太当时急得眼泪都出来了，他担心老太太急出什么问题来，好说歹说把老太太劝回了宾馆，而他留了下来。老人有起夜的习惯，因为担心老人，于是揭震昆坐在病床旁，帮着照顾，几乎是一夜未眠。而在其后留院观察的那几天，揭震昆也是吃住在医院，为老人端茶倒水、喂药吃饭。一开始旁边病人都以为揭震昆是老人的儿孙，而当他们得知揭震昆只是专列工作人员的时候，纷纷都竖起大拇指。老人最后平安地回到了家，老人的家人执意要送一面锦旗作为感谢，也被他婉言谢绝。揭震昆对他们说，老人选择参加我们的旅行团，就是对我们的信任，我们就有责任照顾好，做锦旗的钱，留给老人买营养品，老人家身体好，胜过所有对我的感谢！

2005 年 10 月，他参加了南昌导游大赛，凭借着优异的成绩，他当选为 2005 年度南昌红色旅游十佳导游；2006 年他又被评选为江西省优秀导游，并且成为江西首批四星级导游；2007 年因为带团质量优异，他又被南昌旅游局评选为南昌带团十大标兵。虽然有了这么多的荣誉，他并没有因为这些而骄傲自满，而是更加努力学习。2011 年因为突出的表现，他再次被评选为江西省优秀导游。

这些年，揭震昆不但圆满完成了许多领导交给他的接待任务，而且在导游公益事业方面也付出了许多辛勤的汗水。比如，参与创办"江西导游之家"、编辑制作导游电子杂志、印刷带团手册等。在编辑制作导游带团手册的时候，因为是免费发放给导游的公益行为，为了拉赞助，他不知道打了多少电话，说了多少好话。为节省开支，从资料收集到编辑制作，再到后面的校稿，所有的事情他都是亲力亲为，为资料的顺利印刷成册，他度过了无数个不眠之夜。

2013 年，他还把自己积累多年的导游材料整理成册，编成导游词，让新老导游学习。为了编辑这本 50 多万字的导游词，他顶住家庭的压力，不但利用自己不带团的休息时间，还在带团的空余时间里，坐在笔记本电脑前，仔细认真地编辑资料。为了材料的严谨性，有的时候要核实一个历史故事的来龙去脉，往往要查找好几本书，稿子因此改了又改。因为时间紧，为了赶稿，他不知道熬过多少个通宵。这件事，还成了他和爱人之间大吵一架的导火索。他爱人始终耿耿于怀，在自己生病的时候，揭震昆还只是记着编辑他的资料，却忽略对她的照顾。而编辑这本资料，当初只是一个为了筹措该年导游联欢晚会资金的公益行为。如今这本导游词，已经成为导游手中的"秘籍"，许多导游都是带着他编辑的资料，一边学习，一边带团。这本资料 2019 年经过修改后，经江西美术出版社再版印刷，仍然受到大家的热捧，揭震昆也成为一线导游中不可多得的写作能手型导游员。

随着网络的发展，他还与时俱进开办"揭哥开讲"个人微信公众号，目前已有近 13000 多人关注。"揭哥开讲"不定时发表一些导游资料和带团的技巧、为人处世的经典语句，帮助导游们学习和成长，以正能量带动着这个群体健康发展。2020年疫情期间，为了加强导游的带团技能和知识储备，他除了在协会以及一些兄弟单位开办公益课，还配合文旅厅的活动，在"千聊""荔枝微课"等平台开办"导游技巧"直播讲课，与江西导游界的有志之士共同为导游的发展、人才的培养尽一份心。

为培养后继人才，他还义务组织新导游参加线下公益培训，为许多刚刚踏进这一行的新导游打下坚实的基础。为了培训收到良好的效果，他费尽心血收集相关资料，编辑PPT，往往工作到半夜。一天六七个小时的室内讲课下来，声音都哑了。在他的影响下，许多老导游也投入到这份公益事业中。正是有他的带动，南昌导游整体的素质正在发生着巨大的改变。

为丰富导游的业余生活，揭震昆还组织导游活动小组、组织导游年会。截至2019年，南昌导游年会已经举办8届了，每年有六七百名导游们参与其中。许多导游说正是因为有了揭震昆的无私奉献，才使得南昌导游群体有了一种家的感觉。大家都说要以他为榜样，努力做好自己的本职工作，争当城市的名片！

2015年，揭震昆等代表全省28000名导游员参加由国家旅游局、光明日报社主办，中国旅游报社承办的"寻找最美导游"活动，经过网络投票、微信投票及评审委员会评议，揭震昆荣获"最美导游"提名奖（提名奖30名），成为江西省唯一一名荣获该奖的导游员，并被南昌市旅发委授予"2015年度金牌导游员"称号。2015年，他荣获"中国好导游"称号，并受到国家局邀请参加2016年1月在海南举行的全国旅游大会，受到国家旅游局领导给予的表彰和肯定；2016年再次被评为该年度"江西十佳导游"；2018年，他作为南昌导游的代表，荣获国家"金牌导游"称号；同年底，又获得中国旅行社协会首次举行的行业榜单评选的"全国百佳优秀导游"；2019年，因为在导游领域孜孜不倦的奉献精神，他又获得了江西省旅游协会颁发的"杰出奉献奖"。

揭震昆说，在他看来，金杯、银杯不如客人的口碑。他喜欢收获的感觉，收获的就是客人称心的笑脸！如果导游是这个城市最亮丽的风景，他愿意为这道风景奉献自己的一生。

旅游因爱而多彩

░░░░░░░░░░░░░░░░░░░░░░ **导游简介** ░░░░░░░░░░░░░░░░░░░░░░

　　蒋金，国家金牌导游、国家高级导游、国际领队，河北建材职业技术学院客座教授。从事导游工作二十余年来，先后获得首届中国旅行社协会"中国优秀导游"、国家旅游局"最美导游"入围奖、河北省"最美导游"等众多荣誉，被合肥市旅游协会聘请为旅游智慧库专家。

用心服务是他的服务宗旨

　　他在平凡的导游工作岗位上，用自己的诚心、细心和爱心，践行着一位普通工作者的"初心和使命"。

　　他说导游是一个"心心相印"的职业。他认为真诚地与游客进行心与心的交流，让游客高兴而来、满意而归的同时，他也不断了解不同游客的情况，总结出"人性化＋个性化"的服务模式和"原则性＋灵活性"的带团技巧。还要做到细微化服务，也就是亲情化服务，将游客真正当成自己的亲人和朋友，处处为他们着想，全心全意为宾客服务。

　　他一直坚信，一个合格的导游必须有良好的职业道德，细心细致，任劳任怨，做到"微笑服务"，并且把游客满意放到首位。"顾客第一，服务至上"的理念是很多行业的工作守则，但要真正做到实处确属不易，这就要求我们从游客的利益出发，设身处地为游客着想，杜绝各种损害游客利益的不规范行为，这也是他在导游工作中始终坚持的宗旨。

　　他认为，游客们离开家乡，离开亲人，导游就是他们最近的亲人，旅行社就是他们临时的家，要做一名优秀的导游仅有广博的知识还不够，还要把爱心献给游客，让他们体会到温暖，感受到温馨，享受到欢乐。记得 2019 年夏天他带团去日本的过程中，这个旅游团是散客拼团，由几个家庭共 36 人组成，其中由于出发前几天一对老年夫妻身体不舒服，未按约定集合时间赶到机场，他一直打电话安抚游客不要着急，路上注意安全，一直与客人保持联系，并说明自己会在机场等客人。同时安抚好其他团队客人的情绪，开好团队行前机场说明会以及出团注意事项，先行协助其他客人办理登机手续以及通关事宜。最后他一直在机场出发大厅在等候客人，看到客人满头大汗，提着行李箱，非常着急的样子，他立即跑过去上前安抚客人。由于机场值机柜台很多乘客在排队办理值机手续，他拿着客人的护照，帮助客人拿行李箱找到值班柜台经理并协助客人快速办理行李托运等事宜。在整个旅行过程中，他都十分关心这对老夫妻，并搀扶游客游览，协助客人入住酒店的时候，搬运行李送到客人的房间里，让客人在异国他乡感受到家的温暖。返程后客人给他写了一封感谢信。他表示，导游的定位就是服务，应该一切以游客为中心，做好服务。"客人的满意就是对我工作的肯定，每到这个时候，我就觉得一切辛苦都是值得的。"

周到细致是他的服务信条

在常年带团过程中，他建立了自己的一套服务流程：拿到计划单首先核实客人信息，根据客人情况提前准备讲解内容。不同职业的游客对讲解要求不一样，文化程度高的游客对传统文化比较感兴趣，一般的客人更喜欢通俗易懂的讲解；客人资料分类，见到有特殊要求的客人主动打招呼，建立良好的关系；提前去酒店，检查卫生间是否有防滑垫、试冷热水、看床垫是否舒服；出全陪，在火车上时，睡觉前和起床后，都要到各个车厢看望游客，提醒游客注意安全；在长途大巴车上，每隔一段时间都要起身观察游客的表情，判断游客是否有身体不适等。

"一次带团去庐山，在大巴车上，我回头观察游客表情时，发现有一位老年游客歪在座位上，表情痛苦，我迅速走了过去，当时她说话已经有些吃力了，可能心脏不太舒服。我帮她找到了随身携带的药品，并吩咐司机将车停在了路边，给客人一个相对稳定的环境。回到市里陪客人去医院后，才知道客人当时确实是出现了比较严重的心脏问题。"正是这些服务习惯，才让他及时发现了客人的问题。

坚持在一线带团二十余年来，蒋金先后接待了两院院士北戴河联谊会活动、全国邮政局局长会议、河北省第二届旅游发展大会政务接待、河北省第二届园林博览会政务接待、河北省第二届"燕赵之光——海归博士基层创新创业行暨秦皇岛国际英才创业周"活动政务接待等导游接待任务，并得到了各级领导及专家的好评，《秦皇岛日报》《秦皇岛晚报》《中国旅游报》等相关媒体均对他的优质服务进行过专门报道。

顾客满意是他的服务目标

由于导游工作出色，他是一名深受师生爱戴的老师。作为导游工作的资深践行者，他以无私、开放的心态，积极投身旅游理论研究及相关教学工作。他除承担了东北石油大学秦皇岛分院、渤海石油大学等高校旅行社经营与管理、旅游学概论、中国旅游文化、导游业务、旅游法规、中国旅游地理等课程主讲任务外，还与河北建材职业技术学院合作共建了"蒋金金牌导游工作室"，亲自手把手带"徒弟"，并通过专题讲座、实践观摩等形式，传播自身的导游实践经验。

他说导游是一个"极具爱心"的职业。以己度人，是他的座右铭。他认为，导游要能够从客人的角度去换位思考，要能够像对待自己的亲人、对待自己一样去对待客人。他说，记得在一次带团过程中，正赶上一个小朋友过生日，他的父母希望导游能够帮忙预订一个蛋糕。对此，他立即联系了餐厅，但餐厅工作非常繁忙，而且临近中午用餐时间，实在不能满足。小朋友知道后，感觉非常失望，并哭了起来，但小朋友的父母对导游的处境表示理解。他在多方协调无果后，毅然决定打电话给自己的朋友，让他打车专程将蛋糕送到了餐厅。看到小朋友开心的笑脸，他也收获了无限的喜悦。

他说每次送团，都有一种说不出的复杂感情。伤感之余，当客人紧握着他的手说"蒋导，秦皇岛这座美丽的城市，因你而更美丽，我有机会一定会带我的朋友再次来秦皇岛旅游，也真诚地希望，你能再次带我们领略这座独具魅力的城市"时，他又很快释然了。"心若在、梦就在"，二十余载的导游工作生涯，在已近天命之年的他身上留下了无法抹除的岁月痕迹。但他无怨无悔，因为他收获了无数游客的笑容，收获了无数游客对秦皇岛的赞美与热爱。

优秀的导游应该有智慧、有魅力，在游客面前展现出自己的最佳状态。用自己的语言、行为、情绪感染游客，给游客带来快乐、美好的精神享受。他从不将个人情绪带到工作中，无论遇到什么困难，都能让游客时刻感受到他的笑脸、热情和优质的服务。每次听到客人离开时对他说："蒋导，我们还会再来，也会介绍其他人来，到时你再当我们导游，可以吗？"他会很爽快地说"没问题"。这不就是对他工作的肯定吗？每到这个时候，就觉得一切的辛苦都是值得的，做导游真好！

用心服务　以情感人

━━━━━━━━━━━━━ **导游简介** ━━━━━━━━━━━━━

　　陈瀚峰，初级导游、出境领队，2007 年荣获南宁市"导游之星"，2009 年荣获广西"青年岗位能手"称号、"广西优秀导游"称号，2010 年荣获"南宁十佳导游"称号，2017 年荣获广西区博物馆讲解案例评选志愿者组"十佳讲解员"称号，2018 年入选文旅部万名旅游英才计划——"金牌导游"培养项目。

　　2006 年，陈瀚峰开始从事导游工作，当时他还是一名稚嫩的学生，缺乏工作经验。但是他时刻严于律己，勤勉向上，始终保持一个谨慎谦虚的态度向老员工们学习，不断提高个人的职业水平，积累工作经验。同时保持热情的工作态度，积极有效地与每一位同事合作共处，并以饱满的热情服务好每一位游客。

　　正因为在工作中陈瀚峰恪尽职守、勤勤恳恳，深得游客们的喜欢。在成为导游的第二年，他便获得了南宁市旅游局颁发的"导游之星"的称号。并在接下来的工作中，获得了"广西青年岗位能手""南宁十佳导游"等一系列荣誉。这些荣誉是对他作为导游的嘉奖，也是对他工作的肯定。然而，他从未将荣誉看得很重，他说自己永远不会在荣誉中驻足停留，只会在未来中保持初心，奋发向上。

　　在工作中，陈瀚峰与游客们是相互影响、相互成长的。记得，几年前在接待的旅行团中有一对年轻的夫妇。在交谈中，得知他们特别热心公益事业，两个人都有支教的经历，也会积极参加公益组织的活动。当诉说着公益给他们带来的变化时，陈瀚峰心里被深深触动了。于是决定开始向他们学习，投身到社会公益活动中，做一些力所能及的事。2013 年，陈瀚峰开始在广西民族博物馆担任志愿者，负责展馆的布展及游客的讲解、咨询服务。他觉得博物馆的志愿工作，是一个非常好的实践机会，不仅服务于他人，同时还能学到知识。回忆他的志愿之旅，他说志愿者的工作因为分享而变得更加美好，因为传递知识而充满力量。

陈瀚峰在从事旅游工作的这些年里，陪伴他时间最长的便是游客们，他们一起度过了许许多多个春夏秋冬，一起游历了祖国的大江南北。在这些年里，陈瀚峰始终将游客们视为他的家人，为游客们提供最贴心的服务，使他们享受到最愉悦的旅程。

据陈瀚峰回忆说，在他接待的众多团队中，有一个地接团让他印象颇深。那是一个山东到广西游玩的团队，行程六天五晚，前往中越边境和世界长寿之乡——巴马游玩。由于团里大多数是上了年纪的老人，考虑到老人们体力，他提前做好行程规划，确保每一位游客能够愉快、安全地出游。行程在辗转多地后，第四天终于在晚上 8 点入住在巴马长寿村附近的一个村子里。村子地处偏僻，因此住宿条件难免有些简陋。

当到达宾馆后，前台因为缺乏服务员并没有及时更换房间的床单和被罩。加之三月份正值巴马的多雨季节，床品容易回潮，房间里散发着一股难闻的发霉的气味。见此情景，陈瀚峰全然不顾长途颠簸带来的疲惫，亲自为每一位客人更换床上用品。其实他完全可以催促服务员更换，但为了让游客们可以尽快休息，他也参与其中，亲自动手换床单。在工作了两个多小时后，才把所有的床品更换完毕。

在安顿好每一位游客后，他正准备回屋休息，然而，一波未平，一波又起，原来一位老人的手机充电线坏了，无法及时联系到自己的家人。由于他们住的地方比较偏僻，也不方便去县城购买新的充电线，老人一时不知道该怎么办。陈瀚峰得知后，主动提出把自己的手机充电线借给老人，可是老人怕影响导游的工作，不好意思接受他的好意。为了让老人安心，陈导向住宿前台的小姑娘借了一辆电动车，摸着黑前往十公里外的县城给老人买充电线。由于天色已晚，好多商铺都关门了，他辗转了数家门店才买到合适的充电线，给老人带了回去。

对于陈瀚峰的种种表现，游客们赞不绝口，夸他是一个靠得住的好导游。

也被他的贴心与周到深深地感动了。除此之外，他还手把手教老人家们如何使用抖音把景色拍下来，再分享给其他的人。也让这些老人们又年轻了一回。陈瀚峰还会把老人们随身携带的一些重物放进自己的背包中，减轻他们的重量，让他们更好地保存体力。

在这一路行程中，团里的吴奶奶总是兴致勃勃地听陈瀚峰讲解，像是一个对一切新鲜事物充满好奇的小孩子，眼里闪着光。她精力充沛，总是与同行的游客们热情地攀谈，甚至大家在车上休息的时候，唯独这位老人拿起相机对着窗外的景色拍个不停。见此情景，他便与吴奶奶交谈起来。

原来，吴奶奶退休在家已有些年头，老伴过世多年，有一个远在大城市工作的儿子。退休后，老人常常待在家，感觉很孤单。于是她攒了一些钱，打算出门旅游。老人说年轻的时候忙于生计，哪里都没去过，所以现在她格外珍惜每一次旅游的机会，特别在旅游时能与许多人说说话，不然回到家里又是孤单一人。

在得知这个状况后，陈瀚峰开始主动和老人多交流，特别是把一些有趣的故事讲给她听，为她解闷。在旅程结束后，陈瀚峰还和吴奶奶说，如果奶奶需要有人陪伴，可以在他不忙的时候打电话，他很乐意陪伴聊天。至今，他们还保持着联系。陈瀚峰时常会询问吴奶奶的近况，奶奶说她现在去了不少地方，还会把所见所闻讲给他听。陈瀚峰觉得，尽管他与吴奶奶的旅程结束了，但是他们的友谊没有结束，会一直延续下去的。

在这次旅行中，因为陈瀚峰的细致服务给旅行团的老人们留下了十分美好的印象。其中一位老人说，自己是第一次单独出门旅行。原本儿女们是很担心的，还嘱咐自己要提防着导游，不要太相信他们的话。然而没想到，能碰到他这么热情、周到的导游，让他觉得很舒心。其余的游客们也纷纷表示，因为他热忱的服务，让他们体会到了宾至如归的感觉。也因为他的敬业与专业，让所有人拥有了一次开心的出游。在旅途中，他恰到好处地调动气氛，让每个人都参与到旅行中，并与大家及时沟通，尽力解决问题，让每一位游客都满意。陈瀚峰对于游客们的认同十分感动，他感觉自己的辛苦没有白费。游客们每一次的鼓励都是他工作的动力，他会继续尽心尽力做好导游这份工作，让大家放心出行、安全游玩。

在服务奉献中成就他人
在努力工作中实现自我

导游简介

靳胜，中级导游，国家金牌导游，山西省十佳导游，太原市旅游之星，导游资格考试口试考评委，太原旅游职业学院客座讲师。

"紧张忙碌无闲暇，情怀带队走天涯，用心打造情之旅，无悔青春献芳华。"这是靳胜在进入公司十五周年纪念日时写下的一首打油诗。当年怀揣着梦想与憧憬的他在导游这个一线岗位一做就是十五年，始终践行着自己的诺言直到今天。而他也从当年大家口中的小靳变成了现在的靳老师，但唯一不变的依然是对于导游这份工作的执着与情怀、责任与坚守。经常有新人请教他有何"套路"对待游客，他的回答却是"不套路就是最好的套路"，用心服务、以情带团才是以不变应万变的最好方式，他是这样说的也一直是这样坚持做的。

靳胜所在的山西商务国旅是当地一家主营港澳台及东南亚地区入境地接的大型综合性旅行社。2008 年春他接待了一个来自台湾的旅游团，这个团的延伸服务使其坚定了"在服务奉献中成就他人，在努力工作中实现自我"的工作准则。此团队中客人的父辈多是当年从大陆去到台湾的军人和公务员，团中一位王姓大哥在行程中显得尤为兴奋和激动。经过了解得知王大哥祖籍就是山西介休，此行回来就是要看看父亲口中念了多年的老家山西。同时王大哥表示因为已经联系不到家乡的亲人，父亲又要长年照顾瘫痪在床的母亲便一直没有回来过。2019 年母亲去世后，父亲的身体大不如前，但随着年龄增长却越来越思乡心切。老父亲时常叨念着当初居住的双槐巷，家里的布料铺，热闹的老爷庙，有外国人的教堂和儿时上学的庙宇。因为王大哥的公职身份，所以退休三年后才允许离台，而他对大陆和家乡也不甚了解，所以这次先回来看看，如果条件允许再陪父亲回乡。一路上王大哥兴致盎然地了解着家乡的变化，同时也和靳胜聊了很多过去的故事，深切地表达出期盼祖国早日统一的心愿。而靳胜也再一次深切地体会到那段尘封的历史与过往的无奈，那个大时代下每个人的悲欢离合。因此他全程除了常规的讲解，更多地融入了很多感情，同时与大家分享着祖国日新月异的建设成就和百姓生活的巨大变化，客人通过他的讲解进一步了解大陆改革开放以来的成就。不知不觉八天的行程要结束了，临别时王大哥再一次表达了希望能够陪父亲回来看看的心愿，而靳胜也主动表示愿意去介休帮助老先生寻找儿时的记忆，圆他一个梦。团队一结束他就马不停蹄地去了介休，按照王大哥口述的蛛丝马迹开始寻找老先生儿时的生活轨迹。所幸介休是一座老城，变化还不算太大。通过寻访，他找到了已经改名的双槐巷，教堂已经重建，老爷庙已经变成了一个市场，至于老先生口中的学校是哪一座庙不太好确定。通过两天的寻访，在双槐巷居住的老人当中居然还找到了王老先生当初的小伙伴，而这位老人也还清楚记得他。回到家后靳胜通过邮箱把一些照片发给了海峡那边的王大哥，王大哥兴奋地回信一再表示感谢，并且说如果没什么特殊情况九月份就陪老爷子回来，并且希望靳胜能够再次作陪。当年9月7号王老先生带着一家十口人终于回到了阔别将近一个甲子的家乡，在靳胜的用心服务和安排下，老人在介休停留了五天，他们找到了当年布料铺的旧址，在当年的小伙伴家做客，意外地发现介休后土庙就是老先生当年的学校等太多太多的回忆。这五天当中老先生精神矍铄、兴奋不已，就像一个孩子，大家也再一次感受到了那份浓浓的家国情怀。临别时老先生握着靳胜的手久久不放，眼含热泪，感激之情溢于言表，真心希望他有机会能到台湾做客。2009年山西赴台旅游开放，靳胜的工作重心一度放到了赴台领队上，也有机会多次赴老先生家探望，这一家人成为他在台湾的亲人。2015年老先生病逝于台北，直到现在他与王大哥一家还保持着紧密的联系。在多年的对台接待中，靳胜曾先后参与接待过连战、宋楚瑜、郝柏村、郭台铭等台湾政要，接待了来自台湾的上百个团队，带领山西居民赴台达130余次。为晋台两地的文化交流、互相了解做出了突出的贡献。此外，他还积极参与寻访抗战老兵的公益活动，为这些国家和民族的脊梁尽一份自己的力。

在日常工作中靳胜非常重视细节的服务，总让游客有一种如沐春风的感受。入境团客人年龄层普遍偏高，他会随车带两个脚踏凳，供客人上下车使用。在上团期间他总是带着两把大号的水壶，里面冬天装开水、夏天装冰水，在旅途中为客人进行沿途的小点心和茶饮服务，用靳胜的话说这叫"大巴服务航空化"。用一杯杯咖啡和茶水滋润着每一位来自远方客人的心房。在团队运行时间他还随身带着一个旅游管家包，这好似一个百宝箱，客人所需的各种应急物品应有尽有，使得所有客人对靳胜的细致服务交口称赞。客人回到当地会把他的服务水准、服务理念、服务态度告诉更多朋友。一传十、十传百义务为靳胜和他的公司做起了宣传。而他的服务也在不断升级，在使用导览器时他会为客人准备一次性耳机。在合适的居住环境下会组织大家开篝火晚会，在郊外空旷的酒店得到允许的情况下为客人以家庭为单位准备孔明灯许下心愿，凭着十几年如一日的坚持，他团队的粉丝越来越多。让客人真正感受到了在带团的过程中不仅有服务同时还有温度。在带团中讲解中，靳胜将山西的历史文化、民俗文化、宗教文化、古建艺术文化等内容融会贯通。以特有的评书及单口相声形式使游客对讲解内容更加喜闻乐见，车厢也成为他挥洒人生的舞台。"醒目一响风雷动，折扇轻摇论古今"。真正从精神和心灵的层面引导游客在人文古迹和自然山水间体味"华夏古文明，山西好风光"的神韵。集中力量做好一件事，同时做到极致，是他多年来默默坚守的态度。

在工作中靳胜用心奉献，真心待人，以情感人，急游客之所急，想游客之所想，自觉践行导游职业道德规范，以主人翁的精神热心服务八方来客。尤其在接待入境客人时，不论从讲解内容，还是服务安排等多方面，都会潜移默化地让客人感受到"富强、民主、文明、和谐"之社会氛围，使游客留下深刻且美好的回忆，真正做好"文化交流大使"的工作。在繁忙工作之余，靳胜也积极投身社会公益，参与行业内各项活动的组织开展。同时走入旅游专业院校进行授课交流，为培养新生代导游力量贡献微薄之力。在公司内他作为培训主任成立学习小组，用"传、帮、带"的形式传承企业精神和职业技能。

靳胜经常告诫同事们要用心对待游客，带团中要真诚对待所有游客，相信每个旅游人都有疲倦期，但要尽可能地调整好自己的心态，把每一个团都当第一次来带，这样就会发现一定有意想不到的惊喜。在带团过程中要用心去了解游客所需，用细节打动游客，照顾到游客的细微之处，这样就能达到四两拨千斤的效果。要通过服务让客户成为你的朋友，在带团过程中要努力让客户把你当成他们的朋友。虽然大部分游客可能一生只来一次山西旅行，但是相信通过努力服务会有第二次、第三次的重逢。客人回去后的口口相传就是最有力的广告，他们的亲戚朋友会成为你下一次的客户。更重要的是服务贵在坚持与创新，只有这样才会使自己和客户之间永远都处在保鲜期，永远对你新的服务产生期待感。靳胜经常提起一位前辈对他说过的话，"工作的最高标准就是客人非你不可"。在向着这个目标前行，在炼成金牌导游的道路上他还在继续努力着。

行走的青春：让心和爱一起走

┌─────────────── **导游简介** ───────────────┐

　　袁勇，黔东南州导游协会副会长、高级导游、中国好导游、国家金牌导游，中国最美导游提名奖、贵州省行业道德标兵提名奖获得者，贵州广播电视大学旅游管理专业特聘教师。

└──┘

　　时间的矛，划乱了男人、女人们的青春容颜；岁月的盾，守护着年老、年少的旅游人心中柔情；时间红了樱桃，绿了芭蕉，圆了天下人的梦。导游生活更像是另一种军旅生涯，喜欢的人会一生坚持，不喜欢的人也可以选择退役，可无论是留下的还是离开的，都忘不掉做旅游时那段往事的回忆。外面的世界很精彩，但有些精彩并不适合你，有的人注定一生要和旅游打交道，很多事唯有坚持才能看到结果。

　　袁勇出生在贵州黔东南的一个苗族村寨，2007 年开始从事导游工作，2009 年他有幸成为一名教师，过着朝九晚五的生活；但是一年后他选择放弃校园生活的那份安逸，他最爱的生活还是行走在路上。十多年的导游生涯，让他明白了，导游要热爱的不单单是风景，更重要的是服务，而且需要很强的旅游服务意识、责任心和应变能力。从精心准备导游词、熟悉旅游线路开始，就应该带着对旅游事业的无尽热爱，认认真真、踏踏实实地投入到旅游事业中去。"食、住、行、游、购、娱"每一个环节都仔细对待，一切以游客为中心，热情周到，努力做到让每一名游客满意。微笑始终挂在脸上，良好的沟通能力让他和游客之间亲密无间，广博的文化知识让游客们钦佩不已，风趣幽默的语言让游客们笑声不断，任劳任怨永远为游客着想的奉献精神让人赞不绝口。从一个懵懂年少的男孩成长为现在的高级导游、金牌导游，在导游的岗位上他一做就是十几年，他觉得导游职业能让他行走的青春——心和爱一起走。

不断提升，善于学习的进取心

为了提升自己的知识能力，在已经拥有了高级导游证后，他又结合贵州是全国著名的酒乡，游客经常喜欢问到贵州茅台酒的专业知识的实际情况。他报名参加了中国白酒专业培训班的学习和考试，并获得中国食品工业协会颁发的高级调酒师资格证、高级品酒资格证，成功迈入了"导游+调酒师+品酒师"的复合型导游的行列。他始终坚信导游是杂家，在某些领域是专家的信念，不放弃导游这个职业，他说要成为导游员行列的"常青树"。

遇事冷静，不急不躁，处理应急事件的责任心

2015年8月18日是他导游工作中难以忘记的一天。晚上9点多他刚回到房间，一阵急促的敲门声后，他听到对方说自己是团队的游客，团里有位游客在当地的县人民医院，被几十个当地群众围起来了，您能过去一下吗？听到这事以后，他预感到这不是一件小事，立即请求酒店经理（本地人）跟他一块打车到达医院，这时医院一楼大厅聚集了约20位陌生男子，嘴里唠叨着要找到肇事者负责。看到此景，他即刻拨打了110报警，因担心外面的群众控制不了情绪，他请酒店经理用本地方言帮忙协调和疏散外围群众，并在医院3楼的过道找到游客了解情况。原来是他的游客从酒店乘坐出租车到古城欣赏夜景，在下车打开车门时，造成一旁通行的摩托车车主受伤，出租车司机逃逸，受伤家属找不到出租车主，准备让这位游客负全责。弄清楚情况后，他一边与出警的民警同志联系，一边安抚着客人的情绪。

由于担心游客与伤者的朋友们发生不必要的冲突，他先下到一楼与伤者朋友们沟通，由于对方情绪激动，差点对袁勇发起人身攻击。说句心里话，那一瞬间他心里是害怕伤者的朋友不理智对他进行人身攻击的，但是导游的工作职责告诉他必须协助客人处理问题。在民警的协调下，逃逸的出租车承担了主要责任，事情得到了很好的解决，客人用非常诚挚的眼光看着他说道：

"谢谢您啊，导游，您让我看到了您超出导游工作的那份担当和勇敢。"

敏锐的洞察力和幽默讲解趣心

贵州黄果树景区是全国著名的旅游景点，每年都会有很多游客慕名而来，也是贵州导游出团频率最高的景点。每次到黄果树景区之前他都会给游客们说文明旅游的重要性，但也有游客会忘记，去购买当地人采摘景区的花朵和榕树叶做的帽子用于拍照。为了加深游客对文明旅游和爱护景区一草一木的重视，他总爱诙谐地给游客说，在景区里面您可以购买的东西很多，但是有一样东西您要慎重：有人采摘景区的花朵和树叶编制的绿色帽子不能买，因为花钱买个"绿帽子"戴不值得，游客哈哈一笑，并且表示不会购买。

真心付出，感受幸福的诚心

世界上，没有完全好的职业，也没有特别差的工作，只要是自己喜欢、自己热爱，那便是好工作。若是你现在从事的职业，没有能力被改变，那就让自己去热爱，只有热爱，才能做好。

2014 年他接待一个北方的教师团队，在游览贵州荔波茂兰自然保护区时，一个游客指着一株植物问他是什么，这可把他问住了，只好承认自己不知道，并留下了那位游客的电话号码，表示日后进行了解并给他答复。当把团队送走以后，他联系了茂兰景区林业站的老师，并查阅了资料，最后把图片和介绍一起发给了那位游客，收到他的信息时，那位游客惊诧了，因为那位游客都忘记了曾经问过他这个问题，甚至觉得他说日后解答完全都是敷衍。这事不大，可却体现了一个导游真心付出以及导游的真诚与责任。

导游的职责让他在这个岗位上甘之如饴，但有时亲人和朋友们也会时不时地多些抱怨。作为一名导游，已经不记得多少次没有享受过属于自己的"五一""十一"，多少个中秋佳节没有和家人阖家团聚，因为别人休息的时候可能是他们最忙碌的时候，作为一名导游，顶着烈日、迎着风雨、伴着晨曦、披着夜幕高声讲解、大声集合，数不清有多少次晒伤了皮肤、沙哑了嗓音。作为一名导游，不知错过了多少次朋友聚会、家人生日、朋友婚礼、亲人团圆，甚至大家默默地习惯了他的缺席。可即便如此，他依然很快乐，游客的一声声好评、一封封表扬信，每逢佳节游客发来的祝福短信，让他感受到来自全国各地朋友们的真诚与祝福。

乐于奉献，帮助别人的爱心

导游是文化的传播者，这就决定了他能够作为一座桥梁，将贵州山区孩子的生活故事传递，让社会上需要关爱的地方多一分关心、多一分温暖。带团的时候，袁勇特别喜欢给游客唱这首歌"……当年我很无助，幸好你把手伸；曾经我有困难，多亏你善良的心。没有你，我不会走得这样顺；有了你，我才有如此的好命运……学着你，我也会帮助别人……"这是袁勇带团时经常唱的一首歌。当年他上学的时候，有爱心人士也曾给他提供过帮助，学着他们，他在导游的岗位上也想帮助别人。

2011 年的一次带团中，他在介绍贵州苗族文化时，讲解了贵州山区孩子的生活艰难和对学习知识渴望的故事，很多客人掉下了眼泪。当即有位好心人拿过他手中的话筒，说道："同在一片蓝天下，山区孩子生活的艰辛真是让人想不到，我们很乐意为贵州山区的贫困小孩送去一份温暖，请这位袁导游代为联系一下。"当听到这番话时，他的眼睛湿润了，内心无比激动。在他的联络下，很多爱心人士，如无锡爱心助学的妈妈们与贵州省黔东南镇远县高王寨小学姚秀林校长取得了联系，为那里的小孩献出了一份爱；上海助学团队赴织金县马场小学献出他们的爱心等。导游工作至今他已经累计帮助贫困山区 14 批次，每当看到孩子们拿着爱心衣物和文具的时候，他的心里总是无比快乐。

他常说："导游是一个平凡的工作，但只要你能满腔热情、全力以赴地投入其中，当成自己的事业来做，便能打造金牌，创造品牌，做出更多不平凡的业绩。"

真诚成就平凡的价值

░导游简介░

袁飞，高级导游，烟台风行旅游有限公司副总经理，山东金牌导游，山东导游大赛二等奖获得者，山东财贸金融系统五一劳动奖章获得者，烟台市十佳文明导游，入选 2019 年文旅部万名旅游英才计划——"金牌导游"培养项目。

"我很爱导游这个职业，它让我在平凡的工作中找到了人生价值。"袁飞说。早在大学时，他就考取了导游证，步入导游这个行业，从最初的懵懂到逐渐喜欢，从逐渐喜欢到不断坚持，他把青春洒向这片热土。十几年来，旅游已然成为他生活的一部分，在一次次的带团中他也找到了自己的人生价值。相较于国家金牌导游、山东省财贸金融系统五一劳动奖章获得者、山东省金牌导游、山东省旅游行业技术标兵等荣誉称号，他更在意的是怎样更好地服务游客。

旅游行业，归根结底属于服务行业，如何做好优秀的导游服务成为他不断总结前行的动力。2010 年，他带了一个 40 多人的夕阳红团队到云南旅游，那次带团历程产生了他职业生涯好几个第一：第一次坐了 50 多个小时火车，穿越了祖国的大江南北；第一次带领平均年龄 65 岁、最大年龄 80 多岁的老年团队；第一次有客人突发疾病躺在了手术台上；第一次有客人丢了火车票手足无措。虽然旅游疲劳，状况不断，但是他还是凭借一颗真诚服务的心，赢得了全体游客的首肯。他一节一节车厢地跑来跑去，去了解客人的身体状况，组织他们参与互动，把漫长的旅途变成了欢乐的海洋；他小心照顾每一位客人，时刻关注客人的动向，准备适合北方老年人口味的菜品；当客人躺在病床上，他跑前跑后，联系和安慰客人家属，请求地接旅行社协助安排手术，积极联系保险公司减少客人损失。他对病人说："在陌生的环境中，导游就是你们的亲人，我不照顾你们谁来照顾你们。"旅行结束时，当拿到全体客人签名的表扬信，当接到病人顺利返回家乡的电话时，他觉得那一切都是值得的。

服务至诚是导游的原则，民间大使更是导游的责任，如何把齐鲁大地优秀的旅游文化传递给客人？如何讲出文化的美感和独特的艺术品位？带着这样的职业追求，他结合实际带团的经验，查阅了大量资料，常去的每一个景点都总结了属于自己的独特的导游词，形成了自己的讲解风格，深受游客好评。他说："一篇好的导游词体现这座城市的底蕴和行业规范，导游对自己的城市感到自豪，讲解才有底气，才能有温度。"

2013 年，他接待了来自国内某军事院校的留学生，客人是来自亚非拉等多个国家和地区的军官，这次旅行是让他们更多地了解中国传统文化以及中国现代化的发展进程。带团前，他查阅了大量的资料，因为语言的关系，如何用更简洁的汉语表达更深刻的含义，如何用最短的时间展示中国最深厚的文化，如何把中国日新月异的变化准确地表达，如何用短短的几天时间把中国人爱好和平、渴望和平的心愿得以传递成为他带团的目标。从威海的甲午海战到青岛的高楼大厦，从曲阜的儒家文化到泰山的国泰民安，几天的时间，他努力去交流、去表达、去传递自己对家乡的热爱及对祖国的热忱。当最后一天即将送团的时候，随行的领队告诉他，从这里到车站还有十几分钟的时间，可以总结一下这几天的行程。于是，他稍加思索，满怀激情地说出了这样的话：各位亲爱的朋友们，我们的旅行马上就要结束，请问大家山东美吗？中国美吗？客人一致回答，山东太美了，中国太美了。接下来他深情地说，是啊，山美，水美，但是我要说，山美、水美不如人美，今天在座的每一位，你们才是最美的人，你们才是最可爱的人，你们不远万里来到中国学习和交流，你们像一只只美丽的和平鸽带来了全世界的友善和互助，马上你们就要踏上归程，希望美丽的中国之行能给你们留下美好的印象，希望大家把中国人爱好和平、追求和平的心愿带到您的家乡，这是一个最普通的中国人心底最真切的那份渴望。每每回忆起那一刻，他总说，也许大家都觉得导游这个工作是微不足道的，但是有时候这个职业却肩负了民间大使的职责，当我们能把自己的定位从服务员、讲解员，变成中国故事的讲述者，变成优秀文化的传承者，变成文明旅游的引领者，那导游这一份职业的责任和价值就会在你日复一日的工作中越加凸显。

导游是个辛苦的职业，要做一名优秀的导游，除了基本的语言技能和细心的服务之外，还需要自身不断学习提高。"学习"两个字，是他话语中出现频率最高的词，尽管已经考取了国家高级导游资格证书，但他深知学无止境，拼搏没有止境，成功也没有捷径，博采众长，形成自己的风格，提升自身的阅历，走上更大的舞台，是他追求的目标。在努力提高自身业务水平的同时，袁飞还积极参与到导游员以及院校学生的培养当中，并为烟台市行业组织和多个高校开展专题讲座和实地培训，毫无保留地分享自己的经验得失，为旅游行业的传帮带发挥自己的价值和作用。

旅游业发展到今天，传统旅游服务产品和模式正在发生变化，个性化、自由式等高端导游服务方式更加受到人们的青睐，旅游行业需要更多懂业务、懂服务、适应市场需求的导游员。导览早已不是一线精英导游的单一服务范畴，他发起并成立了"快乐夕阳红"旅游服务品牌，专门针对老年游市场进行产品设计，将上游产品设计和下游产品服务串联，将导游的优秀服务理念和钻研精神融入旅游产品业务中来，成为众多导游学习的新标杆。

宝剑锋从磨砺出，旅游是朝阳产业，导游更是旅游产业的基础，一名优秀的导游必将在未来的旅游大潮中发挥越来越重要的作用，相信在不久的将来，中国导游员们的道路必将更加宽广，执业环境也将不断改善。

夙愿

导游简介

朱翔，上海春秋旅行社有限公司国家高级导游，国家金牌导游，首届上海市导游大赛冠军，上海市红色旅游导游大赛冠军，首届中国国际进口博览会旅游行业教育培训突出贡献奖获得者。

认识萧挺先生是因为那年他参加了由华东师范大学组织的离退休干部疗休养团，前往历史文化名城浙江绍兴休养。很巧，这个休养团由朱翔负责陪同。

其实在此之前朱翔并不曾听说过萧挺先生，尽管他现在知道原来萧挺先生是上海诗词界的翘楚，曾主持创办上海诗词学会，并以全票当选为会长。他一篇"李白《秋浦歌炉火》之创作年代考"著名诗论，纠正了在中国诗歌界长期流传的错误，得到诗坛公认。上海东方电视台曾以"诗人萧挺"为题，作了半小时专访直播报道，广受社会关注。

让朱翔开始注意到萧挺先生的是他说的一句话，在前往绍兴的旅游车上，他问朱翔是否去绍兴的沈园，朱翔回答说不去。老先生很遗憾地"啊"了一声，然后自言自语地说真想去沈园看看啊，那里面还有我写的一副对联呢。"对联"？朱翔很意外地重复了一遍，带着几分疑虑。老先生说，是啊，沈园当初重建的时候曾经征求过我的意见，我给他们写了一副对联。听说镌刻在园子中的什么轩里，我到现在都还没有看到过呢。

朱翔很惊讶地看了老人一眼，在他的印象中，位于古城绍兴的中国第一爱情名园沈园的"孤鹤轩"里，的确有这么一副著名的对联："宫墙柳一片柔情付与东风飞白絮，六曲栏几多倚思频抛细雨送黄昏。"这副对联被人们形容为最能入木三分地描述陆游、唐婉二人凄婉爱情的一副对联。朱翔曾经很多次带团前往沈园，给游客讲述陆游、唐婉那段悲戚的爱情绝唱，也曾很多次与许多游客一样，沉浸于《钗头凤》那绝美的意境中。孤鹤轩里那副对联还被他细细咀嚼回味过，却真的没想到对联的作者此刻竟然就在他的面前。

在绍兴的第一天，按照行程安排，朱翔带着这个旅游团队去了鲁迅故居。沈园其实离鲁迅故居很近，但在他们的行程中却没有做安排游览。看得出来在参观鲁迅故居时，老人很有几分心不在焉。朱翔这时已经知道老先生名叫萧挺，是一位1938年参加革命、曾经担任过包括华东师范大学在内三所高校党政领导职务的离休老干部。朱翔也知道萧挺先生心不在焉的原因是什么，老先生的心一直都在牵挂着沈园里那副他至今还未曾见过的自己写的对联。

老人那遗憾无比的表情让朱翔看着心里很不好受，他想他应该帮着老人一起实现他的夙愿。这天下午，在征得全体游客同意后，朱翔临时改变团队行程，特地安排了全体游客前往沈园参观。大家都很开心，其中最激动的莫过于萧挺先生，一进沈园的门，他就冲在了队伍的最前面。朱翔只是给他指了一下"孤鹤轩"的方位，他立马就直奔了过去，脚步快得大家都无法追上。还是那样熟悉的风景，这天的沈园却因为一位老人的到来而不平常起来。

在"孤鹤轩"自己写作的对联面前，老先生情难自抑，嘴角一直挂着的笑洋溢着他兴奋激动的心情。毕竟是这么多年来第一次看到自己写的这副对联！还没等人们站定，萧挺先生已经迫不及待地开始给大家讲起陆游和唐婉的爱情故事来，言语中显露的激情是和一位高龄长者年纪不相符的。大家把萧挺先生团团围住，听着他多少有些急切的述说，和他一起走进了一段远久的历史。

这时有一个旅游团队过来，沈园的讲解员正向客人们介绍这副对联。她刚说这副对联由萧挺先生撰写，旁边立刻有人告诉她萧挺先生此刻就在现场。讲解员和她的客人们都一样激动，说真没想到今天能和对联的作者一起游览沈园。这边，正在一旁游览的来自杭州师范学院的三个女生涌上来，请萧挺先生跟她们一起合影。那边，已经有游客在请教萧挺先生在创作这副对联时的感受。小小的"孤鹤轩"里一时间热闹非凡。

朱翔在一旁静静地看着，脸上满是欣慰的微笑。在他十多年的导游生涯里，像这样的故事其实还有很多很多。而能帮助萧挺先生完成他的夙愿，对朱翔来说真的是很开心的事。沈园，这个爱情的名园因此将再增添一段关于"夙愿"的佳话！

后来，湖南人民广播电台旅游频道节目曾邀请朱翔做过一期名为"行走的梦想"的节目，在节目里他说起了这个故事。主持人说在导游带团的过程中私自改变行程是非常冒险的，甚至还可能引起游客的投诉，但朱翔的这一次特别的安排却让所有人都收获了一份感动和快乐。是的，主持人没有说错。虽然擅自改变行程是和相关旅游法规相冲突的，但这一次的改变行程的经历却真的难以忘怀。不仅得到了全体游客的赞许，也让一位八旬高龄的长者——萧挺先生的绍兴之行没有留下遗憾。

白驹过隙，一晃许多年过去。这之后，在朱翔带团的过程中，又遇到过很多同样令他难忘的故事，但每每想起那年发生在绍兴沈园"孤鹤轩"的故事，都让他难以忘怀。通过那一次的临时改变行程、增加对游客来说有特殊意义的旅游景点，让他再次深深地懂得，做一个有温度的导游是多么重要的一件事情！而从此之后，他仍然秉持专业、敬业的精神，满怀对导游工作的热爱和激情，不断加强讲解水平、提升服务能力，始终做一个在游客心目中有温度、有情怀的导游！

用心服务游客，用真诚感动游客

· 导游简介 ·

强晓娜，陕西省旅游协会导游分会会员，国家高级导游。2016 年荣获"陕西历史文化使者"称号，2017 年荣获"陕西最美导游"称号，2019 年入选文旅部万名旅游英才计划——"金牌导游"培养项目。

雷锋曾经说过："一个细小的螺丝钉，是个细微的小齿轮，然而如果缺了它，那整个的机器就无法运转了。"请不要小看螺丝钉，螺丝钉具有很多难能可贵的精神，而这正是当今企业所欣赏的，也是维持企业大系统所必需的。作为陕西省一名普通的导游，她已经在导游这个岗位上兢兢业业工作了十年有余。从一名刚毕业旅游英语专业的学生到现在是业务成熟的国家高级导游，她经历了许多困难和问题，都一一克服，有着一种永不放弃、永不言难的精神。

坚持·导游成长的动力

她认为，在旅游工作过程中，最重要的是细致入微的服务，只有全心全意地对待每一位游客，才能让游客感受到这个城市的美好，才能让游客不虚此行！她在带团的时候，随身会佩戴一个小本子，记录下每位游客的不同需求。有的游客不吃辣，不吃葱、姜、蒜，她一一做好记录，用餐之前提醒餐厅做出符合游客标准的口味。她还记录游客的个性化需求，有的游客需要去当地看望亲戚，她会提前规划好路线、列出单子交给游客，以方便游客准确回到酒店或是与团队顺利会合。天气热的时候她会提前提醒游客注意防晒，天气冷会提醒游客保暖，提前告知该带的雨伞、雨衣等。年纪大的老人下车的时候会进行搀扶，在景区里讲解她也会放慢步伐，照顾老人。节假日带团会提前告知注意事项，如人多拥挤、排队的现象不可避免，让游客都有心理准备。她在带团过程中富有预见性，有序组织团队参观游览，避免了很多不必要的麻烦。

真诚·导游成功的基石

她厚积薄发，用实际行动践行着"读万卷书，行万里路"的座右铭。她是从里农村走出来的孩子，她深知农村的大学生来城里找一份工作有多不易，所以她珍惜每一次机会。从 2011 年开始，强晓娜作为全陪，跑遍了大半个中国。同行们说，以你现在的资历，可以不带团了，但她说："因为热爱，无法驻足脚步。我要用自身作案例，告诉同行们和关注我们的人，导游不仅是职业，更是事业，从事导游不是在吃青春饭。只要你真诚，就会获得应有的尊重，只要你坚持，就会实现'三百六十行，行行出状元'的梦想。"

一个导游是一面旗帜、一扇窗口，强晓娜认为，只有用心去服务游客，才能收获快乐，用真诚去感动游客，才能获得成功。上百次的全陪出团中，她用真诚感动过太多游客。

2015 年 4 月，她带领散拼团队 56 人去北京，并且给游客每个人发了小名片，上面写有她的名字、电话，老人小朋友都发，提前嘱咐要保存好，以防万一。这是刚来北京的第一天，说实话她都没认完全部人的面孔，所以她让团队的人紧紧地跟着她。参观故宫的时候，地接导游和她一前一后井然有序地组织着团队以防有人丢失，毕竟在故宫丢失游客是常有的事情。她也每经过一座宫殿都会数一遍人数以防有人丢失，但意外还是发生了。在最后一个宫殿参观完要集合时，一位老太太不见了！她立马询问与其来的其他三位老太太，得不到任何答案。她们都是一个村出来结伴游玩的，并且唯独走失的这位老太太没有手机而且目不识丁。此时也已经到了吃午餐的时间了，她心急如焚，将团队集合到一个定点地方，询问队友这位老太太的体貌特征，大致了解后就和地陪导游兵分两路寻找，并且让景区通知了广播找人。可是，大约半个小时过去了，仍然没有任何消息。只好回到团队中，让地陪导游带领团队去用餐，留下其中一位与走丢的老太太关系较好的同伴和她一起在故宫出口处把守，等待老太太。在此过程中，她担心与她一起的老太太肚子饿，就给老太太先买了盒饭吃，自己则吃点随身带的零食垫着，因为要盯着出口处。一个小时过去了，她只期盼着那位走丢的老太太记得她交代给她们的事情：一定要保存好小名片！正在焦急的等待中，突然有一个陌生号码打到了她的手机上，她一接听，立马就知道是走丢的老太太，在电话里她大声告知老太太见面地点是"出口处"，并且不放心，在电话里希望这位陌生人能给老太太指一下出口处在哪里。大概十分钟后，她看到出口处人群中的一位老太太急切地四处张望，双眼饱含着泪水，见到自己的那一刻，立马叫了出来。终于，走丢的老太太找到了！

在兵马俑景区，她大雨中寻找游客；在华清池景区，她整宿陪游客在医院看病；在不知名的小店，她为买到假货的游客据理力争而遭当地商贩威胁。她语重心长地说："干导游要敬业，就像种地一样，你天天上心，就会有收成。干导游比种地容易多了。我能在城里找一份工作就很不易了，更得上心。咱做导游的，把心交给客人，客人就会把心交给你。"

学习·导游提升的阶梯

她还是一名"教师"。她说："我想让更多的人了解导游，走进导游，加入导游。"她除了做十余年的导游之外，她还兼任导游教师。她教授的中国旅游地理，受到了广大师生的好评。在长期从事地接导游和导游讲解的工作中，她利用业余时间，把关于唐文化典故、大明宫、陕西历史博物馆等多篇导游词综合起来，使游客在游览中加深了对唐文化的理解。

谈到未来，强晓娜说，她成立了大唐服饰文化体验工作室，组建了精英导游联盟。她深爱导游事业，她想让更多优秀的年轻人、优秀的大学生加入到导游行业，给更多导游人员提供一个共同交流、共同进步的平台，为提升导游人员整体素质和业务水平尽绵薄之力！

平凡导游的匠人精神

导游简介

王君，国家高级导游，获得了国家金牌导游、南京市优秀志愿者、镇江市优秀导游员、镇江市金牌导游员等荣誉称号。

德是匠人精神的支柱。眼中有标杆、心中有榜样，作为城市文化以及文明的传播者，让更多人了解镇江，感受镇江的美，引导游客文明旅游，这就是导游王君最想做的事。

"带团这么多年，自己既是导游，也是一名游客，带领团队文明旅游也是我们全陪导游的职责。"多年前一次带团的经历到现在仍让王君记忆犹新。有一次她带着镇江的一个自组团来到黄山观光旅游，次日凌晨5点出发，天还没有亮，大家在酒店门口等车的时候有些游客开始吃起了泡面，吃完以后随手就把泡面碗仍在马路边的花坛上。王君没有说话，只是默默地捡起了泡面盒子，扔进了垃圾筒，其他客人看到了，也把垃圾扔进了垃圾桶，客人上车后，地面没有一点垃圾，当地的地接导游很感慨：你们镇江的游客素质真高！

匠人精神是专注的，是一种坚持，是一种要把事情越做越好的心境和决心。大学毕业的时候，王君放弃了南京优越的工作条件而选择回到了自己的家乡，江南的那个小城——镇江。当时的她只是希望可以凭借自己一点点的力量，为家乡做出贡献，10多年过去了，这样的想法一直没有改变过。王君经常跟着文广旅局去各省市宣传镇江，推荐旅游线路，为镇江景区做公益推荐。

2019年夏天，王君接到了一个非常特殊的团队：广东潮汕电视台的一个摄制组，来镇江拍摄节目，时间大约是2周，需要一名导游进行讲解，并且做好出镜的准备。当时王君就想可以为远在潮州的观众介绍镇江是非常光荣的一件事情，配合摄制组把这档节目做好，也是对镇江的一个宣传。王君在家查阅了大量的资料，了解广东潮汕人的喜好，希望能通过她的讲解使观众有来镇江旅游的想法。考虑到出镜的要求，在仪容仪表上的要求可能就会比较高一点。王君当天化了妆，穿上了西服和高跟鞋，在 35℃~36℃ 的天气下开始了节目的拍摄。拍摄过程中王君跟编导不停地商量着：节目一共要做多少期？每一期的内容是什么？以什么样的一个切入点才能更好地吸引观众？在面馆请师傅现场制作跳面，在金山上一遍遍地爬上爬下寻找最佳的拍摄位置，在古街上一边请现场的游客配合一边讲解镇江的历史文化、风土人情，以及一些很少人知道的小故事。很多在场本地游客感慨："没想到在镇江生活了那么久，听导游一讲，才知道我们生活的城市原来这么美，有这么多历史典故啊！"一天下来，王君的脚早已经磨出了血泡，双腿也都是肿的。但是为了节目的效果，王君还主动地推荐了西津渡景区里一个非常有特色24小时开放的图书馆，并且与景区联系好，让摄制组去拍摄。图书馆拍摄结束已是凌晨，镇江下起了瓢泼大雨。回到家以后王君觉得头非常痛，并没有太在意，就吃了两颗止疼药，准备睡觉了。可是没想到止疼药吃下去之后，不仅没有起到任何作用，而且当时就呕吐了，瞬间觉得天旋地转，王君及时跟公司领导汇报了这件事情，并且安排了其他的同事第二天继续去跟进这个事情，王君千叮咛万嘱咐交代清楚所有的细节。当晚家人带着王君就去了医院，是疲劳过度导致颈椎病发引起的头晕，虽然不是特别严重，但是医生还是建议休息。第二天一早，王君一觉醒来，觉得头疼比昨天好多了，放心不下拍摄的事情，于是又去酒店接了客人开始了第二天的拍摄……就这样，经过十多天的努力，摄制组在镇江拍摄好了这档节目。摄制组离开镇江的时特别表示感谢，感谢王君的敬业与专业。一个多月后节目在当地播出了，引起了巨大的反响，当地的旅行社顺应市场需求推出镇江这条旅游线路，由于市场需求特别大，潮州游客以包机的形式来到了镇江游览参观，并且是一批又一批，这也是镇江历史上第一个包机系列团队，王君特别开心……

　　匠人精神是温暖的，是全心全意的服务，用爱心、温情去感染游客，游客所想的就是我们要做的。

　　认识王君的人都觉得她是一个非常温暖的人。天凉的时候，她会让餐厅为客人多准备一碗姜茶。游客过生日的时候，她会让餐厅为客人准备一份长寿面。虽然只是一些小小的举动，但总能让游客觉得非常温暖。有一次王君带团到北京，当天的行程是游览长城，团队是坐索道上长城的，但团里有位老奶奶 78 岁了，不敢坐索道，她就不想上去了，在山下等待大家。王君问她："您之前来过长城吗？"老奶奶说没有，她也想去看一看，只是不敢坐索道。王君就说："老人家来一次长城不容易，而且以后可能来的机会也不多了，我来带着你走路去步行登山，我们可能爬不到顶，但至少到过长城了。"就这样王君带着老人慢慢来回走了一个多小时，老奶奶爬上了长城非常高兴，王君还拍了几张照片发给了她的家人……

"都说导游工作是一件十分有趣的职业，在享受工作带来的乐趣时，对于客人的不理解，我们只能用专业和无微不至的服务来化解。"说起曾经遭遇到的真人版"人在囧途"，王君至今难以忘怀。

2016 年，王君带着 70 位学生从桂林返回镇江，途经江西某个小站，因为暴雨原因火车停开了，让大家下车自行解决回家。火车上顿时炸开了锅，有旅客不理解，不肯下车，要求火车继续前行，王君知道车长是考虑全车人的安全才下了这样的决定，安全是第一位的。王君一方面联系公司安排解决方案，一方面安抚学生情绪，在公司上下一起努力下终于调来了大巴车，联系了酒店安排好住宿，让孩子们吃上了可口的饭菜，最终学生们都平安抵达镇江。"我也是孩子的妈妈，非常理解此刻家长的心情，第一时间在群里说明情况，并给出合理解决方案，得到了老师和家长的理解和支持。"

任何匠人的修炼都非一蹴而就，也无捷径可走。随着中国旅游业的迅速发展和市场的不断成熟，导游行业也必须不断提高服务水平。王君总是积极地去学习，2010 年她因为一个手术在家休息了一个月，而她就是在那个时候考取了中级导游。2012 年她怀着孕去参加了领队导游的考试。而在 2014 年，怀着二胎的她又参加了高级导游的考试。2020 年疫情非常严重，王君依然在家里认真学习，研究一些直播平台，想利用平台来做一些新的尝试。作为一个平凡的导游，她只有让自己在不断的学习中才能找到平静快乐的感觉。王君说，疫情过去以后中国的旅游业一定会好起来，也一定会往更好的方向发展，然而在那个时候只有更好的我们，才能跟得上旅游业的发展！

让青春在导游岗位上闪闪发光

导游简介

牛帆，河北青年岗位能手，河北优秀政务导游员，第七届河北省导游大赛亚军，河北省十佳导游员，2018 年入选文旅部万名旅游英才计划——"金牌导游"培养项目。

很多时候我们因为一句歌词记住了一首歌曲，因为一个明星记住了一部电影，因为一个故事而记住了一次感动，而牛帆更希望的是因为一个导游，而记住了一座美丽的城市和一次难忘的旅行。对于他来说，"俯首甘为孺子牛"不仅仅是鲁迅先生的一首诗，更是他竭诚为游客服务的一种情怀与信念。

2019 年 5 月 27 日随着颁奖典礼的结束，"蓝鲸杯"第七届河北省导游大赛落下了帷幕。牛帆获得了河北省十佳导游亚军的称号，晚上回到家里，他打开落地窗，望着刚刚颁发给他的奖状和奖杯，思绪万千，不禁回忆起自己的导游生涯。

小的时候，中央电视台有档《正大综艺》节目，主持人的经典台词是"不看不知道，世界真奇妙"。这句话深深吸引了他，那时的梦想，就是能走遍祖国的大好河山，看看外面的世界。所以，当年在报志愿时，就郑重地选择了旅游管理专业。毕业后，如愿成为一名导游，终于有机会了解那些之前只出现在地图上、但从未踏足的地方。带着对这份工作的热爱，他的生活已经和旅游息息相关了十年的时间。

勤学好问，用歌声和讲解为游客带来快乐

牛帆明白做一名优秀的导游，不但需要有广博的知识，还需要属于自己的特色。否则就只是一个简单的"复读机"。慢慢随着对工作的熟悉，他喜欢把固定呆板的讲解词改编成歌词，然后再和歌曲结合在一起，用唱歌的方式向大家讲出来，他觉得这样增加了解说的趣味性。而且他特别喜欢吉他，有机会的时候也会背上心爱的吉他，给客人弹唱上几首河北的民歌，如《小放牛》《回娘家》等。他还通过长时间的知识积累和语言练习，把河北的景区串联起来，改编了一首歌，叫作《冀在心中》，把河北悠久的历史、壮丽的山河、灿烂的文化用歌声表达出来。

一次，带游客从石家庄到雄安新区，一上高速，他拿起话筒一直讲到下高速。游客们对他的认可度非常高，觉得他特别棒。在旅游车上，给游客讲赵州桥的神话故事，即兴唱河北民歌。他还从各个角度，融会贯通地把知识传递给游客。每次带团结束，都会有游客拉着他的手说："舍不得你啊！因为你，我们对河北这个地方有了特殊的认识。"从一个行业小白，到形成一种带团风格，离不开知识的不断积累。朝闻天下、晚间新闻，是他每天必看的节目，旅游方面的书籍、历史类的书籍从不离手，更多的是向朋友、同行学习。

准备充足，用细节为游客带来温暖

在工作中，他严于律己，较好地完成各项工作任务。详尽地告诉游客旅游中应注意的所有事项，考虑到每个小细节；了解游客的需要，为他们提供热情周到的服务。他经常换位思考：假如自己是一名游客，需要什么样的导游？他觉得：游客们离开自己的家乡来到一个陌生的城市旅游，我们导游就是他们最亲近的朋友，所以一定要用心服务，让他们体会到亲人般的温暖，感受到家一般的温馨。为了让每一位游客不虚此行，在带团讲解过程中，他会细心地观察各种游客的情绪和需求，仔细揣摩客人对导游服务和讲解的兴趣，通过和游客沟通，迅速捕捉他们所思所想，分清侧重点，随时调整讲解内容。

　　十余年，牛帆从未懈怠过。烈日下，他从不戴着墨镜与游客讲话；严寒中，他从不戴着手套为游客指引。在旅游旺季，即便嗓子近乎沙哑，他也要把该介绍的内容，一点不落地为游客讲完。同事们形容他是"带着信仰在工作"。

　　而且在他的挎包里，姜片、口香糖、风油精等是常备物品。多年的导游生涯，使他练就了一身过硬的服务本领，凭客人的一个眼神、一个动作，他已把客人所需要的东西提前准备好，往往令客人惊喜万分。

　　夏天的时候他还会特意带上大容量的保温瓶，里面盛有解渴消暑的绿豆汤。盛夏的高温热浪，再加上游览的劳累，游客不免口干舌燥，这时牛帆随身的保温瓶便派上了用场，大家每人一杯绿豆汤，清心消火之后游客们开始了一天的游览。"夏天，我带的旅游团中没有一人中暑，同事们都笑称这是绿豆汤的能量。"他说到这时，又露出了他的微笑，"虽然这些在大家看来都是小事，但正是细节上的服务，才让出门在外的游客感受到了家的温暖"。

感同身受，用真诚让游客感知美好

　　记得有一次，牛帆接待 40 名退役军人来河北参观。这批游客中，年龄最大的已经 75 岁，最小的也有 64 岁了。在抵达石家庄的时候已经是晚上了。突然，有位老人痛风病发，疼痛难忍，急需医治。牛帆迅速安排好其他客人后，陪同这位老人到医院就诊，背起老人楼上楼下一项一项地检查，向医生一遍一遍地询问，等拿好药准备回酒店的时候，已经到了深夜了，怕老人着凉，他又把外套脱下来披到老人身上紧紧裹住，搀扶着回到房间。这个时候老人突然说道："我是一名军人，我一定要去西柏坡走一走、看一看，这是我此生的愿望"。但医生建议老人需要休息，不要太累。于是他就租了一辆轮椅，带着老人去参观西柏坡。一边推着老人，一边给各位游客进行讲解。此后几天，每次带团前他都先安排好老人的生活，回到酒店后也会到老人房间探望，陪老人聊天解闷。经过治疗，老人的痛风得到了缓解，经过这番折腾，他却感冒了。团中的几位叔叔、阿姨见状十分心疼，纷纷送来了药和问候，还亲切地嘱咐他要多喝水。当时，他也深受感动，同时也体会到了导游工作的真谛：当我们把游客当作朋友、亲人时，快乐的就不仅是游客，还有自己。

行程快要结束的时候，老人感动地握着他的手热泪盈眶地说，"孩子，谢谢你，你让我在人生旅途当中没有遗憾，你比我的亲人还要亲啊"。客人一路上都亲切地叫他"小牛"。送团的时候他们一一与他拥抱，离别的场面让人感动。

无怨无悔，用青春让导游闪闪发亮

人不能总活在自己的世界当中，应该走出来。抱着学习、找差距目的的牛帆想通过导游大赛来提升自己。他获得了徐州"古镇杯"最美导游三等奖、石家庄导游大赛亚军、河北省十佳导游亚军以及国家金牌导游等荣誉。在比赛中他的讲解水平和心理素质再次得到了极大的提升，并运用在后面的带团当中。"一枝独秀不是春，万紫千红春满园"，拿到奖项之后，这句话更是鞭策着他要不吝与同事、同行分享或传授自己的经验和知识，传、帮、带新导游也成了他义不容辞的责任和任务。被石家庄职业技术学院等多所高校聘任为兼职教师；被邀请走入社区，为每一位石家庄市民讲述河北的故事；被聘为石家庄市消防代言人。疫情期间，自行筹备医用口罩、手套等物品捐往武汉前线，并通过国家金牌导游工作室（河北）来捐款。

在河北省第四届旅游产业发展大会、石家庄历届旅游产业发展大会、全省旅游行业稳定促发大会中，他都以优秀政务导游员的身份出现，他已成功地接待了中央、省市各级领导，受到了大家的一致好评和称赞。

他说："总的来说，比赛已经告一段落了，至今回味起来我都很津津乐道，一点一滴，都值得珍藏和回味，现在更需要做的，是调整身心状况，即将迎来新一轮的挑战。都说导游是一扇窗，我要做的，就是要让客人通过这扇窗，看到里面最美的风景。我愿意把自己最美好的青春年华献给导游事业，让青春在导游岗位上闪闪发光，真正用微笑和细心跟客人们说一声旅途愉快！"

主题七
不辞长做文旅人

文旅人变传道人，坚守初心担使命

・・・・・・・・・・・・・ **导游简介** ・・・・・・・・・・・・・

孙冰，江西农业大学南昌商学院旅游管理专业负责人，副教授，硕士生导师，国家金牌导游，全国高级导游，江西省百佳导游，南昌市优秀导游，首届中国旅行社协会行业榜单TOP100优秀导游。

往事回首：文旅界的优秀导游走的是荆棘路

认识孙冰的人都知道有这样一句话是形容他的："明明早已退出江湖，江湖却一直流传着他的传说。"没错，这就是作为文旅人的孙冰的写照。

17岁时的你在干什么？或许在经历高三的寒窗苦读，却是家里的宝贝；或许刚刚进入大学兴奋异常，开始了轻松愉悦、色彩斑斓的大学生活。而他已经开始了一段并不算容易但是无悔的文旅路。阴差阳错的高考调剂，外贸英语专业变成了英语导游专业……大一开学后仅20天，在刚经历了大学新生军训的魔鬼训练后，他也顺利地通过了校办旅行社——南昌市亚细亚旅行社"实习导游"的选拔。经过了一周的专业培训和三天的跟团见习，17岁的他就走上了导游职业路。小小年纪就能独立带庐山两日游，这个小伙子一定聪明外向、口才了得，大家都这么想。事实是他内向、腼腆，和女孩子说句话都能在内心思忖许久，最终还得伴随着结巴还有脸红。就是这样一个原本普普通通的腼腆少年，凭着自己一腔孤勇，在旅游行业闯出了自己的一番天地。

80万导游中，仅有不到千名是高级导游员，而他就是这数百分之一，他在旅游路上高歌猛进。20岁出头，就考取了国家旅游局人事劳动司颁发的国际社总经理资格证。作为旅行社的星级评定员，他工作一丝不苟，脸上多了严肃少了平时的温和；作为全国导游人员资格考试的面试考官，他严谨又不失和蔼，用专业的水准和要求考核了一批又一批的导游人。正当我们都觉得他会在旅游行业越走越远时，他却毅然决然地做出了一个决定……

明悟初心：优秀导游跨上三尺讲台，从此春蚕蜡炬只为奉献

从一个资深导游跨越到大学教师需要几步？答案是两步。第一，你要向孙冰老师一样能力强、学识广，各方面十分优秀；第二，你要拒绝外界的一切"诱惑"。企业高管的工资比高校教师高，众所周知，为什么他选择留在大学成为一名普通的人民教师，而放弃了体面且高薪的企业高管呢？因为他心中一直有一个教师梦。孙冰说："学校与企业最大的区别就是企业的营利性与学校的非营利性，虽然我在企业能得到更多管理知识和业务技能的提升，但是这一种趋利性与功利性却容易丧失一些做人的本性，使人迷失。"成为教师是他的梦想，教书育人是他的初心和使命，洁身自好是他的品德。他希望将自己所学倾囊相授，让学生能够学有所得、学有所用。

为了更好地实现教师梦，孙冰在摸索中总结出一套他的教学模式。鉴于专业的特殊性与行业要求，孙冰认为课堂的教学既要扎根于课本，又要超越课本，紧跟行业发展方向，在理论教学的同时注重学生眼界的提高；既要扎根知识传授的殿堂，更要立足行业技能的赛场，因此作为大学教师的他仍然积极参与导游技能大赛，与其他导游同行在竞技赛场上一决高下，以实现"以赛促教""以赛促学"，更好地为其课堂教学提供丰富的行业素材。

孙冰在校期间，多次获得最受欢迎教师奖和优秀班主任、院优秀专业负责人、院首届"教学卓越奖"等荣誉。坚持理论联系实际，教学服务科研，紧密围绕导游从业与职业教育开展应用型学术研究。目前他主持在研国家文化和旅游部人才培养项目1项，主持完成省教育厅科技项目1项，主持在研省高校人文科学项目、省高校党建项目、省教育科学规划项目、省高校教学改革项目4项，参与完成省教育厅教学改革项目1项，主编、参编专业教材4部，参与起草江西省地方标准《旅行社星级的划分与评定》，发表中文核心、普通期刊论文数篇，先后获得校教学竞赛、院说课大赛、院科研等多项奖项。

正是有了孙冰作为大学教师的执着追求，不放弃，敢于拼搏，给予了学生积极向上的动力。办公室书柜里满满当当的书籍供学生借阅，有问题任何时间都能向他请教，办公室备着各种茶叶与咖啡欢迎学生倾诉或分享自己的心得。他用实际行动把他的一切倾囊相授，助力学生高通过率地考取导游资格证，助力学生高能力地进入导游职业队伍……

生活中，孙冰很好地转变自己的角色，成为学生的知心朋友，突破天然的对抗性与心理隔阂。孙冰感慨道："这也是为什么我跟毕业生关系感情深厚的原因。天气干燥时，毕业多年的学生惦记我讲课更容易劳累，因而特地托亲戚朋友不远万里给我寄白莲，叮嘱我记得熬汤喝。"这不是一包简单的白莲，是一份心意，是毕业多年的学生对老师的牵挂。这样的例子数不胜数……

是一个什么样的人，才会有学生担心他低血糖而自己冒着雨去给开会的他打包饭菜；是一个什么样的人，让同台竞争的其他老师还未比赛先输了一筹；是什么样的老师能让学生毕业多年还心系课堂……从文旅人到传道人，孙冰将文旅人的学无止境、百折不挠搬到了大学校园，给象牙塔里的学生上着社会课。枯燥的理论被他讲出幽默感，过去的辛酸史被他一笔带过，留下的只有对学生的殷切期望和祝福。金牌导游的光环照在孙冰身上，不是压力，而是动力。因为有太多目光注视着这个过去的文旅精英，现在的春蚕蜡炬。孙冰也坚信，无论是旅游行业还是象牙塔的三尺讲台教书育人，都是他人生中不可或缺的财富。

真诚师爱：帮、传、带，用爱导航人生

每逢大学开学之际，学院都会专门设置专业导论课。这也是孙冰大展魅力的第一步。经常有人对旅游管理没兴趣、没想法，不懂市场前景，担心就业率，想转专业。上了孙老师的一堂专业导论课后，再也没有了"异心"。旅游管理专业的学生注重实操性，于是孙冰带着学生实地讲解，从南昌滕王阁到厦门鼓浪屿。精美的导游词像刻在孙冰脑海中一般，每次现场讲解时都会吸引很多游客跟随学生一起学习。在学校的专业技能大赛中，孙冰是最优秀的"外联部部长"，通过业内旅游企业赞助，总能把旅游管理的比赛举办得

高大上，场面一定是学院最大。孙冰作为主评委，为旅游管理专业学生点评，为参赛学生进行指导，鼓励其他专业学生参赛，努力让旅游管理的专业成为学校的金牌专业。

孙冰坚持认为，在高校旅游管理本科专业学生的导游技能的帮、传、带方面，应采取拓展教育、操作性教育、启发式教育以及朋辈式教育等多形式。拓展教育，即通过扩展思维视角适应行业发展过快的现状，一定程度上也能解决导游业务课本的滞后性，还能更好地审视、检视导游相关理论，提高理论知识的科学性。操作性教育，即进行导游的实践性教学，布置操作性作业。启发式教育则是适应如今"创新创业"时代的发展态势的重要体现，对导游从业理论进行必要的启发和教育，同时搭配具有启发性、挑战性的作业。他强调，"授人以鱼不如授人以渔"，启发式教育带来的连锁反应是不可估量的。另外，朋辈式教育即用切身的为人处世教育与行业从业履历去上一堂生动的人生课。孙冰的导游学课程不说座无虚席，但是也总有其他专业的学生来蹭课，每当孙冰的报道在学校公众号发布时，评论区绝对是一片"大杂烩"，来自各个专业的学生纷纷表达对孙冰的崇拜和敬重。更有外系的学生因为喜欢孙冰的课去考了导游资格证并跨专业就业了，可见他的魅力了！

"师者，传道授业解惑也"。在课堂上的孙老师，一如既往地秉持着人民教师的职业道德，兢兢业业为旅游管理专业的学生进行专业引导教育；在行业里的孙导游，不忘初心地维护着中国导游的职业形象，勤勤恳恳为江西导游事业进行职业规范引领……用中国传统文化精髓剖析导游职业乱象，呼吁职业伦理回归，倡议"讲好中国故事，传递中国声音"！

金牌导游孙冰，永远的文旅人，过去为游客，现在为学生，伴生成长践初心，传道授业担使命。奉献青春，用爱导航人生。

新时代旅游精神的"播种机"

┣━━━━━━━━━━━━━━ **导游简介** ━━━━━━━━━━━━━━┫

　　林菲，国家高级导游，全国金牌导游，天津导游分会副会长，导游考试天津考评官，首批"名导进课堂"导师资库成员，天津行业技能标兵，天津市三八红旗手，全国服务楷模。

　　在熟悉她的人眼里，林菲不过是一位娇小文静的普通姑娘，但在许多外地游客心里，她却是位相当了不起的名牌导游。在她细致耐心的讲解中，拥有 600 多年历史的天津城，有时像一幅画绚丽多彩，有时像一支歌亲切动听，有时像一首诗回味无穷，有时像一本书厚重丰富……有位旅行家曾说，我到过许多国家和地区，凡记忆深、印象好的地方都跟导游有关。对游客来说，导游就是一座城市的形象代言，她的一举一动、一言一行，都在折射着这片土地上的精神与文明。林菲来自渤海之滨的天津，土生土长的天津人，就连大学她也是在自己家门口的南开大学学习的旅游专业，从 1999 年的第一个旅游黄金周她开启了实习导游的工作，后来大学毕业，正式加入了天津地接导游的大家庭。一年又一年，凭着对旅游事业的热爱，林菲默默地坚守自己的工作岗位，恪守职业道德，用心讲解，用情服务，得到了千万游客的认可和好评，每年平均接待来津游客万人以上。

　　2007 年林菲被评为全国高级导游并且成为全国首批"名导进课堂"师资库的成员，在那之后她一边带团一边进行教学，不断提升自我。其间还参加了第二届全国导游员大赛，获得全国优秀导游称号，得到了更多人的认可。从第二届、第四届天津市导游大赛的获奖选手，到第五届天津市导游大赛决赛评委，到第六届天津市导游大赛冠军导师；从高校导游大赛辅导老师，到第三届第四届全国导游大赛天津队指导老师；从天津大赛评委，到其他很多省市大赛评委及全国优秀导游评选专委会成员。一路走来，林菲好像与优秀的导游和导游大赛结下了不解之缘。她经常说自己之所以可以走进校园，走近导游，就是因为她一直坚持在一线带团，有着丰富的接待经验，可以让学生们提前了解导游工作的实际情况。而工作中的参赛获奖经历又可以激励那些想和她一样有梦想的导游把握住机会，在大赛的平台上展示自己，绽放光彩，从而获得更大的提升。

那是 2017 年，全国第三届导游员大赛与第二届时隔五年之久，并且以电视大赛的方式举办，在我国旅游业发展史上还是第一次。天津队派出了两名非常优秀的选手，他们和林菲一样有着对旅游工作的热爱，其中，一位是多次在天津人大会议上提出导游工作议案的南开区人大代表——张晓丹。她从基层导游员通过自己的专业知识和不懈努力成为南开区旅游管理服务中心主任。另一位是已经有着 20 年导游工作经历并且还在一线工作的天津蓟州区劳动模范——高建辉。由于林菲是天津地区选拔赛决赛评委，且和选手高建辉是昔日比赛的战友，她对选手的特点比较熟悉又有大赛参赛经验，所以她成为天津队的技术指导兼领队，可以陪两位选手登上全国导游大赛竞技的舞台，实现天津队在全国导游大赛中只获得优秀奖的突破。"让我把千山万水说给你听"是第三届全国导游大赛宣传片的口号，初到安徽集中培训时林菲觉得这次比赛不仅是一次知识、技术以及舞台表现的较量，更重要的就是对选手意志品质的磨炼。在她的分析下，天津队将两名选手进行了单双号组别的安排。到了黄山大赛开始后，张晓丹第一环节失利，未能进入下一环节，而这时最后一场出场比赛的高建辉压力很大，天津队全部的希望都寄托在高建辉的身上。第一轮第六场，高建辉成绩虽然不低，但不能直接晋级，需要进入加时赛。经过几道题的胶着比拼后，只剩一个晋级名额，最后全场只有高建辉一人回答正确，他成为最后一位进入 30 强的选手。结果确认时，作为领队的林菲喜极而泣，激动地冲过去给了高建辉一个紧紧的拥抱。"太不容易了！"这其中的艰辛只有他们知道，对于好成绩的渴望，也只有林菲这个曾经与大赛奖项失之交臂的技术指导明白。这是天津队的一次突破，是他们一次前所未有的好成绩。现场记者看到天津队激动相拥的这一幕，都纷纷前去采访，之后他们评价天津队是大赛舞台上"最温情的队伍"。在接下来的两两 PK 抽选专题讲解环节，高建辉以丰富的知识积累、随机应变的带团方式沉着应对，获得媒体评审的全票支持，在"30进10淘汰赛"中华丽逆袭，以总分第一的排名进入10强，最终以全国银奖、最佳讲解奖结束了第三届全国导游员大赛的比赛之旅。

其实林菲带队指导大赛远不止这一次，2019年全国第四届导游员大赛，她是天津队的总教练，天津的各种导游大赛她也都是亲力亲为指导大赛选手。一直以来，天津市旅游局高度重视旅游人才，特别是导游人才的培养，通过举办多届导游大赛及组织不同规模、多层次的业务培训，进一步提高导游队伍的综合素质，让越来越多优秀的人才加入到天津导游队伍中。通过他们的精彩讲解，让更多的人了解津城文化，为天津的旅游业发展做出新的贡献。在2018年第六届天津市导游员大赛中，天津市旅游局对大赛进行了创新和改革，在延续电视传媒来呈现和宣传大赛的同时，加入了导师战队的比赛方式，让更多的年轻导游参与其中，不但增加了比赛的激烈程度和观赏性，还让每位选手通过比赛学习到更多的导游业务知识，从而更好地提升导游的素养和实际带团能力。全国首批金牌导游项目工作室负责人的林菲成为三支战队中的一名带队导师，在为期三个月的赛程中，从选题、写稿、背诵、模拟到总决赛的台风、服装、才艺等，她日夜研究练习，每一个环节她都亲自指导。激烈的比赛对于选手来说不仅仅意味着付出，更重要的是蜕变与提升。备赛的过程会让每一位参赛者收获一个更进步的自己。而对于指导老师来说，更是一种甘为人梯的付出。林菲说："记得比赛期间，每天下班后的我们，都要在晚上八点准时开始线上沟通辅导，反复语音练习，直到次日凌晨。"当然付出就会有进步，林菲导师战队的两名选手从预赛第二和第十三的成绩，通过不断的训练提升和作品的反复打磨，最终取得了总决赛第一名和第二名的佳绩，获得第六届天津导游员大赛的金奖、铜奖和最佳才艺奖，同时林菲也收获"冠军导师"的荣誉称号。这一届的大赛，又一次让天津旅游行业中的导游员感受到了专业、敬业的金牌精神。

从当年那个青涩的实习导游到现在的全国知名金牌导游，林菲走过了22个春秋。在她看来，导游对于旅游业来说意义非常特殊且极为重要。导游既是旅游业发展的实践者和推动者，也是行业发展繁荣的直接见证者。他们展示着旅游行业的形象，也承担着祖国山水人文之美的分享和传播之责。现在，我们导游队伍中也涌现出一大批爱岗敬业、乐于奉献、深受海内外游客称赞的"好导游",成为我国旅游产业、国际民间友好交往的"宣传大使"。

　　其实每一个行业都有楷模,每一个楷模都有美丽的故事。多年来,在推动中国旅游业发展过程中,导游员做出了大量的卓有成效的工作,涌现出了一批批立足岗位、自觉践行社会主义核心价值观的典型人物和时代先锋。他们是旅游行业的脊梁,是先进人物,是时代先锋,是社会表率。林菲就是他们其中的一员,22年依旧坚守在导游工作和导游培训的一线。一个榜样就是一座灯塔,相信林菲会用更坚实的脚步踏在导游领域这块热土上,继续提炼导游匠心、讲好中国故事。

　　也希望通过更多像林菲这样的新时代旅游精神的"播种机",在全行业营造争当金牌导游的浓厚氛围,引领广大导游积极践行社会主义核心价值观,在大众旅游时代提供更加优质的服务。目前天津林菲、张晓丹金牌导游联合工作室已经成立,希望日后她们的工作室以传帮带的形式培养更多的优秀导游员,通过工作室"人人精通讲解,事事周到服务,争做金牌导游"项目,让榜样发挥其力量,继续带动更多导游、讲解员加入优秀队伍的行列,不忘初心,继续前行。让每一位从业者在自身岗位不断发扬"工匠精神",用心做好每一项工作。让每一位天津本地导游员、讲解员都成为争做彰显津门文化、传承匠人之心的好导游!

做好导游，通向成功的文旅蓝海

导游简介

骆逸，中青旅湖北公司总经理，湖北省旅游协会副会长，湖北青年企业家协会理事，曾荣获 2019 年国家金牌导游、湖北省十佳导游员、武汉市五星级导游等荣誉称号。

2005 年，骆逸 26 岁，是她踏入旅游行业的第四年。那年武汉的夏天依然赫赫炎炎，素有百湖之市美称的城中荷花摇曳，走在湖边，淡淡的荷香弥漫在空气中。在当时旅游行业中，一篇由武汉晨报撰写的专访《四年打造一个女老总》也正在发酵。2001 年毕业于湖北大学经贸英语专业的骆逸，2002 年进入湖北省中国青年旅行社，从同年开始参加省市级导游比赛获奖无数的导游到企划部经理、电子商务部经理再到当时担任公司公民旅游中心总经理；从初涉旅游行业的"小小鸟"，成长为备受赞誉的"湖北旅游界最年轻的女老总"，她只用了四年。随后，《湖北旅游》《新生活》《大武汉》等都对她的成长经历做了专访，付出了多少又收获了多少，这些曾经的报道都记录了她美好的奋斗生涯。

2019 年，时光荏苒，15 年时间将昔日的年轻靓丽转化为了举手投足的稳重淡定，这时的骆逸站在国家金牌导游的舞台上，不变的是她作为导游员的一颗初心，从业近二十年仍然将高质量的导游工作作为自己在专业领域不懈追求的目标；变化的是她又给自己的职业生涯加上了很多注脚：一家大型国际旅行社的掌门人、一家 4A 级景区的创始人、湖北省多所高校旅游专业的特聘老师、景区规划的专家成员……

她是怎么做到的呢？这一切，其实都是从做一名好导游开始的。

白云黄鹤，放飞导游梦想

不同于许多科班出身的导游，骆逸的第一专业是英语。每次被问起，为什么会进入旅游行业，她总是风轻云淡的笑言："当时快毕业实习时，想锻炼口语，于是家人帮我找了一家隶属于涉外星级酒店的旅行社实习，向入住酒店的外国游客提供比如武汉市一日游等线路的咨询服务。"

一次偶尔的机会，旅行社的导游都出团了，临时来了一对国外的老夫妻想包车去武汉市的标志性建筑黄鹤楼观光游览，他们时间非常急迫，也不想等到第二天。于是骆逸被赶鸭子上架，跟着旅行社的司机，坐了一辆小车，带他们出发了。刚开始，骆逸心里非常忐忑，英语口语不算太熟练，没有一点带团经验，会把事情搞砸吗？她深吸一口气，努力回忆起这段时间在旅行社实习时了解的景区知识和出发前经理交代的服务流程，开始主动热情地向两位外国游客介绍起来。从车上尽可能地介绍风土人情，一直到带着客人登上黄鹤楼最高一层俯瞰"一桥飞架南北，天堑变通途"的武汉长江大桥，骆逸才稍微平静了下来，虽然自己有点结结巴巴，也有点手忙脚乱，但一种莫名的喜悦和满足感却也悄悄浮上心头。看着外国的游客在自己的介绍下，对于中国、对于武汉、对于自己讲解的内容都有了越来越多的了解，他们频频点头对自己露出和蔼的微笑，骆逸仿佛一下弄懂了导游教材中说的，"导游是民间大使"的真正含义。

随着后面考取了导游证，骆逸的带团机会也多了起来，有境外的，也有省外的游客，初出茅庐的她得到最多的称赞是"一个很热情、很认真的小姑娘"，她满怀感情地介绍自己的家乡，仿佛优美的画卷般铺陈开来。骆逸感到一种强烈的使命感和自豪感：原来做一名好的导游，意义这么大！游客来到一个地方从不了解到喜欢，从陌生到熟悉，就是导游存在其间架起一座桥梁，穿越古今、牵动时空、交流文化、传递友谊，这份貌似平凡的工作真的会带给人最大的感动。

有了热爱和梦想，后面的收获仿佛就顺理成章了。2002年开始，骆逸参加省市各级导游比赛，各项荣誉接踵而来。2006年考取中级导游和湖北省导游考试面试考官后，她又成了最年轻的考官之一，也成了很多大学、高职高专旅游专业课堂上的常客，与学生们分享自己的经历和感悟，身体力行地培养和影响着更多的年轻导游们。

提升自我，立志一专多能

骆逸还记得一次带团去神农架，正值过年期间，旅行社打出了"欢欢喜喜过大年"的口号，但是行程中的"年味"却并不浓郁。当时已经开始学着做销售的骆逸，心里琢磨开了，面对这个自己组来的团队，好些家庭带着孩子浩浩荡荡 30 多人，怎么让他们玩得更开心呢？

每位客人出行，都带着他们的希望，就像去圆一场梦。骆逸多年后在自己公司的形象墙上写了这么一句话"每个旅游者都有实现他们梦想的权利，每个旅游人都有帮他们圆梦的义务"！

那时的她还没学会总结，但却设身处地地为游客着想，他们既然过年选择出行，一定是为了感受不一样的过年氛围。在她的精心策划下，那趟神农架之旅安排了去山上人家吃腊肉火锅、喝苞谷酒，小院屋檐下吊着一串串火红的干辣椒和金黄的玉米，爆竹声声分外热闹；安排了一场别开生面的篝火晚会，红彤彤的篝火、爽朗朗的歌声，她客串主持人，孩子们的笑脸永远定格在那个难忘的夜空中。

小试牛刀后，骆逸开始向企划策划转型。凭借与媒体的良好互动，她当时的公司经常占据旅游版面的头条，她曾经策划的青岛啤酒"18888 人开瓶有奖"活动成了湖北旅游界单次活动出游人数最多的经典案例。

崭露头角，锻炼管理水平

一个大型旅行社的功能涵盖了行政、计调、产品策划、销售、导游等多个环节。骆逸在旅行社工作期间，从导游起步，参与了各个环节的工作：产品策划、组团销售、供应商对接……还开办了湖北旅游市场上最早的企业网站平台，开创了湖北线上收客的先河。她经历过在办公室做活动方案做到深夜，反反复复地修改；经历过拜访客户单位从吃闭门羹到在旅游业务招投标中旗开得胜；经历过包专列、包机的洽谈运作和大型活动的组织实施……

在这些过程中，骆逸始终记得一个导游的初心，站在游客的角度去审视一个旅游企业能提供的服务。正是因为有了这份坚持，她在任何岗位上都能张弛有度，做出了不俗的成绩。她不仅自己做、自己想，还带着团队锐意进取、一路凯歌。

骆逸 2010 年已经成长为公司的副总经理，主抓业务经营和宣传，她的公司在湖北旅游行业中也是当之无愧的领头雁。

深耕景区，看遍一路繁花

旅游是一个汇集多方资源的集合体，景区作为承接游玩、观赏的载体是其中非常重要的环节。骆逸自 2009 年起参与了多个景区的策划、建设与营销，其中投入最多的当数位于武汉市远城区的 4A 级景区金龙水寨。骆逸在介入时，那里还处于未开发的状态，但当地一直是著名的知音故里和莲花水乡，有着较为良好的自然资源。从湖上泛舟采莲起步，到现在形成山水相依、鲜花满坡、飞瀑流泉的知名景区，骆逸曾用脚步丈量出景区轮廓，从县志里深挖编撰出鲜活的导游词，形成了现在每年一度召开国际莲文化节吸引几十万游人竞相到来，她也在成长和收获。

还有武汉樱花节——如梦似幻落英缤纷的东湖樱花一个月的花期迎来 80 万游客；消泗油菜花节——黄灿灿的万亩油菜花成为游客每年和春天亲密接触的首选；龟峰山的杜鹃花节、大悟的红叶节；等等。骆逸款款而行的步伐仿佛始终追随着花朵绽放的脚步，也在翩然起舞。

打造企业，创新转化效益

2016 年，骆逸正式成为旅行社的总经理。那时文化和旅游还暂时没有组成诗和远方，她却已经敏锐地提出，在公司打造"文化旅游"产品。这么多年过去，虽然早已走上管理岗位，但骆逸还时不时去带团，聆听来自最一线的声音。她深知：文化是旅游的灵魂，旅游是文化的呈现，只有加诸了灵魂的旅游产品才是有生命力和竞争力的。

骆逸提出"产品、渠道、服务"为核心的旅行社经营方式，打造研学旅行"课程研发、生源服务、基地运营、安全平台"四位一体的理念，建立以合作共享为前提的资源项目运营机制……正如她曾在一次武汉市旅游大会上的发言中说过的，创新是企业最大的驱动力。

从未止步，锻造文旅生涯

2019 年 12 月，骆逸从美国深造"区域与环境"硕士研究生毕业，不断的学习进一步打开了她的国际视野，文旅融合后带来了更广阔的维度和纵深的空间，加上物联网、人工智能、虚拟现实等新兴的互联网技术，也给这个行业带来了更多的挑战。

良好的口才、博闻强记的知识积累、坚忍的意志、强大的心理素质、忘我的服务精神、与人交往的情商……这些能帮助她在文旅生涯中不断前行的素质，恰是她多年作为导游的积累，也正是成为一名优秀导游的要求。

骆逸身在楚地，著名的楚国诗人屈原曾说：路漫漫其修远兮，吾将上下而求索。每个文旅人，也都在这条既悠远又崭新的路上努力前行。

从导游起步，但从未止步！

既不忘初心，又勇于探索！

用心做一名好的导游，像是一次心灵与身体并重的修行，以热情、执着和认真、好学的态度做风帆，以旅游业的各项专业技能做船，载满希望，划向成功的文旅蓝海。

开启南通本土导游品牌和文化的旅游人

邵春林，一个开启南通本土导游品牌和文化的旅游人。他是南通市首批国家高级导游员，是国家导游资格考试江苏现场评委，江苏省旅游学会理事，他还是民建南通市委紫琅支部主委、服务专委会常务副主任。

"天生我材必有用，千金散尽还复来。"唐代诗人李白的这首诗是邵春林最喜欢的一首唐诗，这首诗也恰巧印证着邵春林二十多年来的导游之路。

打造南通本土导游品牌

南通地处中国华东地区、江苏东南部，东抵黄海、南濒长江，是扬子江城市群的重要组成部分、上海大都市圈北翼门户城市、中国首批对外开放的14个沿海城市之一，南通集"黄金海岸"与"黄金水道"优势于一身，拥有长江岸线226公里，"据江海之会、扼南北之喉"，被誉为"北上海"，2004年被国家旅游局评为优秀旅游城市。邵春林自1999年大学毕业回南通参加工作，看到家乡作为一个旅游城市，居然从业人员中没有一个高级别的导游员，每年的导游年审都要请外地的专家来授课，从此萌生了打造本土导游品牌的想法。

二十多年来的从业之路，邵春林从未停止过学习，他熟读行业类书籍，广交朋友，遍访名师，功夫不负有心人，在 2011 年国家首次高级导游统考中他顺利通过，成为南通地区首批国家高级导游员。然而对导游文化的研究越精深，对导游品质的要求也越来越高。2005 年他创办南通联合假日国际旅行社以来，为了确保导游质量，他从导游的入职、培训、复训、考核，每一个环节无不悉心管理。春收、夏培、秋育、冬藏，公司经过多年的培养，导游群体技能大幅提升，广受游客好评，在 2016 年公司获得南通市导游技能大赛优秀组织奖后，南通联合国旅的导游服务也成为当地响当当的品牌。

努力传播导游文化，培养导游技能人才

邵春林骨子里是个执着的人，稍有空闲，他就会给自己充电学习。学习中，他感悟到了导游文化的精髓，用多种方式传播南通导游文化，这是他对导游文化事业发展的定位。

他联合行业内志同道合的高级导游成立南通金牌导游联合工作室。为了让更多人了解导游，2020 年来他深入校园、机关、社区、企业，举办各种旅游文化讲座，为南通科院、工程学院、职大、商贸学院等多家单位举办了导游文化专题讲座，让南通导游文化走进南通千家万户。

独树不成林，只有更多的人了解导游、热爱导游，导游文化的传播才能更广泛、更深远。无论是作为南通首批高级导游，还是南通旅行社协会的副秘书长的社会担当，邵春林始终把培养导游技能人才作为己任。

在面向大众传播导游文化的同时，邵春林还以南通金牌导游联合工作室为平台，多次邀请国内旅游界具有一定学术地位和社会地位影响力的专家，围绕导游文化的推广、导游事业发展、南通旅游资源的挖掘与开发等专题开展研讨。2017 年全国导游大赛江苏赛区拉开帷幕，邵春林参与辅导知识问答环节，南通 2 位选手在省内 13 个地级市中脱颖而出，总分位列第一。

理论结合实际，努力提高导游综合素养

2013 年 8 月 16 日南通一个前往青岛旅游的团，酒店晚间突发火灾，由于

青岛正值旅游季，房间爆满，导游牛亚和司机就住在地下室，无法逃生，不幸遇难。当时游客中一位女教师一句不当言论"好在死的是司机和导游"引发南通导游界强烈不满，大量的导游和群众打算聚集围堵游客讨要说法。邵春林知道后详细了解事情缘由，通过各种途径配合旅游部门畅通信息渠道、宣传法律法规，呼吁同行区分道德与法律的区别，理性依法交涉，迅速平息了业界的愤慨。

"牛亚"事件以后，他也深知学习法律法规的重要性，之后他身边总带着法规书籍，一有空就认真研读，如《旅游法》《旅游行政执法宝典》《旅游法判例解析教程》等。每年南通新考导游的岗前培训，他的旅游法规课总是少不了的，久而久之南通同行平时遇到什么纠纷或者困扰，他总是竭尽所能帮助解决。2019年邵春林还参加了国家统一法律职业资格考试。

工作之余，邵春林还注重理论学习，先后整理发表多篇旅游相关文章。其中，《关于在南通宗教景区提倡环保文明敬香的建议》被南通政协采用，《关于加强导游员管理的建议》被赵闻斌副市长批示，2017年起草的《关于南通对口扶贫汉中，发展旅游业的建议》获市政协重点办理，2018年《加强对"过度维权"的约束》被人民政协网全文转发。2018年主笔起草符合国标GB/T 1.1 相关规定的《南通纺织工业旅游讲解服务规范》《家纺产业旅游服务规范》等两项团体标准陆续得以审核批准，在全国团体标准信息平台正式发布。2018年、2019年连续两年被评为民建南通市委参政议政积极分子、宣传信息先进个人、优秀会员，受到赵闻斌副市长、政协马啸平副主席亲自颁奖。

二十余年的导游之路，邵春林从以带团谋生的导游成为通城小有名气的导游文化传播人；从到处穿梭学习导游技能到南通首个国家高级导游、江苏旅游学会理事。这二十余年来，他以奔跑的速度成长，以傲人的姿态崛起。

从"黔"走出，钟情导游

导游简介

冉文权，全国高级导游，遵义市旅游行业协会副会长兼旅行社分会会长，遵义市优秀企业家，十佳旅游服务人员。

他是从黔北高原偏僻贫穷大山深处农村走出来的旅游人，自1994年大学毕业以来，在贵州坚持从事旅游工作27年。童年在牛背上度过，在村民办小学读书，小学老师的工资是每学生自带10公斤粮食交到学校当老师工资，每到农忙季节学校就会放长假，老师和学生都回家种地。从小学到高中，记忆中就没有老师用普通话给学生授过课，都是用方言教学。乡下没有电灯，更没有电视、手机和新媒体，放学要干繁重的家务劳动，成绩在班级属于中上等，高中毕业想考上知名大学只是梦想！填报志愿时，在招生报中看到贵州民族学院专招少数民族旅游专业大专班时眼睛一亮，大脑中立即浮现出初中读过的现代著名作家杨朔先生那篇《香山红叶》的美景，特别是对带路的那名受游人尊重的老向导更是印象深刻。毫不犹豫地填报了旅游专业，又幸运地被期望学校录取，他怀揣着个人梦想，带着全家人的殷切希望踏进了大学。当走进大学课堂才知道从事旅游工作不是文章里描述的那么简单，流畅的语言表达能力和丰富的知识才是从事导游工作的最基本要求，否则就无法胜任。老师要求必须说标准普通话，让他很长一段时间难以适应，内心挣扎到几乎想退学的境地。好在从小就在恶劣的环境中长大，培养了他吃苦耐劳、意志坚定、不屈不挠、独立性强的性格特点。他先从小学一年级汉语拼音学起，经常学到深夜，比其他同学付出了更多的努力，在老师和同学们的关心和帮助下，克服胆怯心理攻克语言难关，通过不懈努力，最终顺利完成了难忘的大学生活。毕业时，因在校表现优秀，幸运地被学校推荐到隶属于贵州省旅游局的国际旅行社工作。于1994年报名参加了全国导游资格考试并考取导游资格，1997年参加全国经理资格培训并获取国际旅行社经理资格，2008年考取国家中级导游，2014年考取国家高级导游。目前贵州省导游队伍已经发展到五位数了，他也算得上是贵州老旅游工作者了。

他回忆十一年的专职导游带团和十四年的旅行社管理经历，心里五味杂陈。90年代贵州导游带团三件宝"导游旗、电筒、压缩饼干"变成现在"导游旗、手机银行、小蜜蜂"新三宝；导游职责以政务接待为主转变为以经济发展为中心；从自然观光旅游转变为休闲度假、康疗养文化体验为主的品质旅游；从客源输入地为主发展到客源输出和输入并驾齐驱；贵州旅游实现了从"慢进快游慢出"发展到"快进慢游快出"的历史巨变。90年代的贵州导游面对游客时，十分自豪地介绍当时贵州唯一一条贵阳至清镇33公里的高等级公路，那是贵州人引以为豪的充满幸福和希望之路！今天贵州在全国率先实现县县通高速路，各地区有通航机场和高铁、火车贯通，修筑的穿越大山中数以百计的桥梁隧道编织成一道美丽的风景，把这个"大山王国"与世界美妙相连，是世界名副其实的桥梁博物馆！发达的交通彻底改变了自古以来"天无三日晴，地无三里平，人无三分银"的贫穷落后面貌，让游客真正体验到公园省的无穷魅力！二十多年来，唯一没有改变的只有坚守旅游人的初心和迎风飘扬的"导游旗"。

二十余年来，他把每次带团都当作一次赶考和自我提升的机会。始终把"游客至上，服务第一，爱岗敬业，诚实守信，公私分明，精诚合作"作为工作守则。他认为，干导游要本着做高级保姆的心态做事，尊重每一位游客，要热情友好，以诚相待，与客人交朋友，用心用情做服务，工作中就没有解决不了的问题。说实话，干导游是体力、脑力、智力的高度融合，要干好的确很辛苦。近十多年来，导游队伍里出现的负面消息经常被媒体报道渲染，有时感觉导游这个职业没有得到社会的尊重，心里很郁闷。但冷静思考，任何一个行业都会有弊病，会存在少数害群之马，只要对从事工作怀有敬畏之心，认真做好该做的事情，与做人、做事靠谱的同行打交道，就会让人生更精彩、生活很充实，思想品德更经得起考验。

从旅生涯让他一生倍感荣幸的莫过于香港回归前，由香港新华分社和港中旅分批组织的十几批立法局议员、特区法起草委员会委员、各民主党派和新闻媒体人员组成的赴革命老区遵义学习考察、走红军长征之路体验生活、慰问老红军的调研参访活动团，他被遵义旅游外事部门及旅行社领导指定负责完成接待任务。他自觉以高度的政治觉悟和责任担当熟悉资料，把红军二万五千里长征途中发生的重大事件、红军故事用通俗易懂的方式讲给客人听，让他们切身感受到遵义会议是中国共产党、中国革命和中华民族命运生死攸关的转折的会议，有的客人听后热泪盈眶、感动万分！尽职尽责完成了导游是"民间大使"的神圣使命，他以热情友好、宾至如归、用心用情服务的态度得到了参访团员的赞许。

不管是做导游还是做企业管理，始终把培养导游人才放在企业发展优先位置，坚持以加强校企合作的方式培养旅游人才，是当地几所职业技术学院聘用的校外特聘专家，在旅游淡季免费为旅游专业学生上经验交流课，每年为学生提供实习和就业岗位，以服务态度、服务水平、综合知识、服务规范和游客意见为考核内容培养团队，让更多优秀人才脱颖而出，确保企业持续健康发展，为当地培养出数百名旅游专业人才。曾先后培养中级导游2名、省"三星级导游员"1名、"中国好导游"1名、"省十佳导游员"1名、"省级十佳旅游服务之星"1名、市级"十佳导游员"1名和省级"红色讲解冠军"1名等。管理企业荣获省级、市级十多个荣誉称号，通过他培养出来的导游及管理人才在省旅游同行有良好的口碑，很受欢迎和重用。

面对当前国内外严峻复杂的形势，特别是2020年年初暴发的"新冠疫情"在全球快速蔓延之际，坚决拥护党中央领导，积极响应国家政策，坚信只要全国人民万众一心，顾全大局，服从指挥，就一定能战胜疫情，相信中国旅游业能很快恢复正常。只要我们旅游人怀着"只争朝夕，不负韶华，不忘初心，砥砺前行"的心态，立足干好本职，坚定信心，对旅游发展充满希望，一定能战胜当前困难。希望自己就是杨朔先生笔下那名最朴质的老向导，即便自己没有才华横溢干出惊天动地的大事，只要不忘初心执着做名老旅游人，正如作家游览结束时所述，"有人觉得没看见一片好红叶，未免美中不足。我却摘到一片更可贵的红叶，藏到我心里去。这不是一般的红叶，这是一片曾在人生中经过风吹雨打的红叶，越到老秋，越红得可爱。不用说，我指的是那位老向导"，未尝不是抒写风雨旅游人生的最大快乐事。

我看风景多妩媚

导游简介

徐彬，高级导游，曾获"全国旅游系统劳动模范""中国最美导游""中国好导游"、江苏省"最受游客喜爱的导游"等荣誉称号，入选2017年国家旅游局万名旅游英才计划——"金牌导游"培养项目。

我欲无所不知，我欲无所不至

不经意间，徐彬俨然也成为"名导"了。自2008年以来，先后荣获南通市创建全国文明城市"十大创建标兵""全国旅游系统劳动模范""中国最美导游""中国好导游"、江苏省"最受游客喜爱的导游"等荣誉称号，2017年入选国家旅游局"旅游劳模大师工作室""金牌导游"培养项目，成了南通导游的一面旗帜。

于是乎，有很多人问徐彬同样一个问题："你为什么要做导游？"答曰："我欲无所不知，我欲无所不至。"

中学时，徐彬就对历史、地理等科目有着浓厚的兴趣，且怀着对同姓族人徐霞客的崇拜，梦想日后也能成为走遍中华大地的旅行家。"张骞凿空，未睹昆仑。唐玄奘、元耶律楚材，衔人主之命，乃得西游。吾以老布衣，孤筇双屦，穷河沙，上昆仑，历西域，题名绝国，与三人而为四，死不恨矣。"徐弘祖的病榻表白，令少年徐彬热血澎湃。

高考后，徐彬一连填了几个学校的旅游与酒店管理专业。大学三年，徐彬表现出一流的综合素质，他不仅是一位成绩优异的好学生，还先后担任班长、学生会主席等职务，并以优秀毕业生的身份入职南通康辉国际旅行社。

十六年的旅游职业生涯，徐彬从一名一线导游辗转至营业部、散客部经理，后负责公司计调工作和国内团队，兼顾同行专线业务和机场票务控制对接等工作，再到任职南通康辉国际旅行社常务副总，全面分管公司事务。一路走来，他带着喜悦的心情陪伴游客漫游山水之间、欣赏自然风光、感悟人间真情。

人生就像一场旅行，在乎的是看风景的心情

有一次，徐彬带了一个浙西两日游团队，晚上十点多钟，团里的一位游客因过量饮酒出现酒精中毒，得知消息后，徐彬立即前往游客房间。一进门，一股刺鼻的味道冲得人直反胃，眼前更是一片狼藉：醉酒的游客已不省人事，嘴巴里吐出的污物沾满了床单、被子，更为严重的是污物已经堵住他的鼻孔，已致使其呼吸困难，浑身抽搐。徐彬见状，立即冲进卫生间，拿湿毛巾一边将客人鼻孔和口里的污物清除，一边让领队打急救电话。等到救护车赶来，徐彬又陪护他去医院进行抢救，一直到凌晨4点客人才苏醒。回到酒店，已是天亮，团队集中上车后，领队提出让他在车上休息，他们自行游玩，徐彬却坚持继续带着团队完成了第二天的行程。回到南通后，那位醉酒的客人连呼救命恩人，并登门拜谢。

还有一次，徐彬接到一个赴胶东、大连旅游的带团任务。行程中，徐彬通过游客身份证发现旅游团有位小朋友即将过生日。经推算，那天旅游团将行至蓬莱，徐彬便与蓬莱地陪提前联系。在风光怡人的蓬莱，游客们玩得大呼过瘾。傍晚，旅游团来到一家饭店用餐。客人们刚落座，包厢突然一片黑暗，游客露出了不悦之色。但当他们看到徐彬捧着一只烛光灿灿的生日蛋糕走进包厢时，小寿星和她爸爸激动得热泪盈眶……

跋涉在导游工作的征途上，徐彬付出了很多很多。但喜悦与汗水相伴，成功与奉献相随，对徐彬而言，能将一生中最珍贵、最有激情的岁月留在旅游岗位上，传递文明，提倡人与自然和谐相处，那也是一种收获、一种财富。

"人生就像一场旅行，不必在乎目的地，在乎的是沿途的风景，以及看风景的心情。"游客消费所得便是心灵的放松。细心观察客户的需求，让客人时时感受到爱的温暖，此也所谓"赠人玫瑰，手有余香"，徐彬乐在其中。

不求华言表诚心，唯有真情暖知己

越来越多的人在今天选择了旅游作为自己健康生活的上佳途径，人们在旅途中放松身心，锻炼毅力、体力，获取更多的知识，亲近自然，爱护自然，与自然和谐共处。

在徐彬看来，对游客而言，任何一个导游都是形象代言人，导游的文明就代表着一座城市、一个国家的文明。导游应当成为文明的传播者，民间文化的交流大使，是感情沟通的渠道、人际交往的桥梁。

上海某教师旅行团游览狼山风景区时，一位老师游到兴处，向徐彬提了一个问题：广教寺门前对联中的一个字是何意。徐彬根据自己掌握的情况做了简单回答。看到对方一脸茫然，徐彬感到很惭愧。趁老师们自由活动的空隙，赶紧联系单位同事查找相关资料，同时与景区导游员联系，终于找到完美答案。自由活动时间结束，当那位上海教师登上旅游大巴时，徐彬向他详细介绍了狼山的沧桑变迁，以及古代文人墨客托物寄情的表现手法，重新诠释了他所提及的问题。对方深受感动，连连夸赞。

南通康辉国际旅行社曾经接到一支地接团，这支旅游团来南通6天却无行程单，仅需要提供代订房、旅游车、导游等单项委托服务，但对地接各项设施及服务人员要求高。在将客人从机场接到宾馆的路上，徐彬用精辟、生动的语言，介绍南通的历史沿革和人文底蕴，并且介绍了近年来涌现的诸如莫文隋、江海志愿者、如皋"爱心邮路"等城市文明故事，精彩的讲解使游客对南通留下了良好的第一印象。此后几天，徐彬一肩挑两担，同时负责地陪接待、全陪服务工作。他根据客人身份证信息，留意到旅游团成员有少数民族同胞，每次用餐前他都会亲切地询问客人有无用餐忌讳及口味喜好等；客人活动期间，他还主动购来矿泉水、水果……临走前，20位游客在服务质量信息反馈表上均在"非常满意"一栏中打上了钩，其中一位特意写上这样一段话，"不求华言表诚心，唯有真情暖知己"。

保持那一份淡然，未来还是会该出手时就出手

2014 年 7 月 12 日，在北戴河参加全国旅游系统劳动模范和先进工作者代表的疗养活动期间，徐彬于深夜海边，闻及年迈母亲的求助，不顾个人安危，勇敢营救一名因家庭纠纷情绪失控投海的轻生男子事件，被国家旅游局表彰，成为旅游界见义勇为之典范。

无论是记者还是其他人，问及见义勇为的事情，徐彬总是安静地说："那真的只是一件小事，我想任何人在那种情况下都会如此吧！"

"当冲下海时，除了'救人要紧'以外，还有过其他念头吗？面对晚上水情非常复杂的情况，是否想过自己的安危？"徐彬却淡定自若地说："当时的情况很紧急，从遇到老太太的呼救到我下海也就是一分钟的时间，根本无从思考危险的问题，唯一想到的就是脱掉上衣与鞋子，减轻自身的负担，才利于救人。"此刻，还原事件本身对他而言已经不再重要，莫不过月黑风高之夜，于海边不顾安危，默默救起一轻生的男子，无关功名，无关利禄，只是自我本真。

确实如此。这是徐彬认定的一种生活态度——坚持与淡定。"这次'见义勇为'行为得到了社会各界的肯定和称赞，你觉得你的生活和工作有改变吗？这种正能量该如何传递与持续呢？"这个男人始终是那样的沉稳自如，他说："事件被报道以后或许会改变社会对旅游行业以及导游形象的认知，我愿意传递如此的正能量。当然，更重要的是，我会坚持自己内心的责任感，并保持那一份淡然，未来还是会该出手时就出手！"

在这次救人事件发生后，他没对家人和朋友提及过，直到现在他父母都还不知道这件事情，家里其他人也是后来通过新闻媒体的报道才得以知晓。在陪同女儿参加六小龄童读书讲座的时候，他听到过这么一句话："一无所有的时候，坚持；该有全有的时候，淡定！"他说这与他的生活态度完全相符，他就是一直信奉这样的生活真谛，坚持自己人生的道路，不管前路如何都淡定自如。

"背起行囊城市已在远方，对你挥挥手，不用说再见……"徐彬一路放歌在导游工作的征途上。

永远的文旅人

┣━━━━━━━━━ **导游简介** ━━━━━━━━━┫

　　沈莉，上海旅游高等专科学校青年教师，英语高级导游，获首届中国国际进口博览会旅游行业教育培训工作突出贡献奖，国家旅游局"名导进课堂"师资库成员。

　　说到儿时的梦想，沈莉最早是想做一名站在舞台中央深情演唱的歌唱家，之后受到母亲的熏陶，想做光荣的人民教师，再后来受到从事日语导游工作的表姐的影响，她又萌发了做民间大使的愿望。巧合的是这三个职业都需要话筒，除了第一个梦想，其他两个梦想都有幸实现了。1999 年沈莉从华东师范大学旅游学系毕业后，就一直在旅行社从事英语导游工作，后经深造，她获得了复旦大学旅游管理硕士学位，并于 2019 年圆了自己的教师梦，成了一名旅游院校的教师。她感觉无比荣幸能继续手持心爱的话筒，做一名投身旅游教育事业的文旅人！

　　做了二十年的英语导游，沈莉认为导游员首先要认真定位自己的职业，并沉下浮躁的心多多潜心钻研文化知识，而讲好中国故事的视角可以从小着手，更能以小见大，以情动人，达到跨文化交际的最佳效果。

导游是跨文化交际工作者

　　导游需要重新定位自己的职业形象，导游是文旅人，是文化讲者，是跨文化工作者。在改革开放初期，涉外导游是人人羡慕的职业，被誉为"民间外交家"，但是近些年，导游的整体社会地位已经今非昔比，难免令人痛心。

如果自己一如既往地坚守这个工作，那么就一定要找到一个精神支柱，才有动力推动自己积极地正视导游工作。沈莉认为由于各国和地区在文化、政治、经济等方面都存在差异，导游实际上是一名跨文化交际工作者，从这一角度看，导游就可以突破一味追逐物质财富的心灵羁绊，走出迷茫，找到新的职业定位。如果一直把这份工作仅仅当作谋生的手段，在入境旅游市场低迷的今天，自己很容易产生无奈与厌倦，但当自己以一种跨文化工作者的使命定位导游职业时，就有了职业崇高感和荣誉感，而这种由内而生的积极情感，能推动自己不断提升业务水平，成为更优秀的文化传播者。沈莉呼吁社会能理解导游、尊重导游，但是导游自身更要重新审视定位自己的职业，尊重并认可自己的职业才是赢得社会尊重的第一步。

导游是自信博学的文化使者

要有学者的钻研精神，积累学识，梳理并构建自己的讲解体系，同时需要学习一点演讲技巧，并从听者的角度设计自己的演讲思路，做一个自信博学的文化讲者。其实坚持做到这一点，很不容易，沈莉坦言自己还做得不够，正朝着这个方向继续努力。有一次受上海某高校旅游系的邀请，沈莉为来访的丹麦大学生授课，专门讲解中国的园林艺术。为了让丹麦学生更好地感受中国的园林魅力，沈莉查阅了不少资料，还收看了英文版纪录片《园林》。她结合自己在丹麦参观当地园林的感受，通过大量照片，对中西方园林进行了对比分析。除此之外，她也在琢磨从哪个切入点入手，恰好在一个慕课平台，有一门《西方园林史》的课程，沈莉学习后很受启发，她决定从词源入手追溯园林的本质，用探讨互动的方法使外国学生走进中国园林的审美艺术。通过精心备课，沈莉既巩固加深了对园林艺术的理论知识，又构建梳理出了富有个人特点的讲解思路。上午的分享课结束后，丹麦学生意犹未尽，下午她又带领大家实地走进江南园林豫园，真实体会中西方不同的造园理念，欣赏江南园林的雅致。这种课堂分享与实地考察有机结合的方式，动静相宜的旅游与教学体验模式，取得了很好的分享效果。

导游是以情动人的文化讲者

讲好中国故事的视角可以从小着手，更能以小见大，以情动人，起到四两拨千斤的作用。导游是和人沟通交流的，人又都是情感动物，情感更是不分国界的。一座城市，一个景点，都有无数你、我、他的故事，立足讲好人的故事，就能用朴实真切的方式打动人。

有一次，沈莉带了一批来自联合国的客人，他们肤色各异，具有不同的文化背景。音乐是人类共同的语言，而上海这座城市曾经有许多脍炙人口的音乐，有的甚至走向了世界。在带客人去夜游黄浦江的路上，在大巴上描述了夜上海的美丽后，喜欢音乐的沈莉特意用手机播放了几首老上海的经典乐曲，如李香兰的《夜来香》、姚莉的《玫瑰玫瑰我爱你》等蜚声海外的歌曲，她向客人介绍了歌词含义、时代背景和歌星的传奇故事，让游客走进上海的那个年代和那些人。在游船上，团里的一位日本游客专门走到沈莉面前，激动地说，他从小受到母亲的影响，他也是李香兰的歌迷，他对李香兰的每一首歌曲都如数家珍，他和沈莉聊起了李香兰许多鲜为人知的故事。原来，受到家族世代推崇中国文化的影响，他从小就有中国情结，读过四书五经，大学还主修中文，精通多国语言，现在长期在日内瓦工作，但是一直向往中国。这次是第一次踏上中国的国土，看着黄浦江边的璀璨灯火，他无比激动，更欣喜意外的是，一首《夜来香》打开了他的万千思绪，有他乡遇知音的感觉。他的外祖父曾经在青岛生活，是当年南满洲铁道株式会社的工程师，如果不是日本侵华，热爱中国文化的外公是打算把日本的家人都接来青岛长期定居的。可是残酷的战争打破了美好的梦想，提到这些，他难言内心的悲愤。他说当沈莉在车上播放《夜来香》的时候，他回想到儿时听母亲一遍遍吟唱的情景，他还想到了已过世、后来再也没回到中国的外公，在音乐声中，他百感交集，无比激动。听了他的叙说，沈莉也无限感慨，作为导游，她没有想到一首歌曲能打开客人尘封已久的情结，与其说导游的介绍吸引或打动了他，不如说是他的情怀更深深震撼了导游，旅游的目的不就是找到心灵的感悟与共鸣吗？这位客人的这次中国之旅不正是圆一个他外公、母亲和自己心中的中国梦吗？

　　导游要善于从小处着手，用一首歌、一段成年往事、一个普通人的日常生活，哪怕是再平凡不过的细节，去触及游客心灵深处最柔软、善良和单纯的那部分，达到彼此共鸣的效果。

　　虽然现在已经转型成为一名旅游院校的老师，但沈莉认为自己依然也永远是文旅人，不辞长做文旅人！能将自己多年从事导游工作的经验传授给学生，能让他们乐意投身文旅事业，这是新的使命！她会珍惜手上沉甸甸的话筒，用心做一名优秀的文旅教师，帮助有志于投身文旅行业的同学圆梦！

坚守一线阵地的文旅人

导游简介

　　皇甫立胜，高级导游，盐城"优质旅游"品牌人才，上海世博会文明观博示范导游员，中国好导游，2019 年入选文化和旅游部万名旅游英才计划——"金牌导游"培养项目等。

　　皇甫立胜，一位土生土长的苏北农家子弟。他的家乡——江苏淮安，自古人文荟萃，名人辈出。自小常听长辈讲淮阴侯韩信、巾帼英雄梁红玉抗金、开国总理周恩来读书求学的故事。他深受启发，立志做一名对国家、对社会有用的人。他也深知读书是跳出"龙门"的唯一出路。小学到高中虽资质平平，身无长物，好在踏实肯学，尤其对历史人文比较感兴趣，自然也是属于偏科比较严重的学生，但他坚定信念、坚持不放弃。待到高考填报志愿时，怀着游遍祖国大好河山的理想选择了旅游专业。经过大学几年的努力学习，顺利考取了导游证。大学毕业后，自然而然步入了旅游行业的大门。

　　江苏盐城，一座苏北小城，一座以"盐"命名的城市，有"东方湿地之都，仙鹤神鹿故乡"的美称，是他大学学习的地方，是他成长的地方，是他为了旅游事业坚守了十四年的地方，如今也是他的第二个家乡。因为工作的缘故，他对这座小城的了解和熟悉，甚至远远超过家乡。

　　初入职场的他，对于导游行业一知半解，不知道怎么带团。好在运气不错，遇到一位好师父。开始的半年全靠师父手把手地教，如何讲解，如何把导游的知识转化为通俗易懂的语言，怎么样服务才能获得游客的信任，他一边学习一边实践带团。经过一年多的打磨，他已经可以独立完成导游工作，成为一名合格的旅游人。带团过程中，他深切感受到游客对导游的高度依赖，对旅途不确定因素的担忧，渴望遇到好导游的期盼。同时也发现游客对导游的评价比较负面，导游的整体素养有待提高。因此，工作之余，他总在不断思考导游的努力方向。

机会总是给有准备的人

工作中，他不断和游客交流，了解游客的心理变化和实际需求，总结经验教训，虚心向前辈请教带团技巧和心得，积累导游专业知识，强化并提高自身素质，加强思想认识，不断提高自身工作能力。

2007年中断多年的中级导游晋升考试重新开考，他义无反顾地报了名，并顺利通过考试。其间多次参加市旅游局组织的大型旅游节庆活动接待工作，使他进一步认识到导游工作的重要性。2011年他参加了高级导游晋升考核，成为盐城市第一位高级导游。从初级到中级，中级到高级，他一步一个脚印，未曾中断努力，一直在前进……他始终认为导游是需要不断成长和学习的职业。

讲解服务需要因人而异

有一次，外地游客来到盐城旅游，带团结束后，游客对他说："你的讲解非常好，知识很丰富，讲解很全面，声音洪亮，我们都觉得很好。但是我们还是希望给你提点建议。你的讲解速度稍微有点快，我们老年人听起来有点吃力……"他听了，感到非常吃惊，一直自以为娴熟的讲解会获得游客的一致好评，没想到今天却遇到了委婉的批评。他并没有气馁，此后的讲解中，他努力调整自己的语调、语速，为此有一段时间，讲着讲着他竟然卡了壳，不知道怎么继续下去……但是为了满足不同游客的需求，他仍然坚持了下来……现在他的讲解已经"随意"了很多，常在和游客的闲聊拉家常中就完成了工作。

导游是一个有温度的职业

2007年，苏台经贸洽谈会在盐城举办，他作为导游参与了接待台湾同胞的工作。一天的工作中，他尽心为游客介绍盐城的发展变化，尽力协调满足台胞的需要。晚餐后，他临时接到通知，第二天调他到别的车上服务。前往酒店的路途中，他对台胞们说："非常高兴能够有机会为大家服务，明天将有其他人来接替我，我会调到其他车辆，在这里向大家做个告别，祝大家在盐城的考察顺利，家庭幸福美满，希望大家有机会再来盐城再为大家服务。也希望大家有机会到我的家乡——淮安，去看一看，走一走……"第二天的考察中，很多前一天车上的台湾同胞前来打招呼问候，也许是这不经意、随口而出的一句话触动了台胞的故乡情结，使他获得了台胞的一致赞许。

游客的"秘密"

他永远不会忘记，一次带团队前往江西婺源、三清山，在结束三清山行程，前往下一站的途中，酒店电话告知团里有相机遗忘在房间，但服务员疏忽忘记房间号，在车上多次询问客人及领队，竟然没有人认领。由于团员全部是同一所中学的退休老教师和家属，其中年龄最高的已近80岁，60岁以下的仅有几人。所以每天提醒检查随身物品是必不可少的工作。他想到了景点需要拍照肯定会有人会发现相机不见了，但是一直到晚上，都没有人说起相机的事情，只得回复酒店，但是酒店坚称就是他的团友遗漏，这使得他满心疑虑，他再次汇报领队，却仍然没有人认领。直到第二天清晨，一对老夫妻才私下跟他说相机是他们的，询问原因，竟然是老夫妻担心丢了相机遭到同事们的嘲笑……

正是在这一次次的带团经历中、感动中，让他越发觉得导游对于团队的重要性。不论他做旅行社管理，还是导游培训，或与旅游院校学生交流，他一直坚信只有用真心、用真诚、用真情来打动游客，才能做好导游工作。他坚信旅游的品质就来自导游真真切切的服务，来自导游全心全意为游客解难，想游客所想急游客所急。

坚守初心

时至今日，他始终深爱和执着地工作在旅游工作第一线。虽然他已经从一名普通导游成长为旅行社管理人，但无论工作多忙，只要游客需要或者时间空闲，他每年都要坚持自己带团出游。他说："只有和游客在一起，我才感觉到自己是一位合格的导游，只有和游客在一起我才觉得踏实，只有行程结束游客安全返家后，我才真真正正的放心……"

情注导游事业　心系旅游未来

⊱ 导游简介 ⊰

　　杨磊，河北省旅游协会副会长兼导游分会负责人，国家金牌导游（河北）联合工作室发起人，国家金牌导游，国家高级导游，第四届河北省导游大赛冠军。

真心相待，守望初心为游客

　　他厚积薄发，用实际行动践行着"读万卷书，行万里路"的座右铭。从2000年走出天津师范大学历史系的校门，二十余年的旅游从业经历，实现了他的完美蜕变。

　　杨磊做过地接，干过全陪，出过领队，当过经理，六年的政务讲解，十九年的旅游教师。他跑遍了大半个中国，二十余年来足迹从未停留。同行们说："以你现在的资历，可以不带团了。"但他说："因为热爱，无法驻足脚步。我要用自身作案例，告诉同行们和关注我们的人，导游不仅是职业，更是事业，从事导游不是在吃青春饭。只要你真诚，就会获得应有的尊重，只要你坚持，就会实现'三百六十行，行行出状元'的梦想。"

　　在青岛，大雨中寻找游客；在桂林，整宿陪游客在医院看病；在泰山，背老年游客完成看日出的梦想；在杭州，为买到假货的游客据理力争而遭当地小贩威胁。做地陪，他尽心尽力；做政务，他不辱使命；做全陪，他依旧勤勤恳恳，在中国的土地上，留下了他坚毅的脚步；做领队，他依然奔赴各地，在世界的风景中，留下他忙碌的身影。身边的同事不解地问他为什么如此拼命，他语重心长地说："干导游要敬业，就像种地一样，你天天上心，就会有收成。咱做导游的，把心交给客人，客人就会把心交给你。"

学有所为，倾心竭力传帮带

杨磊是一个名副其实的"教书匠"。他毕业于天津师范大学，他说："我有两个梦想，一是做个好导游，二是做个好老师。我想让更多的人了解导游，走进导游，加入导游。"他做了二十余年的导游，也做了二十余年的教师。他主编的《旅游文学赏析》，受到了业内领导和广大师生的好评。在长期从事地接导游和政务讲解的工作中，他利用业余时间，为 15 个景区创作了针对性的导游词。他指出，要用导游的语言、导游的时间行进，结合实地来写导游词，导游词的关键是雅俗共赏，不是曲高和寡，是能落实发声，不能只停留在书本上。并先后发表了《政务导游讲解技巧》《导游营销学》《导游职业发展规划》等课题讲义。

他立足高校设立"杨磊金牌导游工作室"，河北旅游协会及多名国家、省、市知名导游见证了"工作室"的建立。"工作室"立足高校，服务旅游专业学生和社会一线从业人员：他在邢台、保定、邯郸等各市的导游年审培训中授课；他为河北经贸大学、河北旅游职业学院、济南职业技术学院、河北外国语学院、太原学院、山东服装学院、承德石油专科学院、山东菏泽职业技术学院、燕山大学、邯郸学院、邢台学院、石家庄学院、石家庄职业技术学院、秦皇岛职业技术学院、石家庄旅游学校、涿州职教中心等众多高校的旅游专业学生做了共计上百场的专题讲座；他为朝阳沟、广府古城等众多旅游景区培训讲解员；他为定州、邯郸等众多城市培训政务讲解员。

2018 年 5 月，他在承德市举办的河北省首届政务导游培训班，就政务导游词创作、曲艺导游法的应用为河北的政务导游做了专题讲座；2018 年 3 月，他为河北国旅的导游做了导游如何带好研学团、导游讲解技巧的公益专题讲座；2019 年 5 月，他在河北、山西、山东等地进行中级导游考试免费公益培训；2019 年 10 月，他为北京延庆冬奥会讲解员进行导游资格考前培训……

默默耕耘，潜心静气搞教研

杨磊作为全国导游资格考试的面试考官、河北省导游考试教材编委，在导游考试教学管理和研究上，数十年如一日，默默耕耘，取得多项成果。结合导游考生的现状，成立了北京中远博途教育科技公司，创立了三次轮回复习法、分钟学习法、333面试法、干货教学法、小组学习法、提问打钩制等众多教学方法，成就了上万名考生的导游梦想。

他主编了《导游考试全封闭核心题库》《导游考试知识点精粹》《导游考试同步习题集》《导游考试一张纸知识点》等众多独特的教参资料。特别是《导游面试红宝书》系列教材，囊括中国的16个省份，成为各省导考面试的权威资料。

投身公益，树立行业正能量

作为河北省旅游协会副会长、导游分会负责人，杨磊一直走在公益的路上，他想着为导游同行传递一份正能量，让大家感悟到"人间正道是沧桑"。

他身体力行做公益。2016年他参与举办了河北省首届精英导游员培训班，全程组织策划，尽心尽力；2018年5月，作为河北旅游职教集团副理事长，主持了"完善职业教育体系，建构中高职立交桥"为主题的中高职衔接论坛；2018年6月，河北省第三届旅发大会在承德市召开。他为600多名志愿者免费培训，三次上承德围场，实战教学。而志愿者的良好表现，也得到了来自五湖四海游客的好评。邯郸市第三届旅发大会，为所有的导游员进行了公益培训，收到了良好的效果。2018年12月，他驱车十多个小时，来到了河北省文化和旅游厅的对口扶贫村——河北省承德市围场县山湾子乡红葫芦村，他购置了价值5万元的投影仪、跑步机、动感单车等，建立了村民文化中心。他说："想到山里的老百姓和孩子们，能够在这里看电影、锻炼身体、下棋，我自己也非常开心。"

2020年年初，新冠疫情来势汹汹，他带领自己公司的员工，向湖北疫区进行爱心捐款36600元，用于疫情防控。2020年2月，他带头发起组建国家金牌导游（河北）联合工作室，许多河北的国家金牌导游、全国优秀导游员、全国旅游系统模范纷纷响应，积极为河北导游事业发光发热。

他积极参加河北省旅游协会和导游分会的各项工作，在京津冀导游联席会的成立中担任文案起草工作，与北京、天津相关导游分会的负责人多次沟通，起草了《京津冀导游联席会成立活动发起文件》《京津冀导游联席会诚信自律服务公约》《京津冀导游联席会章程》等文件。同时，他积极组织了2018年12月28—29日的京津冀导游联盟交流提升项目，落实了百名京津冀导游在河北张家口的滑雪考察、食宿等事宜，并全程助力崇礼考察的接待工作；在中国旅行社协会导游专委会的首届优秀导游评选中担任评委；在平遥导游大赛、晋城导游大赛、山西导游服务中心导游大赛担任评委；参与组织了雄安首届导游大赛，对大赛的复赛、决赛环节的评委邀请、大赛组织进行科学组织。

特别是河北省第七届导游大赛的复赛和决赛，更是全程指导，对题库建设、赛制设置、评委邀请、会场布置、志愿者服务等环节，亲力亲为，受到了省文旅厅领导的肯定和社会的广泛关注；为参加全国第四届导游大赛的选手编写了《第四届导游大赛资料汇编》，并主导了两轮全封闭培训，为河北的参赛选手量身打造导游词，并作为领队参加了大赛的同业评委，带领参赛选手晋升全国十强，获得一银、一铜的好成绩，这也是河北省迄今参加国赛最好的成绩。通过多次的国家级、省市级大赛，杨磊基本形成了一整套标准化的培训模式。

杨磊对于明天踌躇满志。他开办中远博途旅游培训学校，成立金牌导游工作室，发起金牌导游联盟，就是想给更多导游人员提供一个共同交流、共同进步的平台，为提升导游人员整体素质和文旅繁荣发展尽一份绵薄之力。

杨磊说："我在路上，与你相逢！"

情满文旅，爱献泉城

▶ 导游简介 ◀

张冉冉，济南市导游协会导游部部长，高级导游，全国导游资格考试面试考官，国家金牌导游，山东省精英导游，济南市文明旅游先锋人物，济南市导游大赛"明星导师"。

山东是孔子的故乡，儒学文化在这里生根蔓延。《中庸》的"博学之、审问之、慎思之、明辨之、笃行之"是孔子思想文化的延伸，也是张冉冉接近二十年文旅生涯的座右铭。她饱读诗书，执着奉献，严于律己，热爱公益、传播文明。近二十个春秋岁月里，她坚定地行走在导游工作的征途中，将自己最青春的年华奉献给了文旅事业和公益活动，同时也收获了她一生中最宝贵的精神财富。

半路出家，从零开始做导游

2001年，张冉冉因为偶然的机会进入文旅行业，在一家旅行社做实习导游。不是科班出身，再加上性格不算活泼，身边所有人都不看好她。但张冉冉是个倔脾气，越说她不行，越要干出个样子来。她天天躲在屋里在书上、本子上勾勾画画，每天临睡前都躺在床上小声地练讲解。那时候网络没有这么发达，查阅资料基本靠纸质材料，每次带团时，只要忙完工作，她就找机会光顾当地的书店，每天不断给自己充电。就这样天天学、日日练，几年下来，那个所有人都不看好的"差等生"逐渐受到游客的认可，不仅每年带团量超过260天，而且游客满意率达100%，还一举拿下了滨州市导游大赛第一名，几年后转战省会济南，又被评为"济南市十佳导游"。

婚后的张冉冉工作重点转为专职计调，但她一直不愿放弃一线导游工作，一些重要的客户和比较棘手的团队她总爱第一个冲在前面。她说，导游工作不能丢，导游接触第一线，了解的是市场和游客的第一手信息，不了解游客，计调工作和管理工作就成了蒙着眼睛走路。因为对导游工作的热爱和坚持，她在怀孕两个多月、伴有妊娠期阑尾炎的情况下，穿着高跟鞋早出晚归工作三天，只为了一个重要的政务接待，精神抖擞的状态让所有人都没想到她是名孕妇！

也是这一年，全国恢复高级导游等级考试，但不巧的是，考试时间正赶上张冉冉坐月子，一家人轮番劝说，不让她盯着电脑复习，怕伤了眼睛，劝她明年再考。可是张冉冉的牛脾气，她认准的事拦也拦不住，于是，考场里出现了一个"怪异"的考生，炎热的夏天带着厚帽子、穿着长袖外套，脖子里还围着围巾，每场考完出来，都一身的虚汗，中午还要匆匆赶回家哺乳，下午又继续……诸如此类不可思议的事情做得多了，让她周围的人都觉得习以为常了！

以德为先，将义工之花的种子撒遍泉城

2014 年，张冉冉有幸来到济南市导游协会工作，从原来的文旅一线导游，转型为为行业服务、为导游服务的"勤务员"。了解一线导游辛苦不易的她全身心投入到服务导游的工作中，多次策划关爱导游、为导游解决实际困难、组织公益培训等系列活动。

为了扭转许多游客对导游的偏见，树立导游新的形象，张冉冉在协会积极组织各项志愿服务活动。2016 年，当时的济南市旅游局要建立一支导游义工队伍，张冉冉从公益服务的角度实地考察了济南大小的景点，为这支队伍的建立提了很多可行性建议。作为"泉城导游义工"的带头人，四年以来，张冉冉从活动策划到具体实施，每次义工活动从不缺席，连妊娠期和产假期间都没有离开她挚爱的文旅公益事业：写方案、做宣传、在解放阁为某部队官兵讲解济南战役；在黑虎泉向孩子们宣传节水保泉、爱护环境；在大明湖新区宣传文明旅游；在千佛山倡导"雷锋精神"；为济南市十几所中小学生进

行公益性研学活动……

"一枝独秀不是春，百花齐放春满园"，在张冉冉的带动下，济南市有200多名热心导游参与到了"泉城导游义工"的活动中，每年平均组织近30次义务讲解活动和公益宣传服务，累计受益游客突破万人，收到了千余份表扬反馈单和合作单位的多面感谢锦旗。

张冉冉本人也被济南市文化和旅游局、济南市文明办授予"济南市文明旅游先锋人物"称号；她所带领的"泉城导游义工"团体先后荣获济南市"最佳志愿服务组织""济南市文明旅游先锋组织"等荣誉称号；"泉城导游义工在行动"项目被评为"影响济南年度群众文化活动"等荣誉称号；《中国旅游报》用整版的篇幅对义工团体进行了详细报道；2019年，泉城导游义工志愿服务被评为全国"2019文化和旅游志愿服务典型案例"……

2020年4月，为了带动行业复工，张冉冉和她的导游义工伙伴客串主播进行"云上泉城"，策划了"清明云踏青"等直播活动，共有超过160万人次浏览收看，展现了文旅人不屈不挠、直面困难的品质，也增强了文旅人复工的信心！

扎实理论研究，打通理论与实践的壁垒

从业以来，张冉冉没有虚度每一个春秋，从一个稚嫩的小导游，渐渐变成了一个服务旅游行业的"老手"，除了不间断地进行自我提高，她还致力于把这近20年的从业经验无偿地传授给新导游们，积极探索导游业务和现实带团的关系，进行行业理论和实践研究工作，打通理论与实践的壁垒，使新导游入行更顺利。

2018年，张冉冉受山东省旅游职业学院王煜琴教授的邀请，开展导游现场考试理论研究，在王教授的指导下参与编写了全国导游考试用书《导游服务能力——山东导游现场考试实务》，由中国旅游出版社出版发行。内容包含导游词讲解内容，如何和游客交流沟通，处理各种突发事件等。这本专业书籍不仅是全国导游资格证考试的专业用书，也使已经在职的导游员通过运用书中相关理论，更好地做到理论与实践相结合。

获准成立"国家金牌导游工作室"，师徒结对创佳绩

2018 年，张冉冉成功入选文化和旅游部万名旅游英才计划——"金牌导游"培养项目。仅在当年，张冉冉就为准备参加导游考试的社会爱好者和院校学生进行网络授课达三十余次，为导游专业的学生进行导游现场业务授课、实地带团拉练、旅游专题讲座超过 40 课时，指导了一大批旅游爱好者考取了导游证，为旅游行业注入了新鲜血液。

工作中，张冉冉一直按照文化和旅游部"金牌导游"的标准要求自己，除了搞义工活动，还开展师徒结对，为济南市导游大赛的选手进行赛前指导。2018 年山东省导游大赛的备赛期间，由她及另外三名专家组成的专家团共同指导三名选手，大赛中这三名选手全部进入十强，最小的选手王子然更是获得了亚军的好成绩，成了参加国赛的"种子选手"！看着自己指导的选手举着奖杯站在领奖台上，最先流泪的竟然是张冉冉这个"女汉子"。

我们都是追梦人

子曰："有朋自远方来，不亦乐乎！"山东是孔孟之乡，文旅资源得天独厚；山东又是一个文化大省、旅游大省，文化和旅游的结合必然带来行业的新机遇。同时，还需要一大批像张冉冉这样踏实做事、无私奉献、执着进取的文旅人，才能实现我们的"文旅梦"、实现我们的"中国梦"！在张冉冉的眼里，作为导游人员，要不断充实自己，用各种知识武装自己、服务游客，以宽广的胸怀帮助同行。只有不断的追求，才会事有所成；只有不求回报，才会得到的更多！在文旅发展的道路上永远奔走在导游一线，不忘初心、矢志不渝，做文旅行业的追梦人！

不忘初心，牢记使命

::::::::::::::::::::::::::: **导游简介** :::::::::::::::::::::::::::

　　王安安，高级导游，中国最美导游，全国优秀导游，国家"名导进课堂"师资库成员，四川省旅游协会研学分会专委会特聘专家，四川城市职业学院客座教授。

　　2021 年，是王安安从事导游工作的第 17 个年头，这十七年，她从一个默默无闻的一线导游，逐渐成长为行业知名的国家金牌导游。人生的舞台，也从导游的角色扩展到了旅游院校、旅游培训、研学教育等多个领域。回望十七年风雨历程，王安安始终坚信自己的方向，坚持最初的选择。她说："不管现在从事哪方面的工作，我始终不会忘记自己是一名导游，也永远离不开我热爱的文旅行业。"

　　她是一名羌族女导游，长期在四川甘孜、阿坝高原带团，工作辛苦，她无怨无悔；她是一名党员，时时以"全心全意为人民服务"的行动践行党的群众路线，展示共产党员良好的风范；她没有惊天动地的伟大事迹，却用点点滴滴的平凡汇聚成无疆的大爱，用真诚的微笑和优质的服务赢得游客和同行的赞誉，她就是"全国优秀导游员"王安安。

坚持梦想，让爱传递

　　王安安还记得 2004 年考取导游证之后，母亲给她说过的一句话："以后你带游客的时候，一定要把游客当自己的亲人，每个人出门在外都不容易，要时刻记得你是党员。"

2006 年 10 月 22 日，王安安带着团队从黄龙返程，途中经过雪山梁子的时候，遇到一辆刚刚发生交通事故的旅游车，游客和导游都站在雨中等待救援。王安安让司机师傅停下车，主动询问交警是否需要帮助，征得游客同意后，王安安帮助交警把雨中的旅游团转运下山，并协助该团导游把游客妥善安置在酒店。她自己团队的游客不仅没有怨言，相反还在她影响下主动参与了救助工作，给四川导游竖起了大拇指。她很欣慰，能够让爱在平凡中传递，正是导游作为民间大使最美好的心愿。

2011 年，王安安带团游览安徽黄山，由于景区下雨路滑，一位阿姨不慎摔倒在地。她迅速跑到急救室找来了医生，让客人帮忙把受伤的阿姨送进了医务室，进行了简单的包扎，安顿好其余客人，她护送阿姨下山就医，处理好伤口后将阿姨送回酒店。王安安不仅为阿姨端粥喂药，她还在阿姨不方便上卫生间时，买来便盆，帮助阿姨接大小便，阿姨感动得眼泪都流下来了，说："安安，你和我非亲非故，可你照顾我真比我亲生女儿还要细心啊！"

导游，是一个看上去美好的职业。在别人的眼中，导游能以工作之名，走遍世界最美的角落；但是对导游来说，这是一份放不下的责任，是一份初心，也是强大的使命。王安安带着这份使命，在 2008 年的地震中，跟随救灾车辆进入北川重灾区，参与救灾物资发放和临时板房搭建工作。利用导游的优势，大力宣传伟大的抗震救灾精神，支持灾区旅游业恢复重建。2009 年，她曾带领来自全国各地的媒体采访团考察灾区，向记者们宣传"四川依然美丽"；还以自己真实的经历为中国红十字会、海峡两岸媒体考察团等讲述灾后重建的伟大奇迹，并受邀在中央电视台国际频道《海峡两岸》节目中为全世界的观众介绍北川的羌族文化和恢复重建情况。她因此被四川省红十字会授予"弘扬人道主义精神奖"。

王安安热衷于公益服务，每年都会参与各种志愿者服务。2017 年九寨沟地震，数万名游客返回成都，王安安带领导游协会的导游在成都旅游客运东站的"地震灾后服务群众工作站"做志愿者，通宵为返程的游客服务。2017 年 9 月，联合国世界旅游组织大会在成都召开，王安安接到的任务是做国家旅游局的联络官，出色完成了接待任务，被评为"联合国世界旅游组织第 22 届全体大会先进导游"。

17 年的从业生涯，导游职业给王安安带来了成长和历练的舞台。她在金牌导游大赛中展露光芒，在最美导游舞台上展示风采，在全国导游行业中展现魅力。是因为坚持梦想，才让她拥有了更加广阔的天空。2012 年，王安安当选"全国优秀导游"；2015 年，王安安入选国家"名导进课堂"师资库；2015 年，入围中国最美导游；2017 年，入选国家旅游局万名旅游英才计划——"金牌导游"培养项目；个人事迹先后被《光明日报》、中国旅游网、《成都商报》等媒体报道，成为导游正能量的代表。

深耕行业，静待花开

2008 年，王安安开始了自己的培训之路。从旅游行业到旅游院校、景区、博物馆、研学行业，她开发了自己的培训课程体系，深受业界好评。作为导游岗位成长起来的培训专家，多年来，王安安担任过四川省文旅厅、福建省文旅厅、江西省旅游协会、遂宁市文旅局、南充市旅游局、全域旅游联盟等多家单位的培训师资，也为邛崃全域旅游示范区以及都江堰、青城山、乐山大佛等世界遗产景区做培训指导。

作为资深的导游行业专家，王安安深耕于旅游职业院校与企业的专业合作领域，为四川城市职业学院、西华师范大学、四川工商职业技术学院、成都纺织高等专科学校等多家院校担任过行业指导专家，并与四川城市职业学院形成了长期、高效的合作模式，担任学院客座教授，是学院旅游管理专业建设指导委员会成员、专业带头人，指导学院历届选手参加职业院校导游技能大赛、四川省大学生研学产品设计大赛，获得多项荣誉。

2017 年，王安安成立"王安安金牌导游工作室"，并与李静、张群等多位国家金牌导游成立"金牌导游联盟"。工作室自成立以来，广泛参与各行业、各组织的活动，积极开展学习交流工作，在旅游行业、教育行业中形成了一定的影响力，深受业界好评，积极开展与国内同行的交流活动，采用"走出去、引进来"的方式，与国内知名的旅游界专家、导游大师、金牌导游积极开展交流工作，并热心指导其他金牌导游的挂牌工作、培训工作，旨在与其他的金牌工作室联动起来，共同打造国家金牌导游的品牌形象！王安安国家金牌导游工作室接待了多位国内同行参观考察，他们对于工作室的工作开展与导游培训基地——他山书院的打造理念和运营模式赞不绝口。

通过主动学习与资源开发，王安安迅速成长为国内研学旅行培训行业的知名培训专家，在全国的研学导师培训界建立了良好的口碑，她将导游行业的实操培训模式带进了研学培训领域，提出研学辅导员实操培训理念，这也是国内最早的研学旅行实操培训模式。研学行业最初都是教育领域的专家主导，王安安作为早期进入研学领域的文旅人，打破了教育行业认为旅游行业不懂研学旅行的认知，在众多的国内主流研学峰会，王安安身体力行，为旅游行业和旅行社、导游正名，文旅从业者可以是中小学生研学旅行最适合的第三方服务者。王安安被四川省旅游协会研学旅行分会聘为首批专家智库成员、研学旅行基地评审专家，被国内知名研学品牌——研学头条聘为智库成员，被江西省旅游协会聘为研学旅行指导师人才培训师资顾问，为国内的研学行业培训了大量实战型人才。同时，王安安带领工作室积极开展研学旅行人才的公益孵化计划，帮助导游转型做研学辅导员，为旅行社输送人才，解决导游的就业和企业的人才需求问题。

2019 年，王安安与"金牌导游联盟"的王凌川、李静、张群老师一起，开设了"话说成都""楹联文化""诗意成都"等公益课堂，开展了"金牌导游联盟"都江堰—青城山、武侯祠—杜甫草堂实地踩线活动，开办了多期"金牌导游精英训练营"，旨在培养品质导游，加强导游的文化功底，为未来的文化旅游事业人才需求做储备工作。由于工作室培养的导游带团口碑好，形成了旅行社对工作室推荐的导游绝对信任的口碑，品牌的社会影响力越来越大。

王安安最喜欢告诉学生们一句话："导游是我们通向未来的起点，只有打开我们的眼界，人生才会有高度，只有具备好的心态，我们的人生才会有格局，永远要致力于我们的不可替代性，才不会被时代抛弃。"

所以，她为了更好地遇见未来，还在不断努力前行。让我们，一起静待花开。

自强不息铸金牌，赤子之心育桃李

▶▶▶▶ **导游简介** ◀◀◀◀

陈宏川，高级导游，国家金牌导游，广东旅游推广大使，广州技术能手，现任宏川导游工作室运营总监、珠海君悦国旅质控总监。

与陈宏川交谈给人一种很舒适、很亲切的感觉，也许因为他是一名导游，而且是一名经验丰富的国家金牌导游，他仿佛天生就具备让人侧耳倾听的交谈能力。

成长

陈宏川从小就非常喜欢旅游，钟情于美景与人文交织的世界，虽被外界条件稍加羁绊，但出于对诗和远方的向往，不断创造机会去接触旅游。在高考填报志愿的时候，他毅然选择了华南农业大学的旅游专业，并且在大二那年便考取了导游证，做起了兼职导游。"那时候的想法很简单，从事导游就为了能够免费去旅游还能赚取生活费"，陈宏川如是说。2007年本科毕业之后，他首先选择进入旅行社担任计调岗位，之后亦在销售、领队、管理岗位历练多年，正因如此，他深谙旅行社运营管理之道：优质服务与创意产品是旅行社最为关键和核心的竞争要素！

自2015年担任珠海君悦国旅质控总监以来，陈导狠抓公司团队服务质量，从前台销售到计调再到导游、司机，确保每个细节在标准化操作的基础上突出个性化和人性化服务；导游常年奔走在带团一线，对旅游目的地相关信息了解透彻，在线路设计方面可提供最为全面、准确的信息和专业中肯的建议，于是协助公司推出了"金牌定制"子品牌，目的是利用公司优秀的导游资源，针对游客追求深度和个性的定制旅游需求，不断推出独家优势产品，从而打造公司金字招牌，最终实现旅游从"食、住、行、游、购、娱"到"商、养、学、闲、情、奇"的优质发展。

学习

实践出真知，多年的旅游从业经历让陈宏川深深明白：旅游业对人才的迫切需求与现实中旅游从业者综合素质很不匹配。2014 年，偶然的机会看到朋友发布的暨南大学旅游管理研究生的招聘信息，考虑到自己在导游的道路上即将到达瓶颈期，需要有自身的提升或转型，以及理论与实际的密切结合，于是选择修读旅游管理专业硕士（MTA）。他利用周末时间加强旅游管理方面的理论学习，不断与学校老师、业界精英、旅游行业同行进行沟通、交流，增长见识。在读期间个人申报的"广东 NH 国旅——旅行社导游培训体系创建研究"项目入选国家旅游局 2016 年度万名旅游英才计划——研究型英才培养项目，力求将导游实践提炼为理论，以便更好地指导实践；2017 年顺利修完各个专业课程后毕业，同时荣获暨南大学"优秀毕业生"称号。2019 年仍以 35 岁"高龄"参加广东省文旅厅组织的旅游推广大使活动。"凭借您多年从业经历及资历，完全可胜任导师，却仍要放下身段去跟年青一代一较高低，这是为何？"面对记者的提问，他笑着说："社会发展日新月异，游客需求不断变化，面对不确定的职场与未来可能无限延后的退休年龄，无论年龄大小、能力高低，都必须树立终身学习理念，永葆健康，来延续工作的热情、保持核心竞争力。导游只有保持'归零'心态，活到老学到老，不断接受新导游、新技术及新知识的挑战，才能不惧任何竞争，才能消除社会对导游职业的刻板印象和偏见，最终实现自己的人生价值。"

奋斗

身体和灵魂，总有一个在路上！出于对导游职业的热爱，更是出于对诗和远方的渴望，陈宏川一直奔走在带团一线，哪怕在经历 2013 年的飞机迫降惊魂后依然没有放弃带团。当时带领的一个美国团由夏威夷经关岛中转回香港，飞机突发故障冒烟迫降中途岛，所幸没有人员伤亡；岛上滞留过程中陈宏川沉着应对、安抚团友，与航司及岛上相关人员密切沟通、配合，终于在十多小时后由紧急调派的另一架飞机接回夏威夷，重新飞回国内……多年之后回忆起这段特别的人生经历，陈宏川已经很坦然，他深呼吸了一口气说道："为了家人，一度想过离开这个行业；但在沉寂一年之后又再度复出带团前往美国。只有带团，才能让自己感觉充实，才能展示真正的自己；作为美洲线路的直踩领队，既要做好全陪的贴心服务又要有地陪的专业讲解，更有时差和车程的挑战，但这才是考验导游综合能素养的绝佳机会；虽然辛苦但也给他带来成就感，因为客人既增长了见识又娱悦了身心，实现了对美好旅程的向往。"

陈宏川珍惜每一次带团的机会，不管是散客还是团体，国内还是出境，他都尽心尽力，并善于将脱口秀融入导游讲解，形成了自己独特的带团风格。"旅游应该是简单和纯粹的，不断满足游客对丰富知识的渴望以及美好旅程的向往，就是作为导游的奋斗目标。如果实现了这个目标，导游就是一个崇高的职位，好比医生和教师……"这就是他的职业观，更是面对导游职业困境发出的肺腑之言。

传承

"责任、荣誉、国家"，这个美国西点军校的校训陈宏川深明其理并身体力行。在 2017 年获得国家"金牌导游"这个重大荣誉后，他深感导游成长之不易（尤其处于无组织状态下的社会兼职导游）、游客对美好旅程之向往、旅游企业对导游人才之渴望（却陷入无力培养之困境）、旅游院校寻求理论与实践之有效结合、管理部门对导游队伍建设之期盼，同年成立了珠海首个"宏川导游工作室"，在"金牌导游"项目有关文件的指引下，陈导带领工作室成员着手开展师徒结对、专题讲座、导游理论研究、社会公益等一系列活动并取得优异成果；致力于为导游、游客、旅游企业、旅游院校、管理部门搭建平台，承担服务旅游行业、促进行业和谐发展的社会责任。

"所有的竞争，归根结底是人才的竞争；人才的培养，教育是根本。国家旅游业的优质发展和供给侧改革，突破点和关键点在于旅游人才的培养……教育于我，是情怀，是传承，更是责任。"这是陈宏川之所以将工作重点转移到导游培训的原因。自 2017 年以来，从旅游院校学生到旅行社导游，从新考导游到文博景点讲解员，从珠海到广东其他省市，他受邀开展多个专题讲座，受众不胜其数。在担任珠海城市职业技术学院旅游服务与管理专业的外聘教师以及暨南大学旅游管理专业本科生社会实践导师的过程中，通过对旅游专业学生特点的把握，凭借多年旅游行业从业的一线经验及多年导游讲解的优势，他深入浅出地将理论与实际结合，让学生寓学于乐，学有所成，受益匪浅。学生们说："陈老师很有亲和力，讲课风趣，互动性强，非常有趣。"其他老师评价："陈导行业经验丰富，理论实践兼有，教学独具风格。"

脚踏实地，天道酬勤，这一路走来，陈宏川觉得自己是幸运的；快乐奋斗，诗意生活，这是他未来的规划。"不念过去，不畏将来，不断奔跑，不负余生，不辞长做文旅人。"陈宏川意味深长地说。

文旅人的诗和远方

2018年4月8号，对于旅游人来说这是一个激动人心的时刻。期盼了许久"诗和远方终于在一起了"！作为一名陕西导游，每天和游客交流着璀璨的历史文明，讲述着中国传统知识与文化自信，诗词歌赋朗朗上口。文化是旅游的灵魂，旅游是文化的载体。文旅结合是新时代产业板块的多方位、多层面、多结构的相互促进与融合。

回想起自己从一个导游新人成长为即将进入不惑之年的老旅游人，张琳心里感慨万分。回望从手持导游证叩开旅游行业之门，先后又在会议会展、研学旅行、导游培训等工作种收获了经验和各种荣誉，但要问她，最喜欢哪项工作，她依旧不忘初心，最喜欢当一名传播家乡美景、讲述历史辉煌的导游员。为何十几年还能一直坚守一线导游工作？因为她深爱家乡这片热土，提起陕西，历史的血脉在流淌，文化的魅力在腾飞，山峦的雄姿在昂扬，精美的国宝在说话，特色的美食在沸腾，而激动不已的她，对家乡的一草一木、一花一树都饱含热情，她想把最可爱的陕西介绍给五湖四海的朋友们。

十六年的文游工作，她也不是一帆风顺，也经历过事业的瓶颈期、发展道路十字路口的徘徊，如今文旅结合，也想梳理并畅想一下文旅人的诗和远方在哪里。

重视落实传帮带，文旅传承绵延不绝，希望之花才能遍地盛开

导游工作的第十个年头，张琳进入了瓶颈期。获得英语导游证、海外领队证、高级导游证、大赛优秀导游、诚信标兵，再加上各类大赛评委等证书与荣誉之后，她心中有两个问题：其一，高级导游的发展，敢问路在何方？2012 年高级导游和初级导游待遇几乎没有差别，成为高级导游后，反而更困惑了，职业生涯如何拓展？其二，人常说导游是青春饭，当她的青春岁月已经奉献给她热爱的旅游事业后，不再青春的她该怎么办？在她困顿迷茫时，国家旅游局的金牌导游培训项目为她点亮了明灯。荣幸地成为 2018 年的金牌导游后，她的职业生涯又上了一个台阶，不仅可以借鉴前辈们的学习方法，而且可以提升思维的格局。她也希望尽自己的一份力量，为当地的文游事业添砖加瓦。

2016 年起担任陕西省旅游协会导游分会理事兼培训部副部长，2019 年与陕西的金牌导游老师一同成立了国家金牌导游陕西联合工作室，常常和导游同人深刻探讨，为行业的发展谋生机、创平台、引思路、拓未来。

作为陕西省旅游协会导游分会培训部副部长，协助导游分会多次组织会员，参加碑林、兵马俑、乐华城、白鹿原、华夏文旅等景区的导游培训和实践活动。金牌联合工作室的金牌导游受地市文旅局的邀请，对当地导游、景区讲解员进行授课。并开设公益活动，弘扬导游工作的正能量。做好"传帮带"，带领新导游走进景区实践学习。高级导游、金牌导游深入旅游学院，开展导游业务、旅游基础知识的专业课程面授。与旅游企业联手，开展新型师徒模式，由金牌导游、高级导游做新职员的企业指导师父。推广精品研学主题营，由高级导游、金牌导游担任讲者，为同学们解读历史、传播文化。

受新冠疫情影响，旅游业遭受重创，但他们对旅游行业的热情不减，并且坚信不疑，旅游人的春天即将苏醒。此刻他们勤学苦练，砥砺前行，撸起袖子加油干，自律学习等春来，定会不负韶华，迎来美好的未来。

多维度开阔视野，全方位激发潜能，职业生涯的践行者

俗话说，心有多大，舞台就有多大。导游职业并不是一成不变的，工作领域有很多机遇与挑战。能不能把握机会，就看你是不是处处留心了。记住，机会总是留给有准备的人。

很多导游都是旅游行业的多面手，做过导游、计调、外联、客服、会议会展、研学旅行、美工、人事管理、财务、司机等。所以不要局限自我，而是要突破本我，撸起袖子加油干。

那么除了当导游，能不能尝试其他的工作？有没有可能有新的突破？张琳希望总结的前人职业发展的 18 变，能起到抛砖引玉的作用，激发旅游人在旅游职业生涯的 72 变。

（1）导游等级晋升之路：初级导游—中级导游—高级导游—特级导游。拿到导游资格证，不是终点而是导游职业生涯的起点，想成为一名优秀导游，需要刻苦钻研，博览群书，虚怀若谷，善于学习并不断总结。通过导游等级的不断晋升，不仅学习充电，而且能树立职业信心。

（2）导游语种增加之路：普通话导游—外语导游。除英语、日语、法语、韩语、西班牙语、德语、意大利语这些常用外语，小语种导游的发展更有前景，如泰语、阿拉伯语导游。

（3）导游工作范围开拓之路：周边游导游—地接导游—全陪导游—出境领队。

（4）导游突破之路：导游—网红导游。在自媒体和短视频的大时代下，只要你愿意，人人可以做主播。每个省市都有愿意在媒体平台上讲述家乡故事的网红导游。

（5）旅游从业人员职业精进之路：旅游从业人员—学历提升—旅游学院老师。一线导游实战经验丰富，再加上授课经验的巩固、学历的提升，转型成为教书育人的老师，也是目前全国各地旅游人的一条发展之路。

（6）导游竞赛之路：导游比赛—机会—人生第一桶金。导游大赛不仅是对个人能力素质的方方面面的提升，而且能遇到更多的机遇与挑战。张琳指导过一名旅游专业的在校学生，就因为在比赛中取得了优异的成绩，知名旅

游国企直接伸出了橄榄枝。

（7）旅游工种的互换之路：导游—计调—会议会展—研学活动—企业拓展。

（8）从业人员升职之路：旅游从业人员—旅行社高管—旅行社自主创业。犹如旅游人的杜拉拉升职记，指引晋升之路。

（9）导游变革之路：导游从业人员—旅游专业课程培训师—大语文的实践老师。

（10）旅游从业人员设计之路：旅游从业人员—旅游商品设计师。

（11）旅游从业人员的策划之路：旅游从业人员—旅游策划师／旅游咨询师／研学辅导师。

（12）旅游从业人员的老板之路：旅游从业人员—餐厅老板／特产商店老板／酒店老板。

（13）旅游从业人员的主持人之路：旅游从业人员—司仪主持人／电台主持人／网络主播。

（14）旅游从业人员的媒体人之路：旅游从业人员—自由撰稿人／摄影记者。

（15）旅游从业人员的酒店管理之路：旅游从业人员—酒店高级管理人员／酒店销售／餐饮管理／会议中心管理人员。

（16）旅游从业人员转型之路：旅游从业人员—积累机遇—成功转型。

（17）旅游从业人员的资金积累之路：旅游从业人员—转型契机—人生第一桶金。

（18）旅游从业人员的 N 种机遇与挑战……

旅游业是一个全方位塑造人、培育人的行业，导游工作又是高度的脑力、体力结合的杂家。需要上知天文，下知地理，既知游客心理，又知旅游审美。知识面从广到精，从杂家变成某个领域的专家，需要孜孜不倦的探索和精益求精的不断学习。旅游人的诗和远方就在您的心里，就在您的脚下。俗话说，"不积跬步，无以至千里；不积小流，无以成江海"。愿我们认真走好每一步，一起携手再出发，看旅游人的诗和远方就在那里！

怀"锄头导游"之梦，铸美丽乡村之魂

⊱⊱⊱⊱⊱⊱⊱⊱⊱⊱⊱⊱⊱⊱ **导游简介** ⊰⊰⊰⊰⊰⊰⊰⊰⊰⊰⊰⊰

龙佳，锄头导游创始人，国家金牌导游，中国好导游，全国优秀导游，国际高级礼仪培训师，高级礼仪（礼宾）师，礼宾仪态训练师，全国高级研学指导师，贵州省十佳导游，贵州省优秀导游。

在讲解员的 9 年工作中，接连 9 次荣获"先进工作者""优秀讲解员"；在从事一线导游工作后，2010 年荣获"贵州省优秀导游"；2011 年荣获贵州省旅游行业"十佳导游"；2012 年荣获国家旅游局授予的"全国优秀导游"；2015 年被推选为"中国好导游"；2018 年荣获文化和旅游部授予的"金牌导游"。2017 年，带着"旅游＋扶贫"的"锄头导游"梦走进江西并创立了自己的工作室；同年，受江西安义县委县政府邀请担任安义县旅游发展顾问；2019 年，工作室被南昌市旅游发展委员会授牌"南昌市旅游培训基地"，担任基地负责人……

她的名字叫龙佳，因为爱说爱笑从事了导游工作，从 17 岁开始半工半读的导游生涯。

自变

"干一行爱一行"，这是最简单的一句话，也是最有效的一句话，旅游业中的导游岗位永远不能停止钻研。

2016 年 4 月，国家主席胡锦涛考察贵州省镇远县，接待的政务讲解员就是龙佳。由于接待的是国家领导人，从上至下，所有人都高度重视且紧张。

在接待前，为确保万无一失，黔东南州、县领导安排了四位专家给龙佳进行培训和反复预演。为了做好这次接待，龙佳在培训的基础上对自己进行自训，从假设问题到查阅资料，她每晚只睡两个小时，高节奏的培训和所有人的紧张情绪都影响着龙佳的讲解工作。4 月 10 日，胡锦涛主席在所有人的期盼中终于到来了，龙佳的每个解说点都让中央、省、州、县领导吃惊。有领导问龙佳，主席并没有说话，你怎么知道他关心什么问题？主席问你问题你不紧张吗？龙佳回答："除了主席，在场的大多数领导是初次到访，我的职责是让每一位客人都了解这座千年古城，但是，我会格外注意主席的神情，专业的技能告诉我，当主席坐在车中听我讲解，望向窗外的频率高过三次，就有可能说明窗外的'风景'吸引他，因为主席曾在贵州任省委书记，加之来过镇远，肯定好奇现在的镇远和曾经的镇远有哪些区别，也关心老百姓的问题。至于紧张嘛，的确很紧张，不过，反复模拟和导游技巧让我很好地化解了这个问题。"

龙佳在面对众多领导时，怎么能得体地接待好每一位领导，如何用讲解词吸引领导都展现了龙佳的专业水平。此次接待，龙佳也成为胡锦涛主席考察行中唯一一个被主席邀请合影留念的工作人员，并代表县政府前往中南海，获得了主席在镇远考察期间的相片，收录到档案馆，当时的很多领导也因为龙佳出色的讲解对导游职业刮目相看。

翻看龙佳这么多年的工作台账，从外国使节到中央领导，从省部领导到各界来宾，龙佳接待了一批又一批。每一次，她都用近乎完美的表现圆满完成接待任务。凭借着过硬的本领、无私的精神和出彩的表现，龙佳于 2012 年荣获国家旅游局授予的"全国优秀导游"，2015 年被推选为"中国好导游"，2018 年荣获国家文化和旅游部授予的"金牌导游"。从事导游工作十七载，龙佳言行一致、尽心尽职、敢为人先、精益求精，用实际行动让更多的人看到导游的风采。

让人钦佩的是，龙佳其实在 2011 年就进入了机关单位，就职于镇远县旅游局，但她却选择在 2017 年辞掉公职，前往江西成立了自己的"龙佳旅游工作室"，开始她的"锄头导游"梦。

铸美丽乡村之魂

乡村旅游业是新型中国旅游产业的主要支撑。乡村旅游担当着保护和振兴优秀传统文化的重要使命。

习近平总书记在云南考察时强调，新农村建设一定要符合农村实际路子，注意乡土味道，留得住青山绿水，记得住乡愁。

实践证明，保护乡村最有效的方法就是让更多的人宣讲好乡村。人们总说"是金子总会发光"，但龙佳却诠释了，"是阳光，走到哪都会发光"。龙佳正是凭着曾在机关单位中扶贫工作的经验，在江西安义古村，将自己十几年的导游工作经验和在旅游局时的宣传工作经验在古村进行实践，反复钻研乡村特点，一年后，以"乡村振兴＋旅游扶贫"方式，打造了中国首批旅游结合扶贫的"锄头导游"。

龙佳回忆，当时做"锄头导游"以为解决的是乡村"导游荒"和"讲不好"的问题，却没想到，"锄头导游"对象的选择就迎来了一堆的问题。比如，"锄头导游"通常为村民、农民、贫困户，因为培训中的村民大多为初中、小学文化水平，所以认知水平有限，花钱让他们培训，还得想办法让他们来，几个月做出来的培训课程，结果培训中会出现不听讲、打瞌睡、吃东西、上着课突然回家做饭等现象，让人哭笑不得……问题倒逼改变，从室内课堂到实地实操，用村民的语言进行培训，这些都是自己在做导游时学会的变通。

2018 年，"锄头导游"落地，一位"锄头导游"的心里话更加坚定了龙佳前行的步伐。一位 40 来岁的大姐在培训结束后哭着对她说，以前以为导游一定要年轻漂亮，却没想到自己那么大年纪了还可以参加培训，自从丈夫过世后，政府给自己评了五保户，自己拿着补助艰难地带着三个孩子生活，一直走不出心结，既没心思照顾孩子也觉得自己没有能力照顾孩子，还时常觉得自己是国家的拖累，现在"锄头导游"可以在家工作，既能陪着孩子，又能挣钱，突然觉得自己也是一个有用的人。

龙佳说，当那位大姐抱着着我痛哭时，我心里更加坚定，再难也要把"锄头导游"培训带进更多乡村，现在"锄头导游"只是雏形落地，怎么能让

"锄头导游"成为乡村振兴的好模式是我 2020 年最最重要的工作。

习近平总书记说过，人生的道路要靠自己来选择，如何选择一条正确的道路，关键是要有坚定的理想信念。龙佳，一个普通又不普通的导游，她让我们看到什么是平凡岗位却心怀大志，是如何践行从一名导游变成一位培训师，是如何尽责做着文旅人的。

越磨砺越美丽的旅游人

导游简介

　　邱赛萍，民革党员，国家高级导游，舟山市技术能手，舟山市诚信服务标兵，舟山市普陀区工商联执委，舟山市旅游协会旅行社分会常务理事，2019年入选文旅部万名旅游英才计划——"金牌导游"培养项目，中国狮子联会浙江慈航服务队创队队员，现任舟山金秋国际旅行社有限公司总经理。

努力提升，帮教带学

　　2001年，邱赛萍开始有了自己的旅行社，工作繁忙了，邱赛萍工作的范围也从一名导游员转向旅行社经营管理者。但作为企业负责人的她，总是出现在旅游服务第一线，一年总得抽几十天带各种团。在她看来，旅行社是服务型企业，计调是造房子，导游是贴瓷砖、装修粉刷的。旅游团队的各项工作最终需要导游落实，而且有时还得补台应急，一个团队最终口碑的好坏还需导游来实现，不在一线获取真实信息，就会与现实脱节。凭着对导游工作的执着与热爱，2006年赴杭考取中级导游证与领队证，当时在舟山同时拥有这两个证的仅她一人，2012年通过高级导游证考试。2019年入选国家"金牌导游"培养项目，浙江仅8名入选，她是舟山唯一一位，在导游从业经历上她交出了一份份完美的答卷。

　　在自我提升基础上，她在公司引领创建了非常好的学习气氛，帮、教、带员工努力进取，公司10位专职导游中有4名高级导游，占舟山高级导游的1/4，多名导游获国家省、市、区各类奖项。其中，孔争浩入选2018年国家

"金牌导游"培养项目。至此，舟山金秋国际旅行社有限公司成为舟山及浙江乃至全国拥有 2 名金牌导游的旅行社。

2020 年受新冠疫情影响，公司处于停业状态，她利用空窗期，带领全体员工积极移至线上学习，坚定企业信心，练好员工内功，为未来复工复产奠定坚实基础，公司全体员工利用钉钉、微信、QQ 时刻保持在线，学习了旅行社业务相关课程、研学拓展团建相关课程、疫情思考及旅游业振兴课程等，这些精挑细选的课程既符合公司业务长期发展的要求，又提升了个人业务素质和素养。

安全第一，诚信为本

做事先做人，从 1991 年时的一名地方导游，到现在拥有注册资金 1000 万元的一家出境社，她始终秉承"安全第一，诚信为本"，以身作则，积极引领，让所有员工都时刻绷紧安全的弦，弹着诚信的谱，如合作单位不规范、不诚信，即使利润再大也不合作。

带团中处处为客人着想，诚信服务，坦诚相待，得到了客人的极大好评。她还坚持言传身教，做人做事以诚为本，做好自己，发展企业，公司诚信氛围良好。

在她的带领下，单位多名导游荣获"优秀导游员""诚信服务标兵""中国好导游"等称号，舟山金秋国际旅行社有限公司连续十多年被评为"安全先进单位""消费者信得过单位""旅游诚信示范单位""优秀旅行社"，公司在舟山具有一定的知名度，业绩年年提升，取得了经济效益与社会效益的双丰收。

建言献策，参政议政

作为一名民革党员及普陀区第四 / 五届政协委员，她不断建言献策，参政议政，关心社会发展，关注导游员及旅游行业方面的情况，递交多份政协提案。

2012 年《关于建设可持续发展导游员队伍的建议》获得相关部门重视，

舟山市由此实施《普陀区星级导游员评定方法》，规定：二星级及以上导游员免年审费，三星级及以上导游员每月奖 250~500 元不等的政府补贴，并规定四星级及以上导游员优先参选"舟山市技术能手"，五星级导游员将优先参评区优秀专业人才，并提供廉租房，购房给予优惠，政策的出台大大激励了导游员从业热情，导游队伍建设进入欣欣向荣时期。

2014 年《新形势下对旅游业发展的几点建议》被评为重点提案，2014 年《关于设立"爱心献血屋"的建议》得到副市长批复并落实解决了屋址，给献血者及采血工作者带来了很大便利。

2015 年《关于缓解沈家门半升洞码头交通拥堵的几点建议》《关于南沙周边停车场合理再规划的建议》给交通及旅游管理部门提供了很好的建议及方案。

2015 年《关于将旅行社纳入参与政府购买社会服务的建议》、2016 年《关于提升导游员培训质量的建议》、2017 年《关于迁址扩建普陀博物馆的建议》、2018 年《关于设置居民出游（行）大巴上车集散点的建议》从不同角度提出建议，供决策者参考。

2018 年《关于尽快编写普陀全域旅游导游词的建议》被市里采纳，之后编制了舟山全域旅游导游词。

2019 年《关于展茅打造成为研学实践教育基地的建议》《关于将蚂蚁岛精神红色教育基地纳入学生课外实践课堂教育基地的建议》，结合中华人民共和国成立 70 周年很好地推进了学生爱国主义及爱乡爱岛教育工作。全国研学如火如荼开展，她及时建议推动本区研学工作，2020 年又递交《积极推进研学相关工作　助推普陀全域旅游发展》。

她不仅着眼于旅游，还积极关注民生问题，2020 年同时递交了《关于加快在主城区人流密集处设置 AED 自动除颤器的建议》《关于做好精装修商品房风险防控的建议》。自 2012 年担任政协委员以来积极建言献策，多篇提案被政府采纳并在全市推广；她本人多次被评为优秀政协委员、民主党派先进个人。

奉献爱心，回馈社会

有爱心的她积极参加各种公益活动，2016 年成为中国狮子联会浙江慈航服务队创队队员以后，正己助人，服务社会。不断下海岛为空巢老人送去物资；参加"点点狮爱，伴你成长"智障儿童关爱活动；参加杭州乔司监狱助学活动，为失足人员和儿童送去温暖；还不间断地在轻松筹等平台捐款。2018 年 5 月，绍兴一旅行社老总在西藏遇难，邱赛萍第一时间伸出援助之手。学校组织的春秋游活动，都坚持给贫困生免费，她的爱心已经深深地植入了莘莘学子的内心深处！从 2010 年至今，已累计慈善捐款近 6 万元。2020 年疫情停业，公司无一分收入，她还是在不同场合捐赠了 550 只口罩及近 5000 元人民币。

节假日不顾本社工作繁忙，到蜈蚣峙码头（上普陀山必经之路）担任服务咨询台志愿者工作，为南来北往的游客解答各种问题。连续四年义务参加舟山国际海岛旅游大会，提供服务工作。哪里有奉献，哪里就有她的身影。

公益讲堂，倾情奉献

作为入选国家文旅部"金牌导游"培养计划项目的高级导游员，在疫情冲击旅行社至停业时，她还积极组织搭建舟山"金牌"导游公益讲堂，让歇业的导游们在线上学习，彼此交流，营建浓厚学习氛围，提升导游队伍整体素养，树立导游形象，助力舟山旅游。积极发动各种关系邀请了全国"金牌导游"走进舟山线上课堂，同时挖掘舟山本土特色师资，给导游一种全新的授课体验，自 3 月 15 日短暂筹备、3 月 25 日开讲以来至 4 月 20 日已奉献了13 堂精彩的课程。如全国金牌导游员顾问的《我的江南》，资深旅游人士王莉老师的《导游服务技巧和带团风险意识》，全国金牌导游杨远彬的《导游带团的工具》，非遗传承人岑国和老师的《非帆故帆船记忆》，范琳姬老师的《旅游礼仪》，高级导游员陈江南的《跟着诗词游舟山》，高级导游员吾旭华的《传统民居在研学实践的导游要素》等，每一课都得到了学员的好评……她表示，机会总是为努力的人准备的，在疫情的阴影下，最重要的是坚定信心，不能迷失方向，不能消极等待，要主动出击，加强学习充电，练好自身内功，坚定发展信心，为疫情后旅游夯实基础。舟山导游形象的整体提升，将使多方面受益。

如今的邱赛萍，虽然即将奔五，但她依然行走在她热爱的旅游路上，依然期待职业生涯中每一位游客，开始一段人生中最美的旅行。她将用她的热心、细心、关心、爱心、用心、诚心来换取客人的开心、放心、知心。

"两代双高"，文旅传承

导游简介

黄玉麟，全国高级中文导游；全国旅游系统劳动模范；首届"中国最美导游"全国十强；参与录制"最美导游"系列中的个人短片在学习强国频道播出，并获得三等奖；入选首批"名导进课堂"师资库；获"全国最美家庭"称号；福建省金牌导游；福建省劳动模范。

2015 年首届"中国最美导游"的评选中，黄玉麟的介绍短视频拍摄的很大一部分，是两个人的故事——他和女儿。他是高级中文导游员，女儿是高级英文导游员，放眼全国，两代双语双高级的旅游人在当下实属罕见，至今这都是旅游业的一段佳话。

2020 年他从奋斗了 40 年的福建省中国旅行社退休，但他们两代人的文旅传承依然在继续。他常被邀请去各个地方给新导游培训，每每被问到这两代特色，他都很有感触：与其说他有意地去培养女儿，不如说这就是家风的潜移默化。而文旅人的传承，就像他们福建的闽菜之王"佛跳墙"的制造，想要"坛起荤香飘四邻"，先要酿得出醇厚的老酒，再装入各色上等的食材，精心熬煮，方能诱得"佛闻弃禅跳墙来"。腹中有料，要自己多看多听多学，嘴上有料还要名师指点，反复咀嚼，而最后，就在于现实的打磨，让徒弟"顿悟"。

在女儿的成长过程中，黄玉麟没有去刻意引导她走向旅游行业，他和妻子都是过来人，这个行业的艰辛与不易，作为父母，真的不忍心独生女再继续。但是她的骨子里流淌着的旅游人精神的血液，在她的大学时代开始慢慢浮现出来。

当时她所学的专业是汉语言文学，作为学生会的干部，常常参加各种演讲与辩论的比赛，成绩很好。在一次关于"父母对子女的影响"主题演讲中，她说了这么一段话，"我父亲是一名很普通的导游，这个职业在大众认知里远算不上光鲜亮丽，但是他真正做到了读万卷书、行万里路，春秋几度，阅人无数。试问哪一个普通的行业可以有如此的历练和眼界？尽管有时候我们会看到一些媒体的负面新闻，但是我根本不会觉得这是一根刺，我反而很同情那些游客，因为他们还没有机会接触到我父亲这样的一批真正的旅游人……"这是后来黄玉麟无意中看她的 QQ 空间发现的，从那一刻他才意识到，虽然这些年他因为工作跟她聚少离多，甚至她的中高考他都不在家，但是这个孩子却吸收了满满的正能量。作为一个工作几十年的老导游，他也曾很想知道她究竟是怎么看待这个在当时就颇有争议的职业，但却不敢问，那一刻他很欣慰。他突然有了一个想法，如果她成为导游，会有什么样的故事呢？

于是在她大二那年，他建议她尝试考导游证。她的英文成绩不错，大一的时候还在全国比赛中得过奖，但是他从来没有听她说过英文。那时候黄玉麟暗示她说家里几乎人人都有导游证，但是缺个外语的。她果然通过了英语导游资格证考试。只是黄玉麟知道，她距离成为一个合格的导游员，还差得很远。

她的第一个英文团队是大学临毕业那年，当时的接待计划是 55 人的外国华侨，当时黄玉麟不放心，还偷偷跟着去机场看她操作。出乎他意料的是从旅客通道陆续走出的 55 人全是清一色的外国人，还来自十几个不同的国家。他当时就感觉到女儿很紧张，操作得非常吃力。果不其然，尽管最后她顺利送走了团队，但是回到家后非常疲惫，当晚就发烧了。后来她说，没想到突然被那么多客人围住，听到他们用极快的语速进行问询的时候，自己居然突然无法正常使用英文了，没有实战就不会发现自己原来的技能基本是纸上谈兵。

经历而后总结，是新导游成长的第一步。而之后的蜕变却需要自己去钻研。福州并没有太多的外语团队，在接下来的很长一段时间，她自己给所有能接触的入境计调发了自荐信，希望多给机会，也没有太在意酬劳，认为每一次的接待除了锻炼能力也是免费的"外教课"。同时她把自己好几份兼职的钱都请了外语老师，从细节开始慢慢从头打磨。也下载了相关的外语学习软件每天打卡，从 2010 年至今，没有间断过。从 2008 年她取得初级导游资格证开始，年限一到就往更高级的考试去尝试，当然功夫不负有心人，拿到高级英语导游资格证的那一年，她 27 岁。将近五年的积累后，他这个不懂英语的外行人，偶尔在景区遇到她给外国人讲解的时候，发现她已经自带光芒，站在那就很容易把周围的游客吸引过来，他知道这个导游终于不再是新手，她成长了。

她说一个出色的外语导游，是因为根植于中国的灿烂文化。今生不悔入华夏，她对自己的本专业更为热爱。从当年听父亲讲课，到现在，她可以用中西方的文化碰撞与景点对比来和父亲互相充实，他们一起合作公众号"双黄讲福州"，把自己故乡的故事一点一点地讲给身边人听。他们一起在福建省图书馆举办讲座"两代人的环球路"，那天恰逢大雨却座无虚席。每年他们都会被邀请给福建省很多地方的导游员进行分版块培训。现在他有他的听众，她也有了自己的粉丝团。

2019 年黄玉麟的家庭被评选为"全国最美家庭"，她作为代表受邀在三坊七巷的名人家风家训馆进行分享会，谈到了传承。"春风化雨，润物细无声，传承从来不是刻意为之，而是以身作则，以情动人。旅游人的传承除了知识的衣钵载体，更重要的是对这个行业的认可和爱。"这段话，是他们共同的心声。

2019 年她以行业人的身份进入了高校，从一个多年在几个高校兼职的教师成为旅游管理专业与酒店管理的专业主任。她说相比之下，父亲虽然培养了一个短时间内很难被新人超越的导游，但是她却可以把山水人文带进课堂，再把学生带进山水，去培养更多心中有爱、胸怀山河的旅游人。

黄玉麟也曾经感叹过他这一代旅游人的离开，后继者又有多少？"长恨春归无觅处，不知转入此中来"，他们家的"两代双高"，在文旅之路上，默默而又坚定地传承着。

项目策划：段向民
责任编辑：张芸艳
责任印制：孙颖慧
封面设计：武爱听

图书在版编目（CIP）数据

金牌导游是如何炼成的 / 戴有山，朱晓珍主编. --
北京 ： 中国旅游出版社，2021.4
　（导游服务质量提升精品图书系列）
导游专业素养研培用书
ISBN 978-7-5032-6671-3

Ⅰ. ①金… Ⅱ. ①戴… ②朱… Ⅲ. ①导游—岗位培
训—教材 Ⅳ. ①F590.633

中国版本图书馆CIP数据核字(2021)第070493号

书　　　名：金牌导游是如何炼成的

作　　　者：戴有山　朱晓珍主编
出版发行：中国旅游出版社
　　　　　（北京静安东里6号　邮编：100028）
　　　　　http://www.cttp.net.cn　E-mail:cttp@mct.gov.cn
　　　　　营销中心电话：010-57377108，010-57377109
　　　　　读者服务部电话：010-57377151
排　　　版：北京旅教文化传播有限公司
经　　　销：全国各地新华书店
印　　　刷：北京明恒达印务有限公司
版　　　次：2021年4月第1版　2021年4月第1次印刷
开　　　本：720毫米×970毫米　1/16
印　　　张：18.75
字　　　数：305千
定　　　价：49.80元
ISBN　978-7-5032-6671-3